Annika Krahn und Recha Allgaier-Honal
Jung, rassistisch, identitär

Annika Krahn und Recha Allgaier-Honal

Jung, rassistisch, identitär

Bedrohungspotentiale für unsere Gesellschaft

Dittrich

2. Auflage 2023
Printed in Germany
ISBN 978-3-947373-90-1
www.dittrich-verlag.de

Satz: Gaja Busch, Berlin
Covergestaltung: Katharina Jüssen, Weilerswist

Bibliografische Information der Deutschen Nationalbibliothek:
Die Deutsche Nationalbibliothek verzeichnet diese Publikation in der Deutschen Nationalbibliografie; detaillierte bibliografische Daten sind im Internet über http://dnb.dnb.de abrufbar.

Inhalt

Einleitung 7

Und noch ein Wort vorab 13

Kapitel 1: Wer oder was sind die Identitären? . . . 15

Kapitel 2: Wie neu ist die Neue Rechte? –
Eine historische Einordnung 21
Die konservative Revolution. 24

Kapitel 3: Zur Ideologie der Identitären 40
Identität, Menschenbild, Konzeption
von Staat und Gesellschaft. 41
Ethnopluralismus 42
Die Verschwörungserzählung des
großen Bevölkerungsaustausches. 46
Islamfeindlichkeit 49
Geschlechterbilder 53
Antisemitismus und Umgang mit der
deutschen Vergangenheit 64
Weitere politische Positionen 72

Kapitel 4: Was wollen die Identitären? –
Ihre Ziele / Strategie 76

Kapitel 5: Wie sind die Identitären strukturiert? –
Ein Vergleich 80
A) Die Identitären in Frankreich 80
B) Die Identitären in Deutschland 83
C) Die Identitären in Österreich 101

D) Die Identitären in weiteren europäischen Ländern 105
E) Die Identitären außerhalb Europas. 114

Kapitel 6: Wie gehen sie an die Öffentlichkeit . . . 120
»Phalanx Europa« 123
Kulturrevolution von rechts und »Kontrakultur Halle« 128
Rechte Popkultur in Reinform? 130

Kapitel 7: Auswirkungen 149

Kapitel 8: Mögliche Begegnungsstrategien 170

Kapitel 9: Was jetzt? Ein Ausblick 196

Nachwort 208

Literatur 212

Einleitung

Auch wenn der Begriff der Neuen Rechten in diversen Features, Reportagen und Berichten in den »Offline-Medien« Verwendung findet, ist der Rechtsextremismus in den letzten Jahren zunehmend zu einem Internetphänomen geworden, wie u.a. auch die Publikation »Die rechte Mobilmachung« von Stegemann und Musyal aufzeigt. Das 2020 erschienene Buch skizziert, wie die (rechtsextremistische) Radikalisierung im Internet bzw. den sozialen Netzwerken ihren nahezu unkontrollierbaren Verlauf nimmt. Auch wenn es ein »Online-Phänomen« ist – direkte Auswirkungen hat dieses auf die greifbare Welt offline. Neben dem Tod von Walter Lübcke am 1. Juni 2019 forderte der rechtsextremistische Anschlag in Halle am 9. Oktober 2019 zwei Todesopfer. Neun Menschen verloren am 19. Februar 2020 in Hanau aufgrund eines rechtsterroristischen Attentats ihr Leben. Untersuchungen des Bundesamtes für Verfassungsschutz (www.verfassungsschutz.de) verraten, dass die Gesamtzahl der rechtsextremistischen Gewalt- und Straftaten 2021 im Vergleich zum Vorjahr um weitere 10 % anstieg. Die Zahlen werden von den Opferinitiativen rechtsextremer Gewalt jedoch häufig deutlich höher eingeschätzt als vom Verfassungsschutz (vgl. www.opferperspektive.de).

Während also sowohl das rechtsextreme Personenpotential als auch die rechtsextreme Gewaltbereitschaft in den letzten Jahren nach und nach zugenommen hat, ist ein Ereignis beispielhaft dafür und Grund genug, um ein Buch zu diesem Thema zu verfassen: Die Autorin Jasmina Kuhnke (@quattromilf) sagte im Rahmen der Frankfurter Buchmesse ihren Auftritt am 18. Oktober 2021 ab. Vor dem Hintergrund ihrer persönlichen Bedrohungssituation – so wurde ihre private Adresse mit konkreten Morddrohungen im Internet veröffentlicht – war es für Kuhnke insofern unvorstellbar, als Gast der ARD-Radiokulturnacht der Bücher ihren Debütroman »Schwarzes Herz« vorzustellen, als der Jungeuropa Verlag von Philip Stein in unmittelbarer Nähe zum ZDF-Stand ausstellte. Von Philip Stein wird in den folgenden Seiten noch die Rede sein. An dieser Stelle sei nur so viel gesagt, dass er u.a. das neurechte Crowdfunding-Projekt »Ein Prozent« verwaltet, dessen Facebook-, Instagram- und YouTube-Accounts mittlerweile gesperrt worden sind und das vom Verfassungsschutz immerhin mittlerweile als Beobachtungsfall eingestuft worden ist. Stein selbst hat Anfang 2021 auf Twitter u.a. die »Abschiebung« von Kuhnke gefordert (was völlig absurd ist, da Kuhnke deutsche Staatsbürgerin ist). Jasmina Kuhnkes Erfahrung ist mitnichten ein Einzelfall. Drei von vier gemeldeten Hassbeiträgen im Internet schreibt die Markt- und Sozialforschungsgruppe g/d/p der politisch motivierten Kriminalität von rechts zu. Dies vorausgesetzt, kann Kuhnke ihre Absage folgendermaßen auf Twitter zusammenfassen: »Ich rede mit Nazis nicht, ich höre Nazis nicht zu, ich lese keine Bücher von Nazis.«

Ob Kuhnkes Rücktritt auf der Frankfurter Buchmesse angemessen war, haben diverse Feuilletons bundesweit erörtert. Wenn also der Messechef Jürgen Boos auf dem Meinungsaustausch beharrt und betont, der Meinungsfreiheit verpflichtet zu sein, dann könnte man Kuhnkes Haltung als *Cancel Culture* bezeichnen. Die Frage, die allerdings auch in den Mittelpunkt gerückt werden könnte, umreißt die möglichen Grenzen einer diskussionswürdigen Meinung. Jasmina Kuhnke selbst schreibt auf ihrem Twitteraccount, das Argument der Meinungsfreiheit sei obsolet, da der Jungeuropa Verlag rassistische und antisemitische Anschauungen transportiere, selbst also die Freiheit der anderen eingrenzt. Die Frankfurter Bildungsstätte Anne Frank (www.bs-anne-frank.de) solidarisiert sich in einer Pressemitteilung mit Kuhnke und ihrer Haltung. Gerade die Morde der letzten Jahre machten deutlich, dass eine akute Bedrohungslage bestehe. Die Möglichkeit für rechtsnationale Verlage, auf der

Frankfurter Buchmesse auszustellen, trage zur weiteren Normalisierung und Verbreitung von Menschenhass bei, schreibt Meron Mendel, der Direktor der Bildungsstätte Anne Frank.

Insgesamt gibt es keine eindeutige und anerkannte Handlungsmaxime in Bezug auf den Umgang mit extremen Meinungsmachern. Diese scheinbare Aporie existiert bereits seit der Gründung der AfD im Jahr 2013. Waren sich Politikwissenschaftler wie Eckhard Jesse in den 2000er Jahren auch vor dem Hintergrund des kruden Verbotsverfahrens gegen die Nationaldemokratische Partei Deutschlands noch einig, dass die NPD bei allen tragenden gesellschaftlichen Gruppen isoliert und geächtet sei, so gelang es der AfD, anders als beispielsweise der NPD, in rasender Geschwindigkeit in allen Landesparlamenten und sogar in den Bundestag sowie das Europäische Parlament einzuziehen. Mit dem Einzug der AfD in den Bundestag 2017 kam auch auf den Buchmessen in Frankfurt und Leipzig die Frage nach dem Umgang mit Verlagen auf, die neo-nationalistische bzw. neurechte Positionen vertreten. In den letzten Jahren ließ man auch nationalistisch-völkische Verlage an ihren Messeständen ausstellen (2018 auch aufgrund einer Verlags-Scharade von Götz Kubitschek) und nicht immer wurde die Option wahrgenommen, Verlage mit völkischen und antidemokratischen Inhalten in eine schlecht besuchte Sackgasse zu verlegen. 2021 hat dies ebenfalls nicht funktioniert und so durfte sich der Jungeuropa Verlag um Philip Stein neben der großen Bühne des ZDF präsentieren.

Insgesamt also, so scheint es, gibt es nur zwei brauchbare Handlungsoptionen im Umgang mit rechtsextremen und neurechten Institutionen: Entweder man lädt sie ein oder man grenzt sie aus – beides mit berechenbaren Konsequenzen. Einerseits ist Ausgrenzung keine demokratische Option und zudem verschwindet eine Idee nicht aufgrund eines Verbots. Auf der anderen Seite zeigt sich, dass die Taktik, mit einer Einladung die neo-nationalistische Argumentation zu demaskieren und dadurch eine bürgerliche Ächtung dieser Institutionen hervorzurufen, in den 2020er Jahren nicht mehr greift. Zu stark scheint das Opfer-Narrativ und zu groß die Menge an Fehlinformationen und Verschwörungstheorien (von denen noch zu lesen sein wird) aus den sozialen Netzwerken, dem sogenannten »Dark Social«, zu sein. Das Netz spielt eine immense Rolle bei der Verbreitung von Fehlinformationen und der damit in Zusammenhang stehenden Radikalisierung. »Was im Netz beginnt, setzt sich auf der Straße fort«, so schrieb die Süddeutsche Zeitung am 10. Dezember 2021. Diese traurige Wahrheit wurde bereits mit der Ermordung eines 20-jährigen Studenten im September 2021 Gewissheit, der allein deswegen erschossen wurde, weil er einen Kunden auf die Maskenpflicht aufmerksam gemacht hatte.

Auch der ehemalige Bundesbeauftragte für Ostdeutschland, Marco Wanderwitz, könnte die genannte Schlussfolgerung bestätigen. Dieser behauptete im Rahmen eines Interviews mit dem TV-Format Panorama im Herbst 2021, dass es mit einem offenen Diskurs mit Corona-Leugnern und Impfgegnern, sofern sie dem neurechten Spektrum angehörten, nichts zu gewinnen gäbe. Im Zentrum der aktuellen Diskurse stehe nämlich stets die Ablehnung des Staates. Wenn es nicht seit der Corona-Pandemie die Ablehnung der Corona-Maßnahmen ist, so war es um 2015 die Ablehnung der Flüchtlingspolitik und wiederum davor, um 2010, die Ablehnung des Eurorettungsschirmes während der Finanzkrise. Eine nationalistisch-völkische Grundhaltung sorge dafür, dass man sich immer an einem neuen Thema abarbeiten könne, solange man grundsätzlich die freiheitlich-demokratische Grundordnung des Staates ablehne. Wanderwitz machte vor der Bundestagswahl 2021 deutlich, welche Maßnahme für ihn allein gangbar im Umgang mit nationalistisch-völkischen Meinungen sei: Ausgrenzung! »Wer eine rechtsradikale Partei wählt, ist für mich kein Demokrat – das macht ein anständiger Demokrat nicht – gerade nicht in Deutschland«, führt der 45-Jährige im TV-Interview seine Position aus und erläutert weiter: »Wir müssen aufpassen, dass wir nicht bei diesem ständigen Hinterherlaufen dieser lauten, lärmenden, rechtsradikal wählenden Minderheit vergessen, Politik für die zu machen, die die Mehrheit sind und die mit uns gemeinsam am guten Zukunftskonzept dieses Landes weiterbauen wollen.«

Wenn Wanderwitz sich für die »Ausgrenzung« bzw. die »Konfrontation« entschieden hat und »Rechtsradikale« auch als solche bezeichnet wissen will, setzt er damit nicht nur seine politische Karriere aufs Spiel (er verlor sein Direktmandat an einen AfD-Abgeordneten in Sachsen und wurde auch nicht mehr als Ostbeauftragter aufgestellt), sondern macht sich zeitgleich auch zur Zielscheibe weiterer Radikalisierung: In der Silvesternacht 2020/21 wurde auf Wanderwitz' Wahlkreisbüro in Zwönitz ein Anschlag mit Pyrotechnik verübt.

Von Corona-Leugnung und Verschwörungstheorien über Telegram zu dem Jungeuropa Verlag von Philip Stein scheint es manchmal bloß ein (Corona-)Spaziergang zu sein. Allein dies macht die bis ins Unermessliche steigende Komplexität des Themas rund um Gruppen deutlich, die den Staat delegitimieren – und erfordert unbedingt eine Systematisierung. Wir wollen diese auf den folgenden Seiten anbieten, sodass abschließend auch eine Begegnungsstrategie sichtbar wird.

Am besten gelingt uns das, wenn wir die sogenannte *Identitäre Bewegung* als Beispiel für eine neurechte Gruppe herausstellen, da sie zugleich ein Phänomen des Internets ist und u.E. am Anfang der Entwicklung aller weiteren sich radikalisierenden nationalistisch-völkischen Gruppen steht. Aufgrund ihrer Anfänge, ihrer Reichweite und ihres möglichen Niedergangs bzw. eher Amorphisierung kann man quasi wie in einer Petrischale die Entwicklung einer Gruppe beobachten, die einer freiheitlich-demokratischen Grundordnung ablehnend gegenübersteht. An den Identitären führt kein Weg zurück und auch nicht mehr vorbei, sodass diese selbst ernannte Bewegung als Vorbild jeder weiteren online vernetzten Gruppierung angesehen werden kann, die verfassungsfeindlich denkt und agiert.

Zunächst werden wir der Frage nachgehen, wer oder was die Identitären überhaupt sind. Die Beantwortung dieser Frage führt direkt zu der nächsten, wie *neu* diese Neuen Rechten sind und welche historischen Hintergründe für die Einordnung ihres Gedankenguts wichtig sind. Nachdem wir uns im dritten und vierten Kapitel damit beschäftigt haben, welche Ideologie die sogenannte Identitäre Bewegung vertritt und welche Ziele sie verfolgt, beleuchten wir im fünften Kapitel, welche Struktur dieser Gruppe zugrunde liegt und stellen einen primär europäischen Vergleich an. Die Vorgehensweise der Identitären, an die Öffentlichkeit zu treten, ist Teil des sechsten Kapitels. Vor dem Hintergrund der Auswirkungen ihrer politischen Gesinnung, die wir im siebten Kapitel beschreiben, bemühen wir uns im achten Kapitel, Strategien zu entwickeln, mit denen einer Gruppierung wie der sogenannten Identitären Bewegung begegnet werden kann. Am Ende eines jeden Kapitels finden sich die wichtigsten Punkte in einer stichwortartigen Zusammenfassung.

Das vorliegende Buch möchte eine Orientierungshilfe sein und diese selbsternannte Bewegung historisch und politisch einordnen, ihren spezifischen Aktivismus analysieren sowie Möglichkeiten der Enttarnung aufzeigen. Der Umgang mit nationalistisch-völkischem Gedankengut und der Ablehnung freiheitlich-demokratischer Prinzipien wird gerade in den kommenden Jahren vor dem Hintergrund unterschiedlicher Krisensituationen (Coronakrise, Inflation, Klimakrise, Ukraine-Krieg u.v.m.) eine immer größere Rolle spielen. Wir hoffen mit einer gründlichen Betrachtung der Identitären und einer Beantwortung der Fragen: Woher kommen sie? Was wollen sie? Wie agieren sie?, Teil des Krisenmanagements und des Lösungsprozesses zu sein.

Diese gründliche Betrachtung ist auch bei der Verwendung des Begriffs *Rechtsextremismus* vonnöten. Bereits Konstantin Kuhle (MdB, der innenpolitische Sprecher der FDP) konstatiert in einem WebTalk der Friedrich-Naumann-Stiftung am 15. Mai 2020, dass es Unsinn sei, den Linksextremismus dem Rechtsextremismus gegenüberzustellen, da diese beiden Termini unterschiedliche Phänomene beschreiben. Es bringe außerdem nichts, die These in den Raum zu stellen, dass beispielsweise der Islamismus eine größere Bedrohung als der Rechtsextremismus sei. Jedes dieser heterogenen Phänomene muss gesondert betrachtet werden und jedem dieser Probleme muss auch auf eine zugeschnittene Art und Weise begegnet werden.

Bevor aber mit der Begegnung begonnen werden kann, zurück zu der auch noch im Bundesamt für Verfassungsschutz üblichen Gegenüberstellung von Links- und Rechtsextremismus: Diese beiden Termini bezeichnen eine Position, die jeweils an den äußersten Rändern des politischen Meinungsbildes zu finden ist. Mit der Verwendung des Begriffes Rechts- oder Linksextremismus wird dementsprechend ein Hufeisenprinzip suggeriert, das die politische Realität relativ eindimensional zeichnet und der Komplexität der Gesellschaft nicht gerecht wird. Vor dem Hintergrund dieses Hufeisenprinzips gelte die politische Mitte als harmlos oder nicht gefährlich. Dass die derzeitige Bedrohungslage u.a. auch auf die sogenannte Mitte der Gesellschaft zurückzuführen ist, macht die Querdenker-Bewegung 2020 deutlich. Auch die Tumulte vor dem Berliner Reichstag und die Überwindung von Absperrgittern durch Teilnehmende der Corona-Proteste am 29. August 2020 veranschaulichen die Gefahr, die von der sogenannten Mitte der Gesellschaft ausgehen kann. In der wissenschaftlichen Debatte ist der Begriff Rechtsextremismus aus den genannten Gründen umstritten. Selbst sprachlogisch weise der Begriff nach Klärner und Kohlstruck (2006) auf ein Komplement hin: Extremismus steht der Normalität gegenüber. Der Rand kann nur in Beziehung zur Mitte sinnvoll verstanden werden. Dass aber radikale Denkstrukturen nicht nur eine Randerscheinung sind, zeigt auch die sogenannte Mitte-Studie der Friedrich-Ebert-Stiftung 2018/2019.

Um nicht wie Seymour Martin Lipset vom paradoxen »Extremismus der Mitte« (1959) sprechen zu müssen, möchten wir auf den folgenden Seiten die ideologischen Sichtweisen benennen, um das u.a. rassistische, antidemokratische, antisemitische und Verschwörungserzählungen affine Verhalten zu definieren. So wird der Begriff »Rechtsextremismus« weniger häufig zu finden sein, sondern die im Zentrum dieses Buches stehende Denkstruktur ist mit »nationalistisch-völkisch« am besten greifbar. Auch wenn der renommierte Sozialwissenschaftler Wilhelm Heitmeyer u.a. in seinem 2020 erschienenen Werk »Rechte Bedrohungsallianzen« den ebenso geeigneten Begriff des autoritären Nationalradikalismus ins Feld führt, um die Ideologie und die Agitation einer Partei wie der AfD oder einer Gruppe wie der Identitären zu erfassen, ist uns zufolge der Terminus des völkischen Nationalismus eindeutiger auf die ideologische Haltung bezogen, sodass es auch möglich sein wird, vielfältige Verbindungslinien zu u.a. der 2021 gegründeten Sammlungsbewegung »Freie Sachsen« und ihrem Vorsitzenden, Martin Kohlmann, zu ziehen. Abgesehen davon, dass nationalistisch-völkisch denkende Köpfe wie Ellen Kositza, Martin Sellner oder Götz Kubitschek sich selbst mit nicht wenig Stolz in ihren eigenen Veröffentlichungen oder in Interviews als »rechts« bezeichnen, um sich von dem »Anderen«, dem vermeintlich »Linken« scharf abzugrenzen, suggerieren Begriffe wie die extreme Rechte oder autoritärer Nationalradikalismus, dass wir es lediglich mit einer Besonderheit im gesellschaftlich-politischen Spektrum zu tun haben. Dass es sich allerdings nicht nur um ein randständiges Phänomen handelt, zeigen die folgenden Seiten.

Kapitel 1: Wer oder was sind die Identitären?

Nazis in den 2020ern – das sind doch die Menschen, die Springerstiefel (vorzugsweise mit weißen Schnürsenkeln), eine Glatze und eine Bomberjacke tragen. Am besten sind sie mit einem Baseballschläger unterwegs, damit man sie auch direkt als Nazis identifizieren kann. Zwar spielt der Dokumentarfilm von Christian Jentzsch, »Die Kirche und die Rechten – der Kampf um das christliche Weltbild«, auch 2019 noch mit diesem Klischee, doch war das zu Beginn der 90er Jahre mit der entfesselten Gewalt gegen Zugewanderte in Hoyerswerda, Solingen, Rostock-Lichtenhagen und Mölln vielleicht noch passgenauer als heutzutage.

Seit Anfang der 2010er Jahre sorgen immer wieder junge Menschen mit medienwirksamen Aktionen für Aufsehen, die sich selbst der »Identitären Bewegung« (im Folgenden abgekürzt als IB) zurechnen. Die jungen Aktivistinnen und Aktivisten könnten ihrem Aussehen nach auch Mitglied bei Greenpeace oder Amnesty International sein. Ihren Botschaften zufolge jedoch schützen allein sichere Grenzen die Zukunft Deutschlands oder soll die Erinnerung an die Opfer insbesondere des islamistischen Terrors lebendig bleiben. Ihre Aktionen zielen eindeutig auf öffentliche und mediale Aufmerksamkeit ab. Auch für politisch und gesellschaftlich interessierte Beobachter wird nicht auf den ersten Blick deutlich, welche ideologische Überzeugung die Aktivistinnen und Aktivisten tragen, was ihre Ziele sind und wo sie im Spektrum politisch aktiver Gruppierungen zu verorten sind. Dementsprechend wagen wir einen zweiten Blick.

In Deutschland ist die IB seit 2012 aktiv und zeichnet sich von Anfang an durch eine Reihe von Merkmalen aus, die sie von anderen rechten Gruppierungen unterscheiden: So geben sich ihre Vertreter betont jung, modern und intellektuell – passend zu ihrer Zielgruppe, die hauptsächlich aus Schülerinnen und Schülern und jungen Erwachsenen (wie etwa Studierenden) besteht. Hinzu kommt eine professionelle Nutzung der neuen Medien, insbesondere der sozialen Netzwerke – mittlerweile auch des sogenannten Dark Social, um politische Inhalte zielgruppengerecht attraktiv zu vermitteln. Wie im Folgenden zu sehen sein wird, sind die Inhalte selbst nicht sonderlich innovativ, sondern gehören zum Kernbestand rechten bzw. nationalistisch-völkischen Gedankenguts und haben ihre Wurzeln in der sogenannten Konservativen Revolution der 1920er Jahre; sie blicken somit auf eine etwa hundertjährige Geschichte zurück. Die Aktivisten der IB sind daher wohl umso mehr bemüht, den modernen Anstrich aufrechtzuerhalten und insbesondere – zumindest nach außen hin – einen gewissen Mindestabstand zu Teilen rechter Ideologie sowie zu Personen und geschichtlichen Phänomenen zu halten, die ihnen für ihre Zwecke abträglich erscheinen. Gleichzeitig sind identitäre Gruppen eindeutig Teil des neurechten Spektrums und damit auch in die entsprechenden Netzwerke eingebunden. Das führt mitunter dazu, dass Identitäre einerseits aufgrund ihrer inhaltlichen Nähe den Austausch mit anderen nationalistisch-völkischen – sowohl rechtsextremen als auch rechtspopulistischen – Gruppen pflegen und die Kooperation suchen, sich jedoch andererseits immer wieder gezwungen sehen, sich von einigen dieser Akteure abzugrenzen und zu distanzieren, um das eigene Ansehen nicht zu beschädigen und für möglichst große Teile der Gesellschaft interessant zu bleiben. Beispielsweise geschah dies im März 2019. Kurz nach dem Attentat in Christchurch veröffentlichte Martin Sellner, einer der führenden Köpfe der IB in Deutschland und Österreich, ein YouTube-Video, in dem er behauptete, nichts mit dieser Gewalt zu tun zu haben.

Die IB wird seit 2016 vom Verfassungsschutz beobachtet und im Verfassungsschutzbericht als »gesichert rechtsextremistisch« eingestuft, da zentrale Punkte ihrer Ideologie im Widerspruch zum Grundgesetz stehen. Diese Einstufung ist durch ein Urteil des Verwaltungsgerichts Berlin im Juni 2020 bestätigt worden, nachdem die Identitären dagegen geklagt hatten. Ausschlaggebend für die Einschätzung des Verfassungsschutzes ist das Bekenntnis der Identitären zum sogenannten Ethnopluralismus, einer modernisierten Form des Rassismus: Leitidee des Ethnopluralismus ist, dass verschiedene Ethnien sich nicht miteinander vermischen, sondern unvermischt in möglichst homogenen Völkern nebeneinander leben sollen. Und diese ethnokulturelle Identität (IB-intern auch EKI genannt) muss verteidigt werden. Auch die Selbstbezeichnung »identitär« verweist auf diesen Kerngedanken der IB-Ideologie: Ihrem Selbstverständnis zufolge geht es ihnen um ihre »kulturelle Identität«, die sie durch die Migration von Menschen mit anderen kulturellen Identitäten bedroht sehen. Zum Erhalt der kulturellen Identität müsste aus Sicht der IB Migration eingeschränkt, am besten sogar rückgängig gemacht werden, um eine größere ethnische Homogenität in der Bevölkerung herzustellen. Wie weit der Begriff der Kultur dabei gefasst wird, ist unterschiedlich – teils wird er regional oder national, teils supranational verstanden, d.h. identitäre Gruppen können sich sowohl als Verfechter der deutschen wie auch der europäischen Kultur verstehen. Das spiegelt sich auch in der Kooperation identitärer Gruppen aus verschiedenen europäischen Ländern wider. Gleichzeitig besteht genau darin aber auch ein Unterschied: Während unter nordeuropäischen Identitären beispielsweise ein panskandinavistisches Ideal vorherrscht, machen Identitäre in Frankreich und Italien ihre Identität teils an Regionen, teils an Europa fest, aber nicht unbedingt an ihrer Nation. Das bringt sie mitunter sogar in Konflikt mit den jeweiligen nationalistischen Parteien ihrer Herkunftsländer (vgl. Kapitel 5).

Klar ist dagegen, wer aus Sicht der Identitären nicht zur eigenen Kultur gehört: Menschen afrikanischer oder asiatischer Herkunft etwa und in besonderem Maße Muslime. »Der Islam« wird dabei für die IB zum Feindbild par excellence und als das Fremde und Bedrohliche schlechthin dargestellt. Aus muslimischen Flüchtlingen macht die identitäre Propaganda die Vorhut einer islamischen Invasion, die es abzuwehren gilt; die realen Ursachen von Flucht und Migration oder eine differenziertere Sicht des Islam finden dabei keine Beachtung. Sich selbst stilisieren die identitären Aktivisten dabei einerseits zu Opfern, deren »Identität« durch die Zuwanderung bedroht wird und die von Politik und Medien betrogen werden, andererseits zu mutigen Kämpfern, die es wagen, angebliche Tabus zu benennen. Sie bedienen sich dabei einer Rhetorik der Angst und suggerieren, sie seien die letzte Generation, die den Untergang der europäischen Identität noch abwehren könne, bevor es dafür unwiderruflich zu spät sei. Dazu bedienen sie sich der Verschwörungstheorie vom sogenannten »Großen Austausch« – d.h., sie geben vor, angebliche geheime Pläne zu enthüllen, die darin bestünden, die ursprüngliche Bevölkerung europäischer Staaten durch eine mehrheitlich muslimische Bevölkerung zu ersetzen und damit zu zerstören. Diese Überzeugung wird indes nicht nur von der IB vertreten, sondern geht auf die Arbeiten des Franzosen Renaud Camus zurück und gehört zum Kern der Ideologie der Neuen Rechten.

Auf diesen Grundgedanken ihrer Ideologie beziehen sich die Identitären auch mit ihrer Symbolik: Das Logo der IB beispielsweise zeigt den griechischen Buchstaben Lambda, der wiederum dem Film »300« entlehnt ist. In diesem Film geht es um die Schlacht an den Thermopylen und damit um den Kampf der Spartaner gegen die Perser. Im Film tragen die Spartaner dabei den Buchstaben Lambda (für Lakedaimonier als Synonym für Spartaner) auf ihren Schilden; durch die Nutzung des Lambda bringen die Identitären eine Identifikation mit den kämpfenden Spartanern, so wie sie im Film dargestellt sind, zum Ausdruck. Gleichzeitig interpretieren sie damit den

Konflikt zwischen Sparta und Persien anachronistisch als Analogie zum – vermeintlichen – Konflikt zwischen europäischer und islamischer Kultur. Wie später zu sehen sein wird, nutzen die Identitären in ähnlicher Weise andere historische Bezugspunkte für ihre propagandistischen Zwecke, wie beispielsweise den Sieg Karl Martells über die Araber im Jahr 732.

Bekämpft werden aber nicht nur Migranten, sondern auch all jene, die für eine offene, plurale Gesellschaft eintreten (u.a. People of Colour, die LGBTQ-Community oder Feminist:innen – wobei das eine selbstverständlich das andere nicht ausschließt). In gewisser Hinsicht betrachten sowohl die Identitären als auch die Neue Rechte als Ganzes letztlich – bei aller Ablehnung und Polemik – nicht Migranten als ihre Hauptfeinde, sondern bekämpfen in allererster Linie ein liberales, demokratisches, den Menschenrechten verpflichtetes Weltbild. Ihr übergeordnetes Ziel ist die »Kulturrevolution von rechts«, d.h. eine umfassende Umgestaltung der Gesellschaft nach ihren Vorstellungen. Um dieses Ziel zu erreichen, konzentrieren sie sich auf den Ansatz der sogenannten Metapolitik. Das bedeutet: Mehr als um Parteipolitik und Einfluss in Parlamenten geht es den Identitären und der Neuen Rechten darum, den »Kampf um die Köpfe« zu gewinnen, d.h. die öffentliche Meinung und die zentralen Werte der Gesellschaft in ihrem Sinne zu prägen.

Auch wenn die IB Slogans nutzt wie: »Nicht rechts, nicht links – identitär!«, ist sie doch mit ihrer nationalistisch-völkischen Gesinnung eindeutig – 2019 auch vom Verfassungsschutz bemerkt – ein Teil der extremen Rechten und innerhalb dieser ein Teil der – über 50 Jahre alten – Neuen Rechten. Daher soll sie im Folgenden auch immer als Beispiel für die Neue Rechte, ihre Ideologie und Vorgehensweise analysiert werden. Denn auch wenn die IB möglicherweise – wie es mitunter den Anschein hat – in dieser Form und unter diesem Namen nur ein temporäres Phänomen sein sollte, so ist klar, dass sowohl ihre Ideologie als auch ihre Vertreter nicht so schnell verschwinden werden, sondern sich allenfalls in neuem Gewand präsentieren werden: alter Wein in neuen Schläuchen.

- Neue Form des rechten Aktivismus
- Konzentration auf neue Medien und soziale Netzwerke (junge Zielgruppe)
- Feindbild: die liberale Gesellschaft
- Verschwörungserzählung vom »Großen Austausch«
- Symbol: Lambda
- Typische Vertreter der Neuen Rechten

Kapitel 2: Wie neu ist die Neue Rechte? – Eine historische Einordnung

Die IB ist ein Teil der Neuen Rechten. Sie kann also nicht isoliert betrachtet werden, sondern nur im Kontext des neurechten Spektrums, sodass man sich zunächst fragen muss, was die Neue Rechte überhaupt ausmacht, was das »Neue« daran sein soll und wie sie entstanden ist. Erst dann wird deutlich, in welcher Tradition die Identitären stehen – und dass auch diese Gruppe nicht gänzlich »neu« ist. Ebenso ist dieser Kontext von Bedeutung, wenn man sich fragt, was »nach« der IB kommt – denn selbst wenn diese Organisation als solche und unter diesem Namen eines Tages wieder in der Versenkung verschwinden sollte, ist es wichtig, die fortexistierende Ideologie zu erkennen und historisch einordnen zu können.

Was also ist die Neue Rechte? Und was die »Alte Rechte«? Genau dieser Unterschied ist nämlich entscheidend für das Selbstverständnis der Neuen Rechten – ihre Vertreter bemühen sich, sich von der »Alten Rechten« abzugrenzen, d.h. von den Nationalsozialisten und jenen, die sich nach 1945 zu offensichtlich in deren Tradition gestellt und damit für breitere Kreise der (europäischen) Gesellschaft diskreditiert haben. Diese Distanz zum Dritten Reich und zu späteren Neonazis, die zumindest nach außen hin regelmäßig betont wird, geht mit einem Streben nach einem intellektuelleren, elitäreren Auftreten einher. Beides soll für höhere Zustimmungswerte sorgen. Wie weit es mit dieser Unterscheidung von alten und neuen Rechten her ist, ist allerdings fraglich; bei genauerer Betrachtung deutet jedenfalls vieles auf eine gewisse – ideologische wie personelle – Nähe hin. Zum Selbstverständnis der Neuen Rechten gehört außerdem eine Inszenierung als alternativ und revolutionär, was auch durch methodische Anleihen bei der Linken befördert wird. Beispielsweise beziehen sich Vordenker der Neuen Rechten auf linke Theoretiker wie Antonio Gramsci und übernehmen dessen Ideen zur Erlangung einer kulturellen Hegemonie für ihr Konzept eines metapolitischen Ansatzes – also das Streben danach, Diskurse zu beeinflussen und die öffentliche Meinung in ihrem Sinne zu prägen.

Die Wurzeln der Neuen Rechten reichen bis in die 1960er/70er Jahre zurück; sie sind also nicht – wie bisweilen zu lesen – als eine Reaktion auf die 1968er Bewegung zu sehen, sondern gehen ihr teilweise voraus. Die Entwicklung in Deutschland ist dabei eng mit jener in Frankreich verknüpft, wo die Neue Rechte als Nouvelle Droite zuerst in den 1960ern in Erscheinung trat. Ein markantes Datum war dabei die Gründung des GRECE (Groupement de recherche et d'études pour la civilisation européenne; *Forschungs- und Studiengruppe für die europäische Zivilisation*) durch Alain de Benoist, Jean Mabire und Dominique Venner in Nizza im Jahr 1968, das mit der Eintragung ins Vereinsregister am 17. Januar 1969 offiziell wurde (Mabire und Venner zogen sich allerdings in den frühen 70er Jahren aus dem aktiven Vereinsleben zurück). Dabei handelt es sich um eine Art elitäre Denkfabrik und den Zusammenschluss von Theoretikern der extremen Rechten, die mit ihrer intellektuellen Vorarbeit kulturelle und ideologische Denkweisen erobern wollten. Nicht nur lautmalerisch erinnert der Vereinsname an Griechenland. Dies ist durchaus beabsichtigt, denn man versucht intellektuell die Wurzeln der europäischen Kultur aufzugreifen, die den Mitgliedern zufolge im antiken Griechenland liegen, und lehnt infolgedessen auch den Monotheismus der jüdisch-christlichen Kultur als zivilisatorischen »Fremdkörper« ab.

GRECE hat sich als sehr einflussreich für rechte Gruppierungen in ganz Europa erwiesen. Auch in Deutschland wurde versucht, vom intellektuellen Prestige des französischen Modells zur profitieren, sodass der Begriff der Neuen Rechten wenig später aufgegriffen wurde, beispielsweise von der »Aktion Neue Rechte«, die sich 1972 von der NPD abspaltete. Auch wenn inhaltlich Altbekanntes genannt wird – es soll ein wissenschaftlicher, philosophischer und kultureller Begründungszusammenhang für ein autoritatives Europa der weißen Rassen entstehen – so gelingt es GRECE, ihre nationalistisch-völkischen Spuren zu verwischen und eine »objektive« Kulturforschung im Rahmen ihrer Metapolitik-Strategie anzubieten. Der Kampf um Ideen findet de Benoist zufolge jenseits der Parteien und des politischen Parketts statt (vgl. S. 77). Zunächst wollte sich das GRECE-Projekt nicht als Nouvelle Droite, also als Neue Rechte, bezeichnet wissen, sondern favorisierte den Begriff Nouvelle Culture, neue Kultur. 1977 jedoch publizierte de Benoist eines seiner Grundsatzwerke mit dem Titel »Vu de droite« (»Von rechts aus gesehen«) und gab damit implizit seine Zustimmung zu der begrifflichen Zuschreibung.

Auch über die reine Begrifflichkeit hinaus ließ sich die deutsche Neue Rechte von der französischen Nouvelle Droite inspirieren: So wurde nach dem Vorbild von GRECE 1980 in Deutschland das Thule-Seminar gegründet, wobei französische Rechtsextremisten wie Pierre Krebs eine wichtige Rolle einnahmen. Kooperationen gab es auch im Bereich von Publikationen, indem beispielsweise französische Theoretiker wie Alain de Benoist und Guillaume Faye in der Redaktion der Zeitschrift des Thule-Seminars mitarbeiteten sowie durch Übersetzungen ihrer eigenen Schriften von der deutschen Neuen Rechten rezipiert wurden. Auch de Benoists »Vu de droite« wurde in deutscher Übersetzung 1983/84 mit dem Titel »Aus rechter Sicht. Eine kritische Anthologie zeitgenössischer Ideen« herausgegeben. Ein weiterer Text der französischen Neuen Rechten, der ins Deutsche übersetzt wurde und Einfluss auf die Herausbildung neurechten Denkens in Deutschland genommen hat, ist: »Wofür wir kämpfen. Manifest des europäischen Widerstands. Das metapolitische Hand- und Wörterbuch der kulturellen Revolution zur Neugeburt Europas« von Guillaume Faye, das 2006 vom Thule-Seminar veröffentlicht wurde und gerade auch für die IB als richtungsweisend anzusehen ist, indem es ihre Ideologie und Terminologie maßgeblich geprägt hat. Weitere Autoren der Nouvelle Droite, die für die deutsche Neue Rechte und insbesondere für die IB eine zentrale Rolle spielen, sind Renaud Camus mit seinem Werk »Revolte gegen den Großen Austausch« und Jean Raspail mit »Das Heerlager der Heiligen«; beide im nationalistisch-völkischen Verlag Antaios erschienen, der wiederum mit dem Institut für Staatpolitik zusammenhängt, einer weiteren neurechten Denkfabrik, die ihren Sitz in Schnellroda, Sachsen-Anhalt hat.

Eine eingehendere Darstellung der deutschen Neuen Rechten in ihrer Gesamtheit ist an dieser Stelle nicht möglich; Interessierte seien auf die weiterführende Literatur im Anhang verwiesen. Im Folgenden soll jedoch der Blick noch ein bisschen weiter in die Vergangenheit gerichtet werden – denn wenn es die sogenannte Neue Rechte etwa seit den 1960er Jahren gibt und wenn ihre Vertreter sich explizit nicht auf die »Alte Rechte«, d.h. den Nationalsozialismus, berufen wollen: Wo sehen sie dann ihre Wurzeln und worauf baut ihre Ideologie auf?

Die konservative Revolution

Als vermeintlich unbelastete Vordenker gelten der Neuen Rechten die Vertreter der sogenannten »Konservativen Revolution«. Indem sie sich auf deren Ideen und Werke berufen, stellen sie sich scheinbar in eine Tradition der nationalistisch-völkischen Ideologie, die nicht durch die Taten der Nationalsozialisten diskreditiert worden ist. Bei näherer Betrachtung zeigt sich jedoch, dass es mit dieser Unterscheidung zwischen »guten« und »schlechten« Nationalisten nicht weit her ist.

Zwar findet der Begriff der Konservativen Revolution auch in der Fernsehserie »Babylon Berlin« nach der Romanreihe von Volker Kutscher Verwendung, doch ist er in mancherlei Hinsicht problematisch, u.a. weil es an einer präzisen Definition fehlt und nicht immer dasselbe damit gemeint ist. Vor allem aber fehlt dem Begriff und dem damit gemeinten Konzept die wissenschaftliche Neutralität: Stattdessen bedient sich die Neue Rechte der Rede von der »Konservativen Revolution« zu propagandistischen Zwecken, um ihrer Ideologie einen gesellschaftsfähigeren Anstrich zu geben. So gelang es dem führenden Kopf der Neuen Rechten, Armin Mohler, den Begriff der Konservativen Revolution mit seiner 1950 fertiggestellten Dissertation »Die Konservative Revolution in Deutschland 1918–1932« überhaupt salonfähig zu machen und ihn auch in der Geschichtswissenschaft zu etablieren. Für einen wissenschaftlichen Diskurs ist der Terminus allerdings nur bedingt zu gebrauchen. Im Folgenden soll deswegen kurz skizziert werden, was gemeint ist, wenn von den Vertretern der Konservativen Revolution die Rede ist. Eine erschöpfende Behandlung der Thematik ist an dieser Stelle naturgemäß nicht möglich; auch hier sei auf die weiterführende Literatur verwiesen.

Prägend für die Etablierung des Begriffs der Konservativen Revolution als Bezeichnung für eine ideologische Strömung waren wie gesagt die Schriften des Schweizers Armin Mohler (1920–2003). Nach seiner eigenen Aussage ging es ihm darum, eine Trennung zwischen dem Nationalsozialismus einerseits und einer unbelasteten rechten Ideologie andererseits vorzunehmen, auch wenn die historische Realität diesen Gegensatz in der Form gar nicht hergibt. Und so fasste Mohler alles unter den Begriff der Konservativen Revolution, was er »den guten Teil am Nationalsozialismus« nannte. Laut Mohler beruht die Strömung der Konservativen Revolution auf fünf Gruppen, von denen drei besonders zentral sind, nämlich das völkische, das jungkonservative und das nationalrevolutionäre Milieu. Zwei weitere Gruppen spielten in seinen späteren Schriften jedoch keine Rolle mehr: die Landvolkbewegung und die Bündische Jugend (deren Eingruppierung in diesem Zusammenhang ohnehin diskussionswürdig ist). Schon dieses Spektrum legt die Vermutung nahe, dass es sich nicht um eine in sich geschlossene, kohärente Ideologie handeln kann, sondern eher um ein Sammelbecken von Gruppierungen, die allenfalls einige Gemeinsamkeiten, aber auch viele Unterschiede aufweisen: Gemeinsam war den genannten Gruppen vor allem eine Ablehnung liberaler, pluralistischer Ideen, eine Prägung durch den Ersten Weltkrieg mit seinen Idealen von Heldentum und Opferbereitschaft und ein Selbstverständnis als geistige Elite. Man verstand sich als Avantgarde, d.h. trotz der völkischen, nationalistischen Ausrichtung, der Ablehnung einer parlamentarischen Demokratie und dem Wunsch nach einem autoritär geführten Staat ging es nicht um eine Wiederherstellung der kaiserlichen Monarchie. Stattdessen sollten – dem Selbstverständnis dieser Strömung zufolge – neue Werte geschaffen werden, deren Erhalt lohnenswert schien; auf diese Idee einer Avantgarde, die Neues hervorbringt, bezieht sich auch der Begriff der »Revolution«, der angesichts der wenig progressiven Werte zunächst befremdlich wirkt.

Exkurs: Die Konservative Revolution – eine kurze Begriffsgeschichte

Bereits Mitte des 19. Jahrhunderts tauchte der Begriff der konservativen Revolution in Schriften u.a. von Friedrich Engels auf. Der Philosoph hat den Terminus im Rahmen seiner Beschreibung des polnischen Novemberaufstands von 1830 verwendet, denn dieser habe ihm zufolge als konservative Revolution nichts an der (inneren) Lage des

Volkes geändert. Zur gleichen Zeit wurde der Begriff im englischen Sprachraum (u.a. Macaulay, Dixon) benutzt, um einen sprachlichen Gegensatz beispielsweise zur Französischen Revolution zu etablieren. Armin Mohler zählt in seiner Dissertationsschrift ferner russische Schriftsteller auf, die den Begriff im 19. Jahrhundert verwenden (u.a. Dostojewski). Mohler allerdings beschränkt sich in seiner Deutung der Konservativen Revolution allein auf das Verständnis des französischen nationalistisch-völkischen Schriftstellers Charles Maurras (1868–1952), das geprägt ist von einem elitären Anspruch, einem radikalen Monarchismus, Antisemitismus und seiner Vorstellung einer korporativen Gesellschaftsordnung.

Etwas anders verwendet Hugo von Hofmannsthal den Begriff in seiner Rede am 10. Januar 1927 an der Universität München mit dem Titel »Das Schrifttum als geistiger Raum der Nation«. Diese schloss mit folgenden Worten:

> »Ich spreche von einem Prozeß, in dem wir mitten inne stehen, einer Synthese, so langsam und großartig – wenn man sie von außen zu sehen vermöchte – als finster und prüfend, wenn man in ihr steht. Langsam und großartig dürfen wir den Vorgang wohl nennen, wenn wir bedenken, daß auch der lange Zeitraum der Entwicklung von den Zuckungen des Aufklärungszeitalters bis zu uns nur eine Spanne in ihm ist, daß er eigentlich anhebt als eine innere Gegenbewegung gegen jene Geistesumwälzung des sechzehnten Jahrhunderts, die wir in ihren zwei Aspekten Renaissance und Reformation zu nennen pflegen. Der Prozeß, von dem ich rede, ist nichts anderes als eine konservative Revolution von einem Umfange, wie die europäische Geschichte ihn nicht kennt. Ihr Ziel ist Form, eine neue deutsche Wirklichkeit, an der die ganze Nation teilnehmen könne.«
>
> Hugo von Hofmannsthal: Gesammelte Werke in zehn Einzelbänden. Reden und Aufsätze 1–3. Hg. von Bernd Schoeller in Beratung mit Rudolf Hirsch. Suhrkamp, Frankfurt a.M. 1980, S. 41.

Hofmannsthal bezieht sich in diesem Zusammenhang auf die Entwicklung einer deutschen Sprachengemeinschaft hin zu einer politischen Nation in den Jahren der Weimarer Republik. Die Rede Hofmannsthals ist zwar patriotisch, aber keineswegs republikfeindlich. Diese ideengeschichtliche Verwendung der Konservativen Revolution Hofmannsthals bekommt bereits ein paar Jahre später eine andere Färbung. Beispielsweise Hans Zehrer begrüßt in der Monatszeitschrift »Die Tat« – zwischen 1929 und 1933 das einflussreichste konservative Blatt – die wirtschaftliche und politische Krise Ende der 1920er Jahre, damit aus dem Chaos mithilfe einer Konservativen Revolution eine neue deutsche gesellschaftliche Ordnung erwachsen könne:

> »Während sich also die Ebene der alten Positionen mehr und mehr zersetzt und sich dem Chaos nähert, wächst außerhalb dieses Prozesses eine neue Position heran. Der Augenblick des Handelns ist für diese Position noch nicht gekommen. Man muß einstweilen abwartend die Notwendigkeit des Zersetzungsprozesses bejahen.«
>
> Hans Zehrer: »Der Weg in das Chaos«. In: Die Tat (Jg. 21) 1929/1939, S. 576.

Ende der 1920er und zu Beginn der 1930er Jahre wiederholte »Die Tat« diesen Inhalt immer wieder, denn das Herausgeberteam war sich sicher, dass sie Zeuge einer »dritten Kraft« werden würden, die sich aus jungen Intellektuellen und der Mittelschicht bilden würde. Diese »dritte Kraft« könne Zehrer zufolge Rechts und Links überwinden und das Nationale sowie das Soziale zu einer neuen Bewegung zusammenbinden. Vor dem Hintergrund der NSDAP auf der extrem rechten und der KPD auf der extrem linken Seite werde es demnach laut Zehrer zu einer Synthese bzw. einer Überwindung kommen. Diese verkopfte zeitgeschichtliche Analyse ist ein Beleg dafür, dass »Die Tat« das politische Gebaren der NSDAP nicht ernst genug genommen hat.

Eine deutlich braunere Färbung erhielt der Begriff der Konservativen Revolution in den Ausführungen Edgar Jungs. Der Antidemokrat etwa schrieb in seinem 1932 erschienenen Aufsatz »Deutschland und die konservative Revolution«:

> »Wie die Französische Revolution den Schwerpunkt Europas nach dem Westen verlegte, so wird die deutsche das Herzstück Europas, seine Mitte, wieder zu ihrem Rechte kommen lassen. Der starrste Beharrungswille auf der Versailler »Ordnung« wird Frankreich nicht vor der bitteren Erkenntnis bewahren, die ihm der Weltkrieg beschert hat und die es heute in rohe

Gewaltpolitik verwandelt: der Erkenntnis, daß das biologisch kräftigste Volk Europas die Deutschen sind.

Konservative Revolution nennen wir die Wiederinachtsetzung all jener elementaren Gesetze und Werte, ohne welche der Mensch den Zusammenhang mit der Natur und mit Gott verliert und keine wahre Ordnung aufbauen kann. An Stelle der Gleichheit tritt die innere Wertigkeit, an Stelle der sozialen Gesinnung der gerechte Einbau in die gestufte Gesellschaft, an Stelle der mechanischen Wahl das organische Führerwachstum, an Stelle bürokratischen Zwangs die innere Verantwortung echter Selbstverwaltung, an Stelle des Massenglücks das Recht der Volkspersönlichkeit.«

Edgar J. Jung: Deutschland und die konservative Revolution. Deutsche über Deutschland. Albert Langen, München 1932, S. 380.

Im amerikanischen Exil seit 1941 analysierte der Soziologe und ehemalige Redakteur der Frankfurter Zeitung, Siegfried Kracauer, die Intention u.a. der genannten Befürworter einer Konservativen Revolution folgendermaßen:

»Die prekäre Lage des Mittelstands ergibt sich daraus, daß seine Angehörigen einerseits proletarisiert werden, andererseits durchaus in den bürgerlichen Traditionen befangen sind. Sie wehren sich, eben auf Grund dieser Tradition, erbittert gegen den Kommunismus und müssen doch zugleich ihre Stellung im kapitalistischen Produktionsprozeß negieren. Im herrschenden System sind sie nicht mehr ohne weiteres unterzubringen. Daher streben sie eine Veränderung dieses Systems [an], ohne doch eine Diktatur des Proletariats bejahen zu können.«

Siegfried *Kracauer*: Studien zu Massenmedien und Propaganda (Bd 2/2). Hg. von Christian Fleck und Bernd Stiegler. Suhrkamp, Berlin 2012, S. 10.

***

Einige der Hauptvertreter der sogenannten Konservativen Revolution, auf die sich die Neue Rechte regelmäßig beruft, seien an dieser Stelle kurz vorgestellt:

Arthur Moeller van den Bruck (1876–1925): Der Publizist Arthur Moeller van den Bruck und sein Werk wurden von Armin Mohler wieder stärker ins Bewusstsein rechter Denker gerufen und bilden heute einen wichtigen Bezugspunkt für die antiliberale Ideologie der Neuen Rechten. Seinem Nationalismus und seiner Ablehnung von Demokratie und Liberalismus hat Moeller van den Bruck in Schriften wie seinem achtbändigen Werk »Die Deutschen: Unsere Menschheitsgeschichte« (1905), einer Abhandlung über das Preußentum (1914) und seinem Hauptwerk »Das Dritte Reich« (1923) Ausdruck verliehen und den Satz geprägt: »An Liberalismus gehen die Völker zugrunde!« Daneben war er Mitbegründer und eine der zentralen Figuren des Juniklubs, eines Kreises von nationalistisch-völkischen Intellektuellen, der von 1919 bis 1924 Bestand hatte. Hitler lehnte er als zu primitiv und zu wenig intellektuell ab – wobei man jedoch berücksichtigen muss, dass Arthur Moeller van den Bruck sich schon im Jahr 1925 das Leben nahm und den Aufstieg des Nationalsozialismus nicht mehr miterlebte. Wie seine Positionierung nach 1933 ausgesehen hätte, wissen wir daher nicht.

Oswald Spengler (1880–1936): Der Geschichtsphilosoph Oswald Spengler ist vor allem durch sein Werk »Der Untergang des Abendlandes«, erschienen in den Jahren 1918 und 1922, bekannt und für die Neue Rechte relevant geworden. Schon der Titel liefert die Vorlage für die Vorstellung u.a. der Identitären, »das Abendland« sei bedroht und müsse gegen die Einflüsse anderer Kulturen verteidigt werden. Aber auch der Inhalt des Werkes hat sich als prägend für das Kulturverständnis der Identitären und anderer nationalistisch-völkischer Gruppierungen erwiesen: Spengler geht nämlich davon aus, dass die Weltgeschichte zyklisch verläuft in Form von Kulturen, die Aufstieg, Blüte und Niedergang erleben, bevor sie einander ablösen. Damit vertritt er ein ähnliches Verständnis von »Kultur« als einer in sich abgeschlossenen Einheit, die von anderen Kulturen scharf abzugrenzen sei. Spengler zufolge haben Kulturen eine Lebensdauer von etwa 1000 Jahren und »das Abendland« befinde sich zur Zeit der Abfassung seines Werkes in der Phase des Niedergangs. Trotz seiner nationalistischen und antidemokratischen Überzeugungen lehnte Spengler den Nationalsozialismus – auch noch nach 1933 – ab; auch damit »eignet« er sich hervorragend als Bezugsgröße für die Neue Rechte, die sich dezidiert vom Nationalsozialismus abgegrenzt wissen will.

Carl Schmitt (1888–1985): Anders als Moeller van den Bruck und Spengler kann von einer Distanz zum Nationalsozialismus bei Carl Schmitt keine Rede sein; ganz im Gegenteil war er ihm eng verbunden, engagierte sich auch zwischen 1933–1945 politisch und ließ einen scharfen und tiefsitzenden Antisemitismus erkennen. So nannte er die Nürnberger Rassegesetze eine »Verfassung der Freiheit« und äußerte sich auch nach 1945 weiterhin antisemitisch. Als Staatsrechtler beschäftigte er sich nicht nur mit rechtlichen, sondern auch staatsphilosophischen Fragen und trat für einen starken Staat, möglichst in Form eines Führerstaats, ein. Als Grundvoraussetzung für ein gut funktionierendes Staatswesen galt ihm eine größtmögliche Homogenität der Bevölkerung und damit die Bekämpfung jeder Heterogenität als notwendige Maßnahme. Diesen Gedanken der Homogenität bezog er spätestens ab 1933 eindeutig auf das Konzept der Rasse und lieferte damit theoretische Grundlagen für das Streben nach ethnisch einheitlichen Völkern, wie sie auch von der IB gefordert werden. Gleichzeitig wandte Schmitt sich damit gegen jeden Pluralismus und gegen Kontroversen zum Ausgleich verschiedener Positionen; stattdessen gehe es vielmehr darum, wer die Macht habe, Entscheidungen zu treffen.

Damit war er ein Verfechter des sogenannten Dezisionismus (einer juristischen sowie politischen Theorie, nach der weniger die Legitimation einer Entscheidung als das Diktum und der Entscheider an sich zentral sind). Schmitts Lehre von einem autoritären, homogenen Staat, der – ungehindert von demokratischen Prozessen – Entscheidungen treffen kann, wurde von der Neuen Rechten aufgenommen und Schmitt damit zu einem ihrer wichtigsten Vordenker.

Ernst Niekisch (1889–1967): Niekisch engagierte sich ursprünglich in der Sozialdemokratie, bevor er sich dem Nationalismus zuwandte und eine Verbindung von Sozialismus und Nationalismus propagierte. Er befürwortete einen starken Staat nach dem Vorbild der Sowjetunion, lehnte Liberalismus und Demokratie ab und vertrat stark antisemitische und rassistische Positionen. Mit diesem sogenannten Nationalbolschewismus stand er dem linken Flügel der NSDAP um Gregor und Otto Strasser nahe, während er Hitler und sein Umfeld ablehnte und sich entsprechend nach der nationalsozialistischen Machtergreifung im Konflikt mit der NSDAP befand und 1939 zu einer lebenslangen Haftstrafe verurteilt wurde. Nach 1945 lebte er zunächst in der DDR, bevor er sich 1963 in West-Berlin niederließ. Die Ideen des Nationalbolschewismus im Allgemeinen und von Ernst Niekisch im Besonderen haben Eingang in das Denken der Neuen Rechten gefunden und werden u.a. wegen ihrer Orientierung an Russland und ihrer antiwestlichen Positionen auch im Zuge der geopolitischen Ideologie des Eurasismus rezipiert (siehe hierzu auch den Abschnitt über Russland in Kap. 5).

Ernst Jünger (1895–1998): Inwiefern der Schriftsteller Ernst Jünger der Konservativen Revolution zuzurechnen ist, ist umstritten. Ohne Zweifel jedoch kann behauptet werden, dass er in seinen Werken Positionen und Werte vertreten hat, die sowohl von Vertretern der sogenannten Konservativen Revolution als auch von der Neuen Rechten aufgegriffen und geteilt werden. Diese Nähe spiegelt sich auch in seiner Freundschaft und Zusammenarbeit mit Ernst Niekisch sowie in seiner Verbindung zu Armin Mohler wider, der einige Jahre Jüngers Privatsekretär war. Prägend für Ernst Jünger waren seine Erfahrungen im Ersten Weltkrieg: Er bemühte sich, dem Krieg einen tieferen Sinn zuzuschreiben, indem er den Kampf als Selbstzweck und als charakterbildend interpretierte und Heroismus und soldatische Tugenden idealisierte. Er entwickelte einen umfassenden Nationalismus und sprach sich für die Militarisierung der Gesellschaft und eine nationale Diktatur anstelle der Demokratie der Weimarer Republik aus und kann so zu Recht als Wegbereiter des Nationalsozialismus gelten. So äußerte er auch beispielsweise im Umfeld des Hitlerputsches 1923 Sympathien für Hitler und Ludendorff und befürwortete ihre Umsturzbestrebungen. 1929 kam es dann zum Bruch mit dem Nationalsozialismus – nach Ansicht mancher Historiker, weil dieser Jünger nicht radikal genug gewesen sei – und Jünger war auch nie Mitglied der NSDAP. Gleichzeitig teilte er jedoch weiterhin zentrale nationalsozialistische Werte wie die Ablehnung von Humanismus, Pazifismus, Liberalismus und allgemeinen Menschenrechten. Er begriff die Nation als Schicksalsgemeinschaft – und erwies sich damit als geeigneter Bezugspunkt für die Neue Rechte.

Ernst von Salomon (1902–1972): Der Schriftsteller Ernst von Salomon war befreundet mit Ernst Jünger, im Gegensatz zu diesem aber durch rechtsterroristische Handlungen in Erscheinung getreten: So gehört er zunächst der Brigade Ehrhardt, dann der Organisation Consul an und war an der Ermordung von Walther Rathenau und an weiteren Gewaltverbrechen mit rechtsterroristischem Hintergrund beteiligt. Daher gilt er zurecht als Wegbereiter der Nazis. Dennoch war sein Verhältnis zum Nationalsozialismus nach 1933 ambivalent: Einerseits pflegte er Kontakte zu regimekritischen Kreisen, andererseits schrieb er Drehbücher für propagandistische und antisemitische Filme. Besondere Aufmerksamkeit erregte er nach dem Krieg mit seinem autobiographischen Roman »Der Fragebogen« (1951), indem er seine Ablehnung der Entnazifizierungspolitik zum Ausdruck bringt und sich mit seiner Vergangenheit beschäftigt – allerdings in einer Weise, die eher einer Selbststilisierung als Opfer der Nazis dient und den Holocaust und andere ihrer Verbrechen ausblendet. Zu einer wirklich kritischen Auseinandersetzung und der Übernahme echter Verantwortung kommt es nicht. Sowohl mit diesem Ansatz, sich trotz geistiger Nähe und trotz entsprechender rechtsterroristischer Taten als Opfer des Nationalsozialismus darzustellen, als auch mit seinen Ausführungen zur »deutschen Substanz«, die an das Konzept der »Identität« erinnern, lieferte Ernst von Salomon Anknüpfungspunkte und Vorlagen für die Neue Rechte und die Identitären.

Neben diesen Personen, die – je nach Definition – zur sogenannten Konservativen Revolution und damit zu den Vorläufern und Bezugspunkten der Neuen Rechten gezählt werden können, sind weitere Denker zu nennen, deren Werke und Ideen sowohl für die Konservative Revolution als auch für die Neue Rechte prägend waren. Zwei Philosophen, die bis heute immer wieder in neurechten Kreisen aufgegriffen werden, sind Martin Heidegger und Julius Evola. Das Leben und Werk des Philosophen Martin Heidegger (1889–1976) kann an dieser Stelle naturgemäß nicht eingehend behandelt werden, ebenso wenig wie die Frage, wie sein Verhältnis zum Nationalsozialismus und sein philosophisches Werk letztlich zu bewerten sind. Dennoch ist eine tiefe nationalsozialistische Verstrickung Heideggers nicht zu leugnen: So hat er seit 1930 den *Völkischen Beobachter* und andere nationalsozialistische Schriften gelesen, war von 1933–1945 Mitglied der NSDAP und während dieser Zeit in verschiedener Weise im Sinne der NS-Politik engagiert, äußerte sich entsprechend zu Themen wie »Rasse« und »Weltjudentum« und glorifizierte Hitler. Von Vertretern der Neuen Rechten wie Alexander Dugin und Martin Sellner wird Heidegger immer wieder aufgegriffen; zum einen, weil sie in seinem Werk Bezugspunkte u.a. für ihre völkische Ideologie finden, zum anderen möglicherweise aber auch, um ihre Intellektualität und die theoretische Fundiertheit ihrer Ideologie zu unterstreichen. Die zentrale Rolle der Heidegger'schen Philosophie für Dugins Denken hat auch Michael Millerman in einem Aufsatz aus dem Jahr 2018 eingehend untersucht.

Ein weiterer Philosoph, der bereits zu Vertretern der Konservativen Revolution Kontakt hatte und auch von der Neuen Rechten vielfach Beachtung findet, ist der Italiener Julius Evola (1898–1974) mit seinem Hauptwerk »Rivolta contro il mondo moderno« (deutsch: »Revolte gegen die moderne Welt«) aus dem Jahr 1934. Er lehnte die Moderne in jeder Hinsicht ab – auch der Nationalsozialismus war ihm zu modern – und vertrat eine esoterisch-spirituelle Form des Antisemitismus und Rassismus. Ähnlich wie Spengler sah er die europäische Kultur in einer Phase des Verfalls. Heute wird er insbesondere in Kreisen gelesen, die nationalistisch-völkisches Denken mit Esoterik und Spiritualität verbinden wollen. Solche Kreise finden sich u.a. auf den Querdenker-Demonstrationen, wo eine eigene »Germanische Neue Medizin« gepredigt wird, und auf Bauernhof-Zusammenschlüssen – also im Grunde genommen in völkischen Siedlungsprojekten, deren Wurzeln bis zum Anfang des 20. Jahrhunderts reichen. Die esoterisch-spirituelle und nationalistisch-völkische Anastasia-Bewegung ist ein Beispiel für ein solches Siedlungsprojekt, von denen es in Deutschland etwa 17 gibt. Evola liefert hier die faschistische Ideologie, denn mit bloßem Handeln oder Reagieren sei es ihm zufolge sowieso äußerst unwahrscheinlich eine politische Veränderung hervorzurufen. Eine vollständige Absonderung – Evola nennt es *apoliteia* – nötige einen indes nicht dazu, Kompromisse mit einem System einzugehen, das es zu überwinden gelte. Insofern verstehen sich völkische Siedlungsprojekte als radikalisierte Kritik. Daher sollten Selbstverwalter und Siedler letztlich in ihrer Ablehnung des bestehenden politischen Systems genauso als Bedrohung ernstgenommen werden wie Terroristen. Sowohl der russische Publizist Alexander Dugin als auch der US-amerikanische Publizist Steve Bannon rezipieren Evola (zu Dugin vgl. beispielsweise Shekhovtsov 2009, Shlapentokh 2007; zu Bannon siehe Hermansson et al. 2020, Kapitel 1, sowie den Artikel von Jason Horowitz in der New York Times vom 10. Februar 2017), während Umberto Eco ihn in einer Vorlesung zum 50. Jahrestag der Befreiung Europas vom Nationalsozialismus als »faschistischen Guru« bezeichnete (vgl. Eco, Der ewige Faschismus).

Welche Bedeutung hat nun die sogenannte Konservative Revolution für die Neue Rechte und damit auch für die Identitären? Einerseits sind die inhaltlichen Überschneidungen unverkennbar; seien es Aspekte völkischen Denkens oder die Kategorie der »Identität«, für die Denker der Konservativen Revolution Vorlagen geliefert haben. Diese gedankliche Nähe wird auch von neurechten Historikern wie Karlheinz Weißmann herausgestellt. Andererseits, und das ist vermutlich von ähnlich großer Bedeutung wie die rein inhaltlichen Anknüpfungspunkte, erlaubt die Bezugnahme auf Vertreter der Konservativen Revolution es der Neuen Rechten, ihre Nähe zum Nationalsozialismus zu verschleiern: Das Gedankengut, das sich bei Nationalsozialisten und bei den Denkern der Konservativen Revolution findet, unterscheidet sich nicht substantiell voneinander und auch nicht von der Ideologie der Neuen Rechten. Indem man es aber von Personen »bezieht«, die sich als Kritiker, Gegner oder Opfer der Nazis konstruieren lassen, wird dieses Gedankengut gleichsam von der schädlichen Assoziierung mit dem Nationalsozialismus »gereinigt«.

Beispielsweise schreibt Martin Sellner über Alain de Benoists »Totalitarismus« (1998, dt. 2001) in der Aufsatzsammlung »Das Buch im Haus nebenan« (2020 hg. von Ellen Kositza und Götz Kubitschek), dass Benoists Buch ihn gelehrt habe, was der Unterschied zwischen Alter und Neuer Rechten sei. De Benoist erläutert in seiner Abhandlung zunächst Sellner zufolge Bekanntes – »die Ungleichbehandlung der Verbrechen des Stalinismus und des NS [...] und die Relativierung der bolschewistischen Massenmorde durch moderne Linksintellektuelle«. Anschließend vergleicht de Benoist den Marxismus mit der liberalen Grundidee und kann angebliche Gemeinsamkeiten, wie »Egalitarismus, Individualismus, Subjektivismus und Humanismus« herausstellen. Diese Haltungen enden laut Sellner im »Kampf gegen die Nation, die Familie und den Glauben« sowie in der »Atomisierung aller gewachsenen Gemeinschaften und die Auflösung tradierter Identitäten«. Nach der Eliminierung dieser sei der Weg frei für einen »globalen Einheitsmenschen« – angeblich das Ziel des Liberalismus. Insgesamt, so konstatiert Sellner vor dem Hintergrund der Lektüre von de Benoist, seien die politischen Weltanschauungen Liberalismus, Kommunismus und Nationalismus gleichermaßen vom Totalitarismus und Universalismus betroffen. Dies zeige, dass alle drei Formen Kinder der Moderne seien, also einer »fehlgeleiteten Aufklärung und eines neuzeitlichen-subjektivistischen Menschenbildes«, wie Sellner es formuliert. Im Gegensatz also zu der alten Rechten, kritisiere die Neue Rechte auch den Totalitarismus, sodass neben dem Liberalismus als »geschlechts- und wurzellose Konsumdrohne« scheinbar auch der Nationalsozialismus der 1930er und 1940er Jahre abzulehnen sei.

Deutlicher wird Sellner aber leider in diesem Zusammenhang nicht, sodass am Ende des kurzen Aufsatzes mehr Fragen offenbleiben, als es überhaupt zu beantworten gäbe. Zum einen sollte an dieser Stelle deutlich gemacht werden, dass die Gleichsetzung der Verbrechen des Nationalsozialismus mit den Verbrechen des Stalinismus erfolgt, wo allenfalls ein Vergleich der Systeme möglich ist. Darüber hinaus bleibt Sellner dem Leser oder der Leserin die Antwort schuldig, was denn seiner Meinung nach ein »wünschenswerter« Zustand wäre. Da er eine »fehlgeleitete« Aufklärung und die Moderne kritisiert, ist fraglich, inwiefern das Zeitalter der Aufklärung ihm zufolge in »richtige« Bahnen gelenkt werden und die Gesellschaft das Zeitalter der Moderne wieder wettmachen könnte. Was genau meint Sellner überhaupt mit »Moderne«? Die Industrialisierung? Den Beginn des 20. Jahrhunderts? Die Reformationszeit?

Abgesehen von dem Paradox, dass der Individualismus scheinbar die »Auflösung des Individuums« zur Folge habe, verkennen Alain de Benoist und folglich auch Sellner, dass die politische Grundposition des Liberalismus die Freiheit des Individuums vornehmlich gegenüber staatlicher Regierungsgewalt schützt. Ferner hat die freiheitlich-demokratische Grundordnung der Bundesrepublik es nicht zum Ziel, »der historischen Existenz ein Ende setzen zu wollen«, wie de Benoist formuliert. Gegen die Ideologie der Gleichschaltung, die angeblich auch dem Liberalismus zugrunde liege, haben die Identitären als Neue Rechte den Begriff »identitär« ins Feld geführt, um »den tradierten Identitäten« wieder mehr Gewicht zu verschaffen. Aber was genau ist mit »tradierter Identität« gemeint? An sich ergibt dieses Kompositum überhaupt keinen Sinn, aber bei genauerer Betrachtung könnte damit eine »angeborene Kultur« oder eine »qua Blut« weitergetragene Ethnie gemeint sein. Was beschreibt also Ethnopluralismus und Remigration anderes als eine nationalistisch-völkische Ideologie (bzw. eine »Blut-und-Boden-Ideologie), die auf Grundlage von Rassifizierungen arbeitet?

***

Was demgemäß bei der sogenannten Neuen Rechten oft übersehen wird, sind einerseits die teilweise große Nähe zu den nationalistisch-völkischen Idealen der Nationalsozialisten und andererseits der oft eklatante Antisemitismus; ferner aber die letztlich – bei allen mühsam herausgestellten Unterschieden – vorherrschende Kontinuität der grundsätzlichen Positionen und Ideen: Die Ablehnung von Liberalismus, Demokratie, Gleichheit, der Wunsch nach Homogenität und Autorität bleiben den verschiedenen Strömungen gemeinsam, während die Unterschiede sich eher auf Nuancen und strategische Fragen beschränken.

- Neue Rechte als Abgrenzung von der Alten Rechten, d.h. dem Nationalsozialismus
- Neue Rechte:
  - Vertreter: u.a. Alain de Benoist, Jean Mabire, Dominique Venner, Guillaume Faye, Renaud Camus, Jean Raspail
  - Ideologische Wurzeln: sogenannte Konservative Revolution, Begriff geprägt von Armin Mohler (1920–2003)
- Hauptvertreter der Konservativen Revolution:
  - Arthur Moeller van den Bruck (1876–1925)
  - Oswald Spengler (1880–1936)
  - Carl Schmitt (1888–1985)
  - Ernst Niekisch (1889–1967)
  - Ernst Jünger (1895–1998)
  - Ernst von Salomon (1902–1972)
- Anknüpfung an die Vertreter der Konservativen Revolution dient der Abgrenzung vom Nationalsozialismus und damit der Gesellschaftsfähigkeit der Neuen Rechten

Kapitel 3: Zur Ideologie der Identitären

Die Ideologie der Identitären entspricht dem althergebrachten Gedankengut der politischen Rechten, wie es sich auch in anderen alt- und neurechten Gruppierungen wiederfindet. Lediglich die Begrifflichkeit erweckt den Anschein, es handele sich um etwas Neuartiges. Zusammenfassen könnte man die identitäre Ideologie unter dem Stichwort des Antipluralismus: Wie andere rechte Gruppen auch, lehnen die Identitären eine offene, pluralistische Gesellschaft in all ihren Ausprägungen ab – sei es in Bezug auf die Stellung des Einzelnen als Individuum mit unveräußerlichen Rechten, ihre ethnische oder kulturelle Diversität, das Verhältnis der Geschlechter zueinander oder das demokratische Miteinander verschiedener politischer Positionen. Der »Hauptfeind« der Identitären ist daher der Liberalismus, der genau diese Werte vertritt und für universale Menschenrechte eintritt. Nicht zufällig bedient sich die Neue Rechte des Slogans »An Liberalismus gehen die Völker zugrunde!«, der auf Arthur Moeller van den Bruck, einen Vertreter der Konservativen Revolution in der Weimarer Republik, zurückgeht und schon im Jahr 1922 als Titel eines Aufsatzes diente. Für die politische Rechte gilt der Liberalismus ebenso wie der Pluralismus als dekadent; eine Wertung, die schon Adolf Hitler in »Mein Kampf« vornimmt. Insgesamt fällt auf, dass auch die Identitären größtenteils auf eine dichotome Geisteshaltung zurückgreifen. Heitmeyer hat dies 2020 in einem Schaubild im Rahmen seines Buches »Rechte Bedrohungsallianzen« (S. 108) prägnant dargestellt. An dieser Stelle seien nur folgende Punkte genannt:

- Auf gesellschaftlicher Ebene wird u.a. zwischen Volk vs. Elite, Überlegenheit vs. Unterlegenheit, Anti-Pluralismus vs. Vielfalt, Deutsch-Sein vs. Internationalität, Reinheit vs. Überfremdung,

- auf der Gruppenebene u.a. zwischen »wir« vs. »die« und Homogenität vs. Heterogenität
- und auf der individuellen Ebene u.a. zwischen Opfer vs. fremde Aggressoren, Wahrheit vs. Unwahrheit unterschieden.

Identität, Menschenbild, Konzeption von Staat und Gesellschaft

Der Begriff der Identität, der der sogenannten »Identitären Bewegung« ihren Namen gibt, nimmt in ihrem Selbstverständnis eine entscheidende Position ein und wird von ihren Vertretern zur »zentralen Frage des 21. Jahrhunderts« erhoben (Lehner, Rhetorik der Angst, S. 146). Dennoch fehlt es an einer präzisen Definition, was genau die IB denn eigentlich unter Identität versteht. Klar ist, dass es um ein statisches Verständnis von Identität geht, das zudem stark an ein Kollektiv gekoppelt ist, weniger um individuelle, vielschichtige und veränderliche Identität. Das Kollektiv, auf das sich die Identität bezieht, kann eine Nation sein, es kann aber auch regional begründet werden oder sich supranational auf den europäischen Kulturraum beziehen.

Der Mensch als Individuum spielt im Rahmen der identitären Ideologie nur insofern eine Rolle, als er Teil einer Gemeinschaft ist. Dem liegt ein skeptisches Menschenbild zugrunde, das beispielsweise von Alain de Benoist vertreten wird und davon ausgeht, dass Menschen von ihrer Biologie her einer strukturierten, hierarchischen Gemeinschaft in einem festen Territorium bedürfen, um sich als Art entfalten zu können. Volk, Nation und Kultur werden dabei nicht als historisch bedingte Entitäten betrachtet, die sich genauso gut anders hätten herausbilden können, sondern als naturgegebene Einheiten. Multikulturalismus wird im Rahmen dieser Ideologie als widernatürlich und krankhaft angesehen; ebenso lehnt das nationalistisch-völkische Denken die Menschenrechte als reines Konstrukt der westlichen Aufklärung ab, dem keinesfalls universale Geltung zukomme. Stattdessen sei auch die Ungleichheit in der Welt naturgegeben.

Für den Staat bedeutet das, aufbauend auf den nationalsozialistischen Staatsrechtler Carl Schmitt, dass er autoritär zu sein hat, ohne demokratische Strukturen und im Inneren homogen. Dadurch entbehren auch Interessen des Einzelnen, die den Interessen des Staates entgegenstehen, jeglicher Relevanz, da nur das Kollektiv zählt.

Ethnopluralismus

Die IB legt Wert darauf, nicht rassistisch zu sein, sondern lediglich den sogenannten Ethnopluralismus zu vertreten. Der Begriff Ethnopluralismus stammt aus den 1970er Jahren und geht auf den in diesem Jahrzehnt führenden Vertreter der Neuen Rechten, Henning Eichberg, zurück. Übersetzt werden könnte er mit »Völkervielfalt« und klingt damit zunächst unverfänglich. Dabei bezeichnet Ethnopluralismus eine Ideologie, die die Trennung und Abschottung von Ethnien oder Kulturen anstrebt und die Bildung ethnisch homogener Gesellschaften zum Ziel hat, da sie im Aufeinandertreffen der Kulturen die Ursache aller Konflikte und in ihrer Vermischung eine Gefahr für ihren Fortbestand sieht. Was dabei mit »Ethnien« und »Kultur« genau gemeint ist, wird – ähnlich wie der Begriff der »Identität« und obwohl es sich um zentrale Begriffe der Ideologie handelt – nicht klar definiert; teils werden die Begriffe regional, teils national verstanden, teilweise sogar auf Europa bezogen. In jedem Fall jedoch wird »Kultur« als eine statische, unveränderliche Konstante angesehen und nicht als historisch bedingt oder prinzipiell wandelbar begriffen; unterschiedliche Kulturen sind der Theorie zufolge auch nicht miteinander vereinbar. Auch die verschiedenen Völker scheint es der Ideologie der IB zufolge immer schon als feste Größen gegeben zu haben, die nun vor Migration und Veränderung zu schützen seien und in Vielfalt nebeneinander existieren sollen; dass auch Völker sich im Laufe der Geschichte erst herausgebildet haben und dass Migration für diesen Prozess immer schon eine wesentliche Rolle gespielt hat, wird dabei völlig ausgeblendet.

Bei einer näheren Betrachtung wird daher deutlich, dass Begriffe wie Kultur, Ethnie und Identität letztlich als Synonyme für den alten Rassebegriff dienen, der in seiner Bezugnahme auf den Menschen aus der Kolonialzeit stammt, während er eigentlich lediglich in Bezug auf gezüchtete Tierrassen seine Berechtigung hat, nicht aber auf Menschen anwendbar ist. Dies machen der Zoologe Martin Fischer und der Paläogenetiker Johannes Krause mit ihrer 2019 erschienenen Jenaer Erklärung erneut deutlich. Zwar wird bei den Identitären weniger biologistisch argumentiert, als es der »alte Rassismus« getan hat; anstelle der Biologie wird nun auf die Kultur Bezug genommen, wodurch die Ideologie als etwas Neues erscheint. Bei näherem Hinsehen fällt jedoch auf: Genau wie das alte Konzept von Rassen, die angeblich das Wesen eines Menschen bestimmen, ist es nun die »Kultur«, die aber genauso unveränderlich und deterministisch verwendet wird. So wie man im Rahmen der alten »Rassenlehre« seiner Rasse weder entkommen noch diese wechseln konnte, ist man nun dem Ethnopluralismus zufolge an seine Kultur gebunden und von ihr bestimmt. Durch die Verwendung unbelasteter Begriffe wie »Identität«, »Kultur« und »Vielfalt« und die Vermeidung von durch den Nationalsozialismus belastetem Vokabular erscheint der Ethnopluralismus zunächst harmloser und mehrheitsfähiger; wenn man seine Positionen und Forderungen aber weiterdenkt erkennt man, dass der Wunsch nach ethnisch homogenen Gesellschaften nicht weit entfernt ist von den Parolen der frühen 90er wie »Ausländer raus!«.

Während also die »Kultur« die entscheidende Kategorie für den Ethnopluralismus ist, spielt die »Menschheit« als Kategorie keine Rolle. Daher akzeptiert der Ethnopluralismus auch nicht die Existenz universaler Menschenrechte: Ein Individuum hat nicht allein darum irgendwelche Rechte, weil es ein Mensch ist, sondern es hat seine Berechtigung nur als Teil seiner Kultur/seines Volkes, d.h. als Teil des Kollektivs. Folglich hat der Einzelne auch keine Rechte gegenüber dem Staat, weil – der Theorie zufolge – gar kein Konflikt zwischen den Interessen des Einzelnen und denen des Kollektivs bestehen kann.

Exkurs: Der Jurist Dr. Maximilian Krah (AfD) über »Volk, Volkssouveränität und Verfassung«

Der AfD-Politiker und in seiner Funktion Mitglied des Europäischen Parlaments, Dr. Maximilian Krah, hielt im Rahmen der 19. Winterakademie des Instituts für Staatspolitik (IfS) im Februar 2019 vor über 150 Zuhörer:innen einen Vortrag zum Thema Volkssouveränität und deutsche Verfassung. Seiner Meinung nach könne ein ethnisch deutsches Volk, also eine vermeintlich homogene Volksgemeinschaft, ebenfalls juristisch mit dem §20/2 GG begründet werden. Wenn alle Macht vom Volke ausgehe, dann müsse es seiner Meinung nach eben eine klar zu fassende Volksgemeinschaft geben, an der die Politik ein großes Interesse habe. Deutschland sei ihm zufolge eigentlich kulturell homogen, doch die deutsche Regierung versuche, diese Homogenität vor dem Hintergrund von Einwanderung und einem vermeintlichen Verlust einer (Volks-)Identität zu unterminieren. Krah behauptet, dass das derzeitige politische Handeln das deutsche Volk ausklammere, und führt beispielsweise den Brexit als leuchtendes Vorbild an, um eine nationale Souveränität zurückzugewinnen.

***

Vertreter des Ethnopluralismus legen Wert auf die Feststellung, sie nähmen keine Wertung zwischen den Kulturen vor, vielmehr seien alle Kulturen gleichwertig, sie müssten nur auf ihrem angestammten Territorium bleiben und nicht in andere Kulturen einwandern. Bei näherer Betrachtung wird jedoch deutlich, dass bestimmte Kulturen entgegen der offiziellen Linie des Ethnopluralismus als minderwertig dargestellt werden – indem beispielsweise der Islam oder Geflüchtete aus arabischen Ländern »aufgrund ihrer Kultur« als gewalttätig, rückständig oder kriminell charakterisiert werden. Spätestens an diesem Punkt ist der Ethnopluralismus von althergebrachtem Rassismus nicht mehr zu unterschciden.

Migration wird von Vertretern des Ethnopluralismus generell abgelehnt, da sie ihrer Ideologie zufolge zu »Überfremdung« und »ethnokulturellem Selbstmord« führt. Zu propagandistischen Zwecken verwendet die IB dabei gerne die Metapher der »Invasion«, um ein Bild von anstürmenden feindlichen Massen zu vermitteln, gegen die es Abwehrmaßnahmen zu ergreifen gilt. Als eine dieser Abwehrmaßnahmen propagiert die IB das Mittel der »Remigration«, ein Neologismus, der gesellschaftsfähiger klingt als »Ausweisung«, aber nichts anderes bedeutet. So sollen homogene Gesellschaften mit einer »reinen« Kultur gebildet werden, die dann nur eingeschränkt mit anderen Kulturen zusammenarbeiten sollen.

Getrieben von dem Sendungsbewusstsein der Identitären entfaltet die Ideologie des Ethnopluralismus dann auch ein gewisses Gewaltpotential – angefangen bei der Pflege von Kampfsportarten bis hin zu Aktionen wie »Defend Europe«: 2017 charterte die IB ein Schiff, um auf dem Mittelmeer die Rettung von Flüchtlingen zu stören und zu verhindern (vgl. S. 96). Zwar scheiterte das Vorhaben relativ schnell aufgrund von technischen Problemen, sodass die beteiligten IB-Aktivisten das Schiff und seine Besatzung zurückließen. Doch hätte andernfalls durchaus die Gefahr bestanden, durch diese Aktion Menschenleben zu gefährden.

Wer etwas anderes vertritt – die Menschenrechte, eine offene Gesellschaft, Integration von Migrantinnen und Migranten, ein universalistisches, pluralistisches Weltbild – macht sich des Abfalls oder Verrats an der eigenen Identität schuldig und ist aus Sicht der IB »der Feind«, der die Fortexistenz unserer Kultur bedroht – und die der anderen Kulturen auch; es geht also vermeintlich nicht gegen andere Ethnien, sondern es sei auch in deren Interesse, unter sich zu bleiben. Dennoch gäbe es – der identitären Ideologie zufolge – Kräfte, die genau das anstrebten: die Zerstörung der europäischen Kultur mittels Migration. Dazu bemühen die Identitären die Verschwörungserzählung des »Großen Austausches« bzw. der »Umvolkung«.

Die Verschwörungserzählung des großen Bevölkerungsaustausches

Renaud Camus stellte in seinem 2001 veröffentlichten Essay, »Le Grand Replacement« (von Martin Lichtmesz 2016 im Verlag Antaios in der Übersetzung »Der große Austausch – Die Auflösung der Völker« erschienen) dar, dass die Migration als Masseneinwanderung zu deuten sei. Diese gelte als »Gegen-Kolonisation«, bei der das französische Volk vollständig durch muslimische Einwanderung ausgetauscht werde. Dieser angebliche Bevölkerungsaustausch zeige sich an einem schleichenden demographischen Verlauf. »Es ist absurd und selbstmörderisch, fremde Völker – insbesondere die afrikanischen – einzuladen, nach Frankreich zu kommen, um dort Kinder in die Welt zu setzen, die heute wie morgen Vektoren der ethnischen Substitution und des Großen Austausches sind«, so steht es auf S. 88 der deutschen Übersetzung. Die Migration müsse Camus zufolge also mit einem Identitäts- und Kulturverlust des heimischen Volkes zusammengedacht werden, sodass sie als Invasion am besten zu bezeichnen sei. Die Regierung treibe diesen Prozess zusätzlich voran, indem sie den Feminismus und somit den Rückgang der Geburtenrate fördere. In einem Interview im Compact-Magazin von Jürgen Elsässer im März 2016 behauptet demzufolge Camus: »Der Patriotismus ist dieser medialen Kaste derart fremd geworden, dass sie nicht begreifen kann, warum wir die Invasion unseres eigenen Landes beklagen, obwohl die Invasoren noch nicht unsere Küchen besetzt halten und uns kein direktes persönliches Unrecht zufügen« (Camus könnte neben der physischen Gewalt gegen die »heimische« Bevölkerung auch die Möglichkeit gemeint haben, dass männliche Migranten mehrheitlich eine »einheimische Frau« heiraten).

Dieses Denkmuster ist allerdings nicht allein auf Camus zurückführbar, sondern findet in der jüngsten deutschen Nachkriegszeit ihren Ursprung. Wie der französische Historiker Nicolas Lebourg u.a. 2019 in seiner Analyse auf dem Portal Mediapart nachweist, hätten ehemalige Mitglieder der Waffen-SS und weitere gesinnungstreue Nationalsozialisten eine Invasion Europas durch dunkelhäutige und asiatische Soldaten angekündigt. Gemeint waren u.a. die alliierten Kräfte der Vereinigten Staaten und der Sowjetunion. Als Strippenzieher dieser Verschwörung seien damals gewisse Juden genannt worden. Und auch wenn die sogenannte Identitäre Bewegung stets einen Anti-Antisemitismus heraufbeschwört: Die Wurzeln der Verschwörungserzählung des großen Austausches sind somit eindeutig antisemitisch.

Der große Austausch beruht demnach auf der Annahme, dass bestimmte Kreise das Ziel verfolgen, die deutsche (oder europäische) Kultur durch andere Kulturen zu ersetzen. Die Identitären inszenieren sich dabei selbst als diejenigen, die diese Verschwörung »aufdecken«, Tabus brechen, indem sie »die Dinge beim Namen nennen«, Widerstand leisten und sich und ihre Identität verteidigen. Nicht ohne ein gewisses Pathos sehen sie sich als die letzte Generation, der es noch gelingen kann, den »Großen Austausch« aufzuhalten. Jürgen Elsässer, der Chefredakteur des Compact-Magazins, vergleicht die Situation des »deutschen Volkes« mit der amerikanischer Ureinwohner und fordert implizit zur Handlung auf, wenn er schreibt: »Wenn die Regierung das Volk austauscht, muss das Volk die Regierung austauschen. [...] Oder wollen wir die letzten Mohikaner werden?« (Compact Spezial, Heft 18, 2018).

Die Verschwörungserzählung des großen Bevölkerungsaustausches ist ausgehend von einem Essay Renaud Camus' über den digitalen Weg mittlerweile fast omnipräsent. Nicht nur der Christchurch-Attentäter glaubte an eine »Umvolkung« und versuchte diese 2019 mit seinem Attentat »einzudämmen«. Ebenfalls lässt sich diese Erzählung auch im Gedankengut Trumps und seines ehemaligen Beraters, Steve Bannon, wiederentdecken (zu Bannons Ideologie vgl. beispielsweise Beiner, Words and Deeds of Steven Bannon, sowie Alexander: Raging against the Enlightenment). Mithilfe des Narrativs der Bedrohung der Weißen und ihrer gleichzeitigen Überlegenheit habe Trump stets bestimmte Wählergruppen umwerben können, so der Journalist Joe Davidson am 18. März 2019 in der Washington Post (»State of the Nation: Alleged white-supremacist killer finds inspiration in Trump«). Auch hierzulande bedient besonders die AfD diese Verschwörungserzählung – und nicht lediglich der thüringische AfD-Vorsitzende Björn Höcke. So gibt Alexander Gauland in einer Presseerklärung am 5. April 2017 wieder, dass »der Bevölkerungsaustausch auf Hochtouren« liefe, und Tino Chrupalla, seit 2019 Bundesvorsitzender der Partei, sprach im März 2018 in seinem Bericht zur 100-Tage Bilanz in Oppach von einer »Umvolkung«.

Nicht nur die IB, sondern die Neue Rechte allgemein hat sich gerade in den letzten Jahrzehnten – insbesondere seit dem Terroranschlag vom 11. September 2001 – »den Islam« als zentrales Feindbild gewählt. Ausschlaggebend dafür dürfte sein, dass eine unterschwellige Islamfeindlichkeit in weiten Teilen der Bevölkerung schon verbreitet ist; sei es aufgrund islamistischen Terrorismus oder (vermeintlicher oder tatsächlicher) Schwierigkeiten im Bereich der Integration muslimischer Menschen in die deutsche Gesellschaft. Entsprechende Propaganda kann daran anknüpfen und so auf höhere Zustimmungswerte hoffen, als es zu anderen Themen zu erwarten wäre. Besonderen Auftrieb bekam die antimuslimische Stimmungsmache der extremen Rechten durch die Asyl- oder Migrationskrise im Jahr 2015, als im Zuge des Bürgerkrieges in Syrien eine hohe Zahl Menschen in Europa und nicht zuletzt in Deutschland Schutz suchten. Von Vertretern der IB sowie anderen Gruppen des rechten Spektrums wurden die geflüchteten Menschen als »Invasoren« dargestellt, die nach Deutschland strebten, um hier die Bevölkerung »auszutauschen«, eine Bevölkerungsmehrheit zu erreichen und letztlich auch hier den Islam zur dominanten Kultur zu machen – eine klassische Verschwörungserzählung. Dabei wurden sämtliche Fakten ignoriert, die diesen propagandistischen Aussagen entgegenstehen – angefangen beim Zahlenverhältnis der Flüchtlinge im Verhältnis zur Bevölkerung Deutschlands bis hin zu der Tatsache, dass diese Menschen eben in aller Regel keine islamistische Motivation hatten, sondern ganz im Gegenteil häufig selbst vor dem islamistischen Terror des sogenannten Islamischen Staats geflohen waren. Dabei wird deutlich, dass die Propaganda der Rechten kein Interesse an einer faktenbasierten und differenzierten Sicht auf den Islam hat, sondern vielmehr ein stereotypes Feindbild vermitteln will, das nicht zwischen Islam und Islamismus unterscheidet. Insbesondere der muslimische Mann gilt als generell gewalttätig und wird so zu einer Bedrohung stilisiert; dabei spielt es weder eine Rolle, dass die Mehrheit muslimischer Männer nicht gewalttätig ist, noch die Tatsache, dass auch nicht wenig Gewalt von nicht-muslimischen Männern ausgeht.

Das zeigt sich in besonderer Deutlichkeit in Bereich der sexuellen Gewalt: Das Bild der im Islam unterdrückten Frau und des muslimischen Mannes als Unterdrückers und Vergewaltigers wird immer wieder bemüht und entsprechende Vorfälle intensiv ausgeschlachtet – beispielsweise die Übergriffe in der Kölner Silvesternacht 2015 oder Vergewaltigungen durch Geflüchtete. Die deutsche Kriminalstatistik hingegen verrät, dass der Zustrom an Geflüchteten 2015 allenfalls marginale Auswirkungen auf die Gesamtzahl sexuell motivierter Verbrechen hatte und dass bei Sexualmorden 90–95 % der Täter die deutsche Staatsbürgerschaft besitzen. Die Aussage, dass Deutschland insbesondere für Frauen durch die Migration aus islamischen Ländern wesentlich unsicherer geworden sei, wie Vertreter der völkischen Nationalisten gerne betonen, entspricht also nicht den Tatsachen. Dennoch wird der Begriff der »Rapefugees« – einer diffamierenden Neuschöpfung aus den Wörtern »rape«/Vergewaltigung und »refugees«/Geflüchtete – in der Propaganda der extremen Rechten weiterhin verwendet; es gibt Websites dieses Namens und das Klischee wird in Flyern, Aufklebern und Bannern regelmäßig bedient. Bei genauerem Hinsehen allerdings ist beispielsweise die Herkunft der Internetseite rapefugees.net (die die »wahre« Anzahl der Gewaltdelikte durch Geflüchtete präsentieren möchte) nicht leicht zu ermitteln. Das Impressum belegt einen F. Mueller in Uruguay. Laut Spiegel-Recherchen und deren Veröffentlichung am 5. Januar 2018 wird der Server der Seite in den USA betrieben. Wer also wirklich diese Seite betreibt, ist nicht klar (seit 2018 scheint die Seite auch nicht mehr aktualisiert worden zu sein). Was allerdings besonders perfide ist: Die Darstellung der Straftaten ist in den allermeisten Fällen unwahr.

Werden also Sexualstraftaten von Geflüchteten besonders hervorgehoben, spielt sexuelle Gewalt, die von Tätern ohne Migrationshintergrund ausgeht, für die Identitären und andere nationalistisch-völkische Gruppen keine besondere Rolle; entsprechende Vorfälle werden nicht aufgegriffen und zum Thema gemacht. Es wird also deutlich, dass es diesen völkischen Nationalisten weniger um die Rechte der Frau und die Bekämpfung von Sexismus im Allgemeinen geht, sondern einzig und allein darum, Muslime und »den Islam« als gewalttätig zu stigmatisieren, wie es übrigens auch am 16. Mai 2018 die AfD-Politikerin Alice Weidel in einer Rede im Bundestag mit ihren Worten (u.a. »alimentierte Messermänner und sonstige Taugenichtse«) tat. Indem die IB sich aber als Kämpfer für den besseren Schutz von Frauen stilisiert, insbesondere auch mit ihrer Kampagne »Kein Opfer ist vergessen«, kaschiert sie den rassistischen Kern ihrer Propaganda und erhöht ihre Chancen auf eine breitere Zustimmung aus der Mehrheitsgesellschaft.

Ein Beispiel für eine Aktion zu diesem Thema ist die Kampagne #120db, die im Januar 2018 als vermeintliche »Widerstandsinitiative von Frauen für Frauen« ins Leben gerufen wurde und versucht hat, die Aufmerksamkeit der #MeToo-Bewegung für ihren rassistischen Ableger zu nutzen und sich als das »wahre MeToo« zu inszenieren. Dabei bezieht sich der Name »120db« auf die Lautstärke von handelsüblichen Taschenalarmgeräten, die manche Frauen zu ihrem Schutz bei sich tragen. Im Gegensatz zur eigentlichen #MeToo-Bewegung, die sich gegen Sexismus und sexistische Gewalt aller Art ausspricht, geht es #120db einzig und allein um die sexistische Bedrohung durch Migranten; ihre Hauptforderung ist daher auch, Flüchtlinge auszuweisen und die Grenzen zu schließen. Verbreitet wurde der Hashtag und das dazugehörige Video in erster Linie von der IB; Martin Sellner beispielsweise hat das Video mit englischen

Untertiteln hochgeladen und so für eine größere Reichweite gesorgt. Weitere Aktionen der IB zu diesem Thema umfassten Demonstrationen in Kandel, wo es zu einem Mord durch einen Flüchtling an einer Jugendlichen gekommen war, die Verteilung von Pfefferspray an Frauen zum Muttertag in Mecklenburg-Vorpommern oder sogenannte Frauenmärsche, an denen oft aber vor allem Männer teilnehmen. Gerade bei diesem Thema wird aber auch deutlich, wie nah sich die unterschiedlichen Gruppen der Neuen Rechten stehen. So geht das Bündnis »Kandel ist überall« auf die AfD zurück, die NPD hat zu Kundgebungen zum Mordfall Mia aufgerufen und das »Frauenbündnis Kandel« wurde von Rechtsextremisten um Marco Kurz gegründet. Zu dieser Polemik gegen Flüchtlinge gehört auch immer wieder der Verweis auf Angela Merkel, die – der rechten Propaganda zufolge – durch die Öffnung der Grenzen unmittelbar Schuld an allen Straftaten hat, die durch geflüchtete Menschen verübt werden. Das spiegelt sich neben den »Merkel muss weg«-Rufen auf den Kandel-Demonstrationen auch im ironisch-sarkastischen Slogan »Danke Merkel« wider, der mittlerweile sogar Eingang in den Sprachgebrauch der Mehrheitsgesellschaft gefunden hat. Ferner wurde dieser auch von den Identitären aufgegriffen, als in Frankfurt ein Junge von einem (nicht-muslimischen) Eritreer vor einen einfahrenden Zug gestoßen und dabei getötet wurde. Daraufhin hat die IB Plakate mit dem Inhalt »Achtung! Merkels Gäste schubsen!« an Bahnhöfen aufgehängt – ungeachtet der Tatsache, dass der Täter in der Schweiz wohnte und dort eine Niederlassungsbewilligung besaß. Es zeigt sich also immer wieder, dass letztlich wohl jeder Anlass den Identitären und anderen neurechten Gruppierungen recht ist, um gegen Muslime und (auch nichtmuslimische) Flüchtlinge zu hetzen. Gerade der letztgenannte Fall macht deutlich, dass es im Grunde nicht einmal um »den Islam« geht, sondern um Rassismus und die Ablehnung einer offenen, den Menschenrechten verpflichteten Gesellschaft.

Wie die Neue Rechte im Allgemeinen befürworten auch die Identitären klare, traditionelle Geschlechterkonzeptionen. Beispielsweise beklagt der IB-Aktivist Robert Timm im Dokumentarfilm »Die Verführungskünstler«, dass Männer heutzutage zu weiblich und Frauen zu männlich seien. Klar ist also, wie es nach Ansicht der Identitären sein sollte: Männer sollen eindeutig männlich und Frauen weiblich sein, mit einer klaren Abgrenzung der jeweiligen Sphären und entsprechend den damit verbundenen Vorstellungen und Klischees. Diese Position wird biologistisch, d.h. als naturgegeben begründet; wer sich nicht seinem Geschlecht entsprechend verhält, handele somit widernatürlich und trage zum Niedergang der Gesellschaft bei.

In Bezug auf Frauen bedeutet dies, dass sie sich der identitären Ideologie zufolge an einem traditionellen Frauenbild zu orientieren haben: Ihnen wird in erster Linie die Rolle als fürsorgliche Mutter zugewiesen, die Kinder gebären und aufziehen soll; sie gelten als ruhig, sanft, heimat- und naturverbunden und ausgleichend; ihr Betätigungsfeld ist die Familie, der für den »Selbsterhalt der Nation« im nationalistisch-völkischen Denken höchste Bedeutung zukommt. Damit einher gehen Vorstellungen über das Aussehen von Frauen, wie die IB-Aktivistin Melanie Schmitz selbst feststellen konnte, als sie sich zu einem Kurzhaarschnitt entschloss und anschließend von ihrem eigenen politischen Umfeld des Feminismus, wenn nicht sogar der Homosexualität »verdächtigt« wurde (vgl. Sigl, Identitäre Zweigeschlechtlichkeit, S. 170).

Es stellt sich also die Frage, wie Frauen, die selbst in der IB aktiv sind, zu diesem Frauenbild stehen. Überwiegend scheinen die Frauen in der rechten Szene die Forderungen nach traditionellen Geschlechterrollen zu teilen. Das belegt z.B. der IB-Blog *radikal feminin*, der im Jahr 2017 von der IB-Aktivistin

Annika S. (unter dem Pseudonym Franziska) ins Leben gerufen wurde, sich gegen »Genderwahn und Feminismus« ausspricht und das Kinderkriegen als eine Art Widerstand gegen den Zeitgeist darstellt. Auch andere Aktivistinnen tragen die Ideologie der Identitären mit und verhelfen ihr sogar zu einer größeren Reichweite: Sowohl bei Demonstrationen als auch in Videos werden bewusst Frauen in den Blick gerückt, weil den Aktiven der – insgesamt ganz überwiegend von Männern gebildeten – IB klar ist, dass sie so auf größere Zustimmungswerte und Sympathien hoffen können, als wenn sie als rein männliche Gruppierung in Erscheinung treten. Insbesondere das Propaganda-Thema der Bedrohung durch muslimische Männer lässt die IB gerne durch Frauen vermitteln, die als – vermeintliche – Opfer glaubwürdig erscheinen und die angestrebten Emotionen hervorzurufen vermögen.

Neben den genannten Aktivistinnen Melanie Schmitz (Pseudonym Melanie Halle) und Annika S. (Franziska) sind an dieser Stelle auch Alina Wychera (Alina von Rauheneck) und Paula Winterfeldt zu nennen – von ihnen wird später noch zu lesen sein –, die sich auf verschiedene Weisen für die Ziele der Identitären engagieren – sei es mit der Vermittlung des rechten Ideals von Weiblichkeit bei Instagram, als Sängerin oder als Rednerin bei Demonstrationen gegen die Migrationspolitik.

Damit sind diese Frauen aus Sicht ihrer männlichen Gesinnungsgenossen eine rühmliche Ausnahme; im Allgemeinen schreiben Identitäre wie Martin Sellner Frauen nämlich ein »problematisches Wahlverhalten« zu, dass sich darin zeigt, dass sie obwohl sie (angeblich) doch als erste die Opfer der Islamisierung und der vergewaltigenden Flüchtlinge werden, trotzdem mehrheitlich für migrationsfreundliche Parteien stimmen, die, laut Sellner, »alles nur noch schlimmer machen« – so in seinem Video mit dem Titel »Frauen, was ist los mit euch?« Auch im Gespräch mit Annika von *radikal feminin* stellt Sellner die These auf, dass ohne das Wahlrecht der Frauen in den letzten Jahrzehnten regelmäßig rechte Parteien an die Macht gekommen wären (das Video ist nicht länger abrufbar; vgl. hierzu den Artikel von Fiona Katharina Flieder von belltower. news sowie die eingehende Analyse von Karin Liebhart). Der Wahrheitsgehalt dieser These sei dahingestellt; klar wird, dass die Vertreter der IB Frauen – von den Aktivistinnen in den eigenen Reihen abgesehen – als politisch inkompetent ansehen.

Dazu passt, dass Frauen in der identitären Propaganda häufig als Projektionsfläche für bestimmte Botschaften vorkommen, wobei die Zielgruppe vorwiegend männlich ist. Das ist beispielsweise der Fall, wenn es darum geht, dass die deutschen Frauen »zu schön für ein Kopftuch« seien. Hier verbindet sich die islamfeindliche Botschaft mit der Darstellung der Frau als Objekt, dessen Schönheit dem (mutmaßlich männlichen) Betrachter durch ein Kopftuch entzogen würde.

Dieses merkwürdig ambivalente Frauenbild zeigt sich auch in den Worten von Ellen Kositza. In der gemeinsam mit ihrem Ehemann Götz Kubitschek in seinem nationalistisch-völkischen Verlag Antaios herausgegebenen Aufsatzsammlung »Das Buch im Haus Nebenan« (2020) schreibt sie über das 1961 zum ersten Mal erschienene »Die Frau. Kleine Enzyklopädie« (hrsg. von Irene Uhlmann u.a.), dass sie das Gefühl habe, dass »die ideologische Aufladung in vielen Ratgebern des 21. Jahrhunderts schwerer wiegt als in den zu totalitären Zeiten verfassten Verkaufsschlagern der jüngst vergangenen Zeit« (S. 60). Mit letzterem meint Kositza das von der Gausachbearbeiterin für rassenpolitische Fragen der NS-Frauenschaft und Ärztin, Johanna Haarer, 1934 herausgegebene »Die Deutsche Mutter und ihr erstes Kind«. Nach 1945 konnte sie eine »bereinigte« Fassung unter dem Titel »Die Mutter und ihr erstes Kind« weiterhin erfolgreich verkaufen. 1987 (!) erschien dieses Buch in letzter Auflage. Und auch wenn Haarers Buch in der DDR nicht verlegt wurde, so gibt es durchaus gewollte Bezüge zu dem von Kositza vorgestellten Buch, »Die Frau. Kleine Enzyklopädie«.

Die Autorin Annette Schlemm stellt in ihrem Philosophiestübchen-Blog am 8. Mai 2015 unter »Weggelegte Kinder ...« diese Intertextualität heraus und führt für den Frauenratgeber der DDR u.a. das Zitat an, dass schon der Säugling erfahren müsse, dass »er durch noch so kräftiges Schreien nicht die Erfüllung seiner Wünsche erzwingen kann. Johanna Haarer läßt grüßen.«

Wird somit die Kindererziehung als ein wichtiges Aufgabenfeld der Frau bestimmt, so werden in dem DDR-Frauenratgeber von Uhlmann et al. drei weitere Bereiche genannt, in denen eine Frau ihre Bestimmung finde und die Kositza dadurch ebenfalls als wesentlich identifiziert: als Hausherrin, Gefährtin des Mannes und als Erwerbstätige. Wichtig sei, dass einer Frau, so Kositza auf S. 61, »nicht allein qua Geschlecht rote Teppiche ausgerollt oder güldene Rampen ausgefahren« werden. Diese Haltung solle sich vor allem vor dem Hintergrund von drei Leitmotiven artikulieren: »Patriotismus, Bevölkerungspolitik und ein Wir-Gefühl, das sich abgrenz[e] von ›dem anderen‹« (S. 63).

Komplementär zu diesem Frauenbild vertritt die IB eine Konzeption von Männlichkeit, die ebenso auf traditionelle Vorstellungen zurückgreift: Dem Charakter einer Frau als Gefährtin ihres Mannes wird das Ideal einer aktiven, heroischen und martialischen Männlichkeit gegenübergestellt. Niedergeschlagen hat sich diese Ideologie vor allem im Buch »The Way of Men« von dem bekennenden Weißnationalisten Jack Donovan, das von dem IB-Aktivisten Martin Lichtmesz (Semlitsch) ins Deutsche übersetzt wurde und ebenfalls im nationalistisch-völkischen Verlag Antaios erschienen ist. Die Aufgabe der Männer ist es demzufolge, die Frauen zu schützen und gegen die »gefährlichen« liberalen Kräfte in der Gesellschaft zu kämpfen. Während Donovan relativ unverblümt die Ausübung von Gewalt als Ausdruck echter Männlichkeit propagiert, soll dieser Kampf den Identitären zufolge jedoch weniger mithilfe der physischen Gewalt der Männer geführt werden, sondern durch ihre vermeintlich besonders ausgeprägte Rationalität und Intellektualität und den daraus resultierenden Aktivismus. Riskante Aktionen wie beispielsweise das Anbringen von Transparenten auf Brücken und Gebäuden geben einer gewissen Körperlichkeit Raum; tatsächliche Gewalt – die es im Umfeld der Identitären immer wieder gibt – wird zumindest in ihrer Kommunikation nach außen ausgeblendet, um die Anschlussfähigkeit in der Gesellschaft nicht zu gefährden. Nach dem nationalistisch-völkischen Terror in Hanau am 19. Februar 2020 etwa spricht Martin Sellner einen Tag später in einem Video auf PI-News davon, dass es »ein wahnsinniger Amokläufer« gewesen sei, der mit seiner Ideologie oder der der Identitären nichts zu tun habe, wie auch belltower.news am 31. März 2020 in dem Artikel »Wie das BKA den Hanau-Täter entpolitisiert« herausstellt. Dazu passt, dass identitäre Männer einen deutlichen Abstand vom Klischee des ungebildeten, prügelnden Neonazis wahren wollen und in ihrem Äußeren eher hip, modern und intellektuell erscheinen. So ist vielfach auch vom *Nipstern* (eine Wortschöpfung aus Nazi und Hipster) zu lesen.

Aus dieser Ideologie von Männlichkeit ergibt sich wiederum, welche Gruppen abgelehnt und teilweise zu Feindbildern gemacht werden: Zunächst einmal passt Homosexualität schlecht in eine Geschlechterkonzeption, die derart biologistisch und heteronormativ argumentiert und das Verhältnis der Geschlechter weitestgehend auf den Aspekt der Fortpflanzung in heterosexuellen Beziehungen reduziert. Hinzu kommt, dass insbesondere die (unterstellte) Unterordnung eines Mannes unter einen Geschlechtsgenossen im Rahmen der rechten Ideologie als unmännlich und schwach angesehen wird und dem Selbstverständnis von Dominanz und Hegemonie entgegensteht. So ist es wenig verwunderlich, dass in rechten Kreisen z.B. mit dem Hashtag #nohomo versucht wird, eigene Äußerungen im Internet gegen den »Verdacht« der Homosexualität abzusichern. Gleichermaßen abgelehnt und mitunter lächerlich gemacht werden Männer, die politisch links stehen und Werte wie Gleichberechtigung, Integration und die universalen Menschenrechte vertreten. Auch das gilt als »unmännlich«, weil so eben nicht die angeblich naturgegebene Vorherrschaft der (weißen) Männer verteidigt, sondern infrage gestellt wird. Ausdruck einer möglicherweise verlorenen und richtig verstandenen Männlichkeit ist in diesem Zusammenhang auch der Redebeitrag des thüringischen AfD-Vorsitzenden Björn Höcke auf einer Kundgebung 2015 in Erfurt: »Das große Problem ist, dass Deutschland, dass Europa ihre Männlichkeit verloren haben. Ich sage, wir müssen unsere Männlichkeit wiederentdecken, denn nur, wenn wir unsere Männlichkeit wiederentdecken, werden wir mannhaft, und nur wenn wir mannhaft werden, werden wir wehrhaft und wir müssen wehrhaft werden.«

Der Hauptfeind der rechten Männlichkeitsideologie ist infolgedessen der Feminismus, der für die Gleichwertigkeit und Gleichberechtigung von Frauen und das Aufbrechen starrer, traditionalistischer Geschlechterkonzeptionen eintritt. Diese Ziele werden von Vertretern der nationalistisch-völkischen Identitären – wie Martins Sellner in seinen Videos oder Annika S. in ihrem Blog *radikal feminin* – dahingehend verzerrend interpretiert, dass der Feminismus die Absicht habe, alle Menschen im negativen Sinne gleich zu machen, die heteronormative Kleinfamilie zu bekämpfen und die Frauen vom Kinderkriegen abzubringen, was wiederum den Bevölkerungsaustausch beschleunige. So gelingt es den Identitären, die Rückkehr zur »naturgemäßen« Unterordnung der Frau unter den Mann und ihrer Beschränkung auf die Aufgabe der Fortpflanzung als einen modernen, geradezu revolutionären Akt erscheinen zu lassen – und verschleiern so den zutiefst reaktionären Kern ihrer Ideologie.

Im selben Teich fischen auch Beiträge mit antifeministischen Narrativen auf den sogenannten Image-Boards; Internetplattformen, auf denen anonym Bilder, Videos und Botschaften ausgetauscht werden können – Posts, die in einem Thread (i.e. Diskussionsstrang) angezeigt werden, quasi wie digitale Schultoilettenwände in einem vielfachen Umfang. Da die Posts anonym sind, trägt jeder Nutzer und jede Nutzerin die Bezeichnung »anonymous«. Gerade auf diesen Plattformen namens Meguca, 4chan oder 8chan zeigt sich in den letzten Jahren eine frauenhassende, Verschwörungserzählungen zugeneigte Online-Subkultur. Die ersten Nachrichten zu QAnon tauchten beispielsweise auf dem 2003 von dem damals 15-jährigen Christopher Poole entwickelten 4chan auf. Dieser Verschwörungserzählung zufolge sollen u.a. Hillary Clinton, Barack Obama oder George Soros ein satanisches Pädophilennetzwerk betreiben, in dem sie Kinderblut als Verjüngungsdroge trinken. Einher geht diese absurde Vorstellung mit einer Idee eines *deep states*, also einer Unterwanderung des Staates. Auch in Deutschland hat diese Verschwörungserzählung Fuß gefasst und mit Xavier Naidoo und Oliver Janich zwei prominente Vertreter gefunden, die auf ihren Telegramkanälen die Erzählung propagierten. Nahezu berühmt geworden ist das Video von Xavier Naidoo, welches er am 2. April 2020 auf seinem Kanal hochlud und in dem er emotional stark angefasst von vermeintlichen Befreiungsaktionen berichtet, in denen Kinder ihre Freiheit wiedererlangten, die angeblich für Adrenochrom gefoltert worden sind. Im Jahr 2022 hat Naidoo ein Distanzierungsvideo veröffentlicht – wie glaubwürdig, sei dahingestellt – und Janich wurde im August desselben Jahres auf den Philippinen verhaftet.

Auf der Plattform Meguca postete Stephan Balliet am 9. Oktober 2019 einen Live-Stream, in dem er seinen (versuchten) Terroranschlag auf die Synagoge in Halle sowie die Tötung zweier Menschen und die Verletzung zahlreicher weiterer wie ein Ego-Shooter-Computerspiel inszeniert hat. Diese »Gamification des Terrors« (u.a. Sieber 2020) zeigt, dass die virtuell vernetzten Attentäter mit ihrer gemeinsamen Ideologie schwer als sogenannte Einzeltäter zu bezeichnen sind. Nicht allein die

Taten von Anders Breivik in Oslo und Utøya 2011 und der Terror in Christchurch im März 2019 erfahren eine Glorifizierung von zahlreichen Anhängern, die ihre nationalistisch-völkische Ideologie auch in der Gamer-Community deutlich machen. Auf der Internetplattform für Computerspiele Steam beispielsweise wird die Tat in Christchurch nach wie vor gefeiert und allein 2.500 mal wurde das Video aus Halle angeschaut, bevor es von der Plattform Meguca heruntergenommen worden ist (zusätzlich streamte Balliet sein Attentat live auf der Gamerplattform Twitch).

Es ist nicht nur der deutlich gewordene Rassismus und Antisemitismus, der alle Taten miteinander in Verbindung bringt, sondern alle Attentäter verachteten Frauen. Der Feminismus sei der Grund für die niedrige Geburtenrate in den westlichen Ländern und provoziere eine »Masseneinwanderung« – so Balliet selbst kurz vor dem Attentat in einem Livestream-Video. Dass Antisemitismus stets Hand in Hand mit dem Antifeminismus gegangen ist und dies auch weit bis in das 19. Jahrhundert zurückreicht, verdeutlicht u.a. Andreas Speit (2020). Speit führt auch Ludwig Langemann an, der Vorsitzende des 1912 gegründeten Deutschen Bundes zur Bekämpfung der Frauenemanzipation. Im Jahr der Einführung des Frauenwahlrechts 1919 schrieb Langemann: »Wo der jüdisch-demokratisch-feministische Mammon den nationalen Heldengeist erst völlig vernichtet hat, ist eine Wiedergeburt ausgeschlossen, da steht der Untergang vor der Tür.« (zit. nach Speit). Hat es sich darauffolgend der Nationalsozialismus zum Ziel gemacht, die europäischen Juden zu vernichten, so wies er der Frau einen Platz lediglich als Kinderaustragende und Mutter zu, wie auch die bereits erwähnten »Erziehungsratgeber« von Johanna Haarer der 1930er und 1940er Jahre betonten.

Diese lang andauernde unrühmliche Kombination aus Antifeminismus und Antisemitismus findet sich auch in dem heraufbeschworenen »Untergang des Abendlandes« in den 20er Jahren des 21. Jahrhunderts nationalistisch-völkischer Ideologen, die wiederum eine Schnittmenge mit der Gamer-Szene bilden: »Wie Rechtsextreme durch Frauenhass die Gamer-Community befeuern«, so titelt der österreichische Standard am 27. Oktober 2019. Gemeint ist damit vor allem eine nationalistisch-völkische Gruppierung »Reconquista Germanica« (Reconquista = Rückeroberung), die sich auf dem Gaming-Chat-Dienst Discord organisiert, um mit ihren Botschaften die sozialen Netzwerke und In-Game-Chats oder Gaming-Chat-Plattformen zu befeuern. Der letzte Server wurde zwar gelöscht, aber nach nicht einmal einem Tag wurde eine Alternative dieser Troll-Armee gefunden, die in ihrer Selbstbezeichnung eine Vereinigung von Gamern und LARPern sei (LARP = Live Action Role Play).

Wenn also Stephen Balliet online betont, dass man töten solle, »bis alle Juden tot sind oder du die Existenz von Waifus in Valhalla beweist«, dann verdeutlicht das nicht nur seine Feindschaft gegenüber Jüdinnen und Juden, sondern unterstreicht auch seine biologistische Voreingenommenheit in Bezug auf die Geschlechterrollen, da die devoten Waifu-Mädchenfiguren aus den japanischen Anime-Comics, die hauptsächlich als (sexuelle) Fantasiepartnerinnen für einsame Männer dienen, die Sehnsucht Balliets verdeutlichen, Frauen dominieren zu wollen. Auch der Begriff Valhalla (oder Walhall) ist in der Gaming Sprache (z.T. gibt es auch Computerspiele, die diesen Namen tragen, z.B. der zwölfte Teil der Assassin's Creed-Serie) geläufig. In der nordischen Mythologie beschreibt Walhall einen Ruheort für Kämpfer, die in einer Schlacht gefallen sind und sich als besonders tapfer erwiesen haben. Constantin van Lijnden kann demnach in der Frankfurter Allgemeinen Zeitung am 10. Oktober 2019 schlussfolgern, dass es sich mit dieser Aussage Balliets um eine nordisch-japanische Version der »99 Jungfrauen im Paradies« handelt und somit Bezüge zu den islamistischen Selbstmordattentätern herstellen. Dass diese nicht nur zufälligerweise zu finden sind, stellt Marc Thörner in seinem 2021 erschienenen Buch »Rechtspopulismus und Dschihad« heraus – dem Ergebnis einer genauen Recherche u.a. in Syrien, Marokko und Dänemark. Derzufolge teilen radikale Islamisten die völlige Ablehnung der freiheitlich-demokratischen Grundordnung mit der nationalistisch-völkische Ideologie der Neuen Rechten. Gemeinsam Anstoß nehmen sie ebenfalls am Feminismus.

Antifeminismus ist auch in der sogenannten Incel-Community Programm, zu der sich auch die Attentäter aus Hanau und eben Halle zählen konnten bzw. können. Das Erwähnen von Waifu-Frauen bildet einen Kontext mit der De-Humanisierung von Frauen als Femoids (i.e. *female humanoid*) der sogenannten Incel-Männer (ein Kompositum aus *involuntary celibat* oder *celibacy*), die sich auf Online-Foren vernetzen und zum Teil auch radikalisieren und so beispielsweise Gewaltfantasien gegenüber Frauen teilen. In den Vereinigten Staaten arbeitet die frauenhassende Online-Subkultur der Incel-Szene zunehmend mit der völkisch-nationalen Alt-Right-Bewegung zusammen, sodass die starke Ablehnung von Frauen wiederum mit einer rassistischen Ideologie gepaart wird.

Vor diesem Hintergrund würden die Identitären selbstredend niemals das weibliche Geschlecht derart diabolisieren, aber doch schießt diese nationalistisch-völkische Gruppe in dieselbe Richtung, wenn beispielsweise vehement die geschlechtergerechte Sprache oder das Gender-Mainstreaming abgelehnt wird. So schreibt der Identitäre Timo Beil in seinem Blog-Beitrag »Die Identitäre Idee« am 24.11.2017, dass der »Konsumterror« dazu geführt habe, dass man niemals Anerkennung erfahren könne, auch wenn man sich – seiner Meinung nach viel zu intim – als Er, Sie, Es, Cis sharp major queer bezeichne. Beil selbst kenne dafür oder dagegen einen »Selbsthilfekreis, der auch die entsprechenden Drogen und Dienstleistungen bereitstellt ... Wir kennen das als Gender-Mainstreaming, und es wird deutlich, dass es sich dabei um eine spektakuläre

Symbiose aus Konsumgesellschaft, Bildungsbetrieb und politischem Parasitentum handelt, welche den Zugriff des Spektakels auch auf Bereiche jenseits des bloßen Konsums erweitert. Der Mechanismus des Spektakels profitiert davon, wenn die Leute an ihren sexuellen Vorlieben und Rollen zweifeln.« Deutlicher als »Genderwahn« wird das Gender-Mainstreaming von der Jugendorganisation der AfD, der Jungen Alternative (JA), denunziert und ein identitäres Rollenverständnis schlägt sich im sogenannten »Deutschlandplan« (2018) der AfD-Jugend nieder, wenn es heißt: »Eine genderinspirierte Gleichstellungspolitik, die die durchgehende Vollerwerbstätigkeit beider Eltern als Idealbild anstrebt, lehnen wir ab. Alle Kinder haben das Recht, innerhalb ihrer Familie mit Vater und Mutter aufzuwachsen. Aufgabe der Politik ist es, dafür die geeigneten Rahmenbedingungen zu schaffen. Alles, was Familien nicht stärkt, sondern schwächt oder zerstört, wird auf unseren entschiedenen Widerstand stoßen.« In derselben Schrift war damals auch die Rede von einer »Dreckskultur« der Geflüchteten, die die Bundesrepublik in ein »Freiluftbordell« verwandeln würden.

Augenscheinlich war es kein Mitglied der Identitären, das in Halle auf Grundlage seiner antifeministischen und rassistischen Ideologie sowie seiner (Gaming-)Fantasien versucht hat, so viele Menschen wie möglich zu töten. Auch der Christchurch-Attentäter Tarrant, der übrigens seine Tat auf einer Unterseite von 8chan ankündigte, war kein Identitärer, sympathisierte aber deutlich mit der nationalistisch-völkischen Gruppe um Martin Sellner und spendete ca. 1.500 Euro an die sogenannte Identitäre Bewegung für ihre Projekte, wie die taz am 15. Mai 2019 herausstellte. So schrieb Tarrant an Sellner: »Du wirst von Menschen auf der ganzen Welt unterstützt.« Und weiter: »Es ist noch ein langer Weg bis zum Sieg, aber jeden Tag werden unsere Leute stärker.« Sellner antwortete daraufhin, dass Tarrants Worte ihm »wirklich Energie und Motivation« gäben. Am Ende des Mailverkehrs entstand so eine Einladung an Tarrant auf einen Kaffee oder ein Bier in Wien und das gelte auch für Sellner, wenn er je »Australien oder Neuseeland« besuche. Der Mörder von 51 Menschen gehörte zwar nicht der sogenannten Identitären Bewegung an, aber schoss im wahrsten Sinne des Wortes auf die von den Identitären justierte Zielscheibe. Und dies gilt auch für die Terroristen, denen in Hanau und Halle viele Menschen zum Opfer fielen.

Antisemitismus und Umgang mit der deutschen Vergangenheit

Die Positionierung der Identitären zum Antisemitismus ist besonders aufschlussreich, da die Bewegung hier auf ein grundlegendes Problem stößt: einerseits speist sich ihre Ideologie aus dem klassischen rechten und rechtsextremen, also nationalistisch-völkischem Gedankengut, das sich nur oberflächlich und in der Terminologie von dem ihrer nationalsozialistischen Vorläufer unterscheidet und dieselbe Zielgruppe im Blick hat; andererseits möchten die Identitären anschlussfähig für breitere Schichten der Gesellschaft sein und achten daher in ihrer Rhetorik aus strategischen Gründen darauf, bestimmte Grenzen nicht zu überschreiten. Das zeigt sich besonders beim Thema Antisemitismus: Während eine Abneigung gegen »den Islam« mittlerweile in der deutschen Gesellschaft so weit verbreitet ist, dass die Identitären sich entsprechend äußern und damit auf Zustimmung hoffen können, ist – zumindest offen vorgetragene – Hetze gegen das Judentum angesichts der deutschen Geschichte weit weniger gesellschaftsfähig, auch wenn aktuelle Studien zeigen, dass die Zustimmung zu antisemitischen Positionen in großen Teilen der Bevölkerung in besorgniserregender Weise zunimmt. Eine offene Befürwortung des Nationalsozialismus und seiner Greuel, allen voran des Völkermords am europäischen Judentum, würde die Strategie der

Identitären, ihre rechtsextreme Gesinnung zu verschleiern und sie sozusagen unter neuem Namen zu verbreiten, torpedieren. Wie positioniert die IB sich also zum Judentum und zur deutschen Vergangenheit?

Aus taktischen Gründen distanzieren sich die Anhänger der IB vom Nationalsozialismus und vom Völkermord an den Juden, aber es ist nicht zu übersehen, wie halbherzig diese Distanzierung ist. Einerseits verzichten die Identitären darauf, die Verbrechen der NS-Zeit explizit zu leugnen, um ihre rechtsextreme Gesinnung nicht zu offensichtlich nach außen zu kehren und insbesondere in Deutschland nicht den Straftatbestand der Holocaustleugnung zu erfüllen. Andererseits bemühen sie sich aber, diese Verbrechen zu bagatellisieren, zu relativieren und zu historisieren: Der Holocaust hätte stattgefunden, aber er sei ein historisches Ereignis, das mit der Gegenwart nichts mehr zu tun habe. Außerdem habe es zwar seinerzeit einige individuelle Verbrecher, sozusagen ein paar »schwarze Schafe«, gegeben, aber nicht das System als solches sei verbrecherisch gewesen. Hinzu kommen »wissenschaftliche« Zweifel an Fakten zum Holocaust, die einer Leugnung seiner Ausmaße zumindest den Boden bereiten. Darum komme aus Sicht der Identitären das fortgesetzte Gedenken an die NS-Verbrechen einer Selbstgeißelung des deutschen Volkes gleich, die ihm von den Siegermächten aufgezwungen worden sei und es schwach und unfähig zur Gegenwehr mache.

Außerdem sei der Holocaust auch nur ein Genozid gewesen wie viele andere auch, und letztlich sei die Migration von Flüchtlingen nach Europa ebenso ein Genozid (bzw. IB-intern auch Ethnozid) wie der Holocaust – diesen Vergleich zieht der IB-Aktivist Alexander Markovics explizit (vgl. Rajal, Offen, codiert, strukturell. Antisemitismus bei den Identitären, S. 335). Spätestens an dieser Stelle wird klar, wie verquer die Perspektive der Identitären ist: Der Holocaust, ein industrialisierter Genozid unvorstellbaren Ausmaßes, dessen Singularität kaum jemand in Zweifel zieht, auf der einen Seite – und auf der anderen Seite das verschwörungstheoretische Konstrukt, dass es sich bei den Fluchtbewegungen der letzten Jahre um den »Großen Austausch« handele, der die Zerstörung der europäischen Völker zum Ziel habe. Dazu passt, dass auch im Hinblick auf die Vergangenheit immer wieder auf die deutschen Opfer verwiesen wird, um die Verbrechen zu relativieren und scheinbar ein Gleichgewicht herzustellen – als ob beide Seiten gleichermaßen Verantwortung für das Geschehene zu tragen und Leid erfahren hätten. Mitunter versuchen Vertreter der Identitären sogar, die Deutschen als die eigentlichen Opfer erscheinen zu lassen, wenn sie beispielsweise von der »zweifachen Niederlage« sprechen: Deutschland sei nicht nur militärisch unterlegen gewesen, sondern hätte durch die anschließende »Umerziehung« auch eine geistige Niederlage erlitten. Die tatsächlichen historischen Zusammenhänge spielen bei der Konstruktion derartiger Narrative offensichtlich eine untergeordnete Rolle. Entsprechend kritisiert die IB das Gedenken an die nationalsozialistischen Verbrechen und die Auseinandersetzung damit in Schulen, Politik, Medien und der Öffentlichkeit als »Schuldkult«; sie fordern daher einen »Schlussstrich« (vgl. Rajal, S. 334–341).

Dies erinnert bemerkenswert an eine Rede des AfD-Politikers Björn Höcke vom 17. Januar 2017 im Rahmen einer Veranstaltungsreihe der AfD-Jugend, in welcher er aussagt, dass es sich bei der Erinnerungskultur um eine »dämliche Bewältigungspolitik« handele und dass das Denkmal für die ermordeten Juden Europas in Berlin als »Denkmal der Schande« zu bezeichnen sei. In demselben Jahr bedient sich der nunmehr aus dem Bundestag ausgeschiedene AfD-Politiker Jens Maier eines Höcke-ähnlichen identitären Duktus, indem er im Januar 2017 als Vorredner von Höcke in einem Brauhaus in Dresden behauptet, dass der deutsche »Schuldkult« beendet werden müsse. Er selbst nennt sich Medienberichten zufolge der »Kleine Höcke«

(vgl. u.a. Tagesspiegel vom 29. November 2017 und ZEITOnline vom 29. November 2017). Seine mögliche Rückkehr ins Richteramt nach seinem Ausscheiden aus dem Bundestag ist höchst fragwürdig, denn Maier fällt immer wieder durch seine Agitation gegen die Migrationspolitik auf: So stellt er in der genannten Rede heraus, dass er eine »Herstellung von Mischvölkern« verhindern wolle. Kritik an der deutschen Erinnerungskultur äußerst auch der nunmehr AfD-Ehrenvorsitzende der Bundestagsfraktion, Alexander Gauland, im Juni 2018, als er beim Bundeskongress der Jungen Alternative behauptet, dass Hitler und die Nazis nur ein »Vogelschiss in über 1000 Jahren erfolgreicher deutscher Geschichte« gewesen seien.

Was das Verhältnis zum Judentum angeht, ist schon diese Relativierung und Bagatellisierung des Holocaust ausgesprochen problematisch. Sie führt nämlich zu sogenanntem sekundären Antisemitismus: Einer Feindschaft gegen Juden, die sich gerade aus der deutschen Vergangenheit speist. Letztlich geht es dabei um Schuldabwehr; die Erinnerung an die Verbrechen der Nationalsozialisten wird als störend für einen ungetrübten Nationalstolz empfunden, und als Quelle dieser Beeinträchtigung werden die Juden ausgemacht. Das äußert sich einerseits darin, dass ihnen schon an den Verbrechen selbst eine Mitschuld zugewiesen wird und andererseits darin, dass ihnen vorgeworfen wird, aus niederen Motiven die Tatsachen zu übertreiben und das Gedenken daran zu instrumentalisieren. Es findet somit eine Schuldumkehr statt: die Täter werden zu Opfern und umgekehrt. So spricht der nationalistisch-völkische Publizist Manfred Kleine-Hartlage im April 2012 auf der Website der »Bürger für Frankfurt« beispielsweise vom »Schwingen der Schuld- und Bewältigungskeule als jüdische[r] Kollektivaggression« und nennt den Zentralrat der Juden eine »keulenschwingende Institution«. Bevorzugt verweist man dabei auf jüdische Publizisten oder Filmemacher wie Norman Finkelstein und Yoav Shamir oder lässt IB-Aktivisten mit jüdischen Vorfahren wie Andreas Krause Landt zu Wort kommen, um solche Positionen vertreten und sich gleichzeitig gegen den Vorwurf des Antisemitismus verwahren zu können (vgl. dazu etwa das 2010 im Verlag Antaios erschienene Buch »Mein jüdisches Viertel, meine deutsche Angst«; aufschlussreich sind auch die Rezensionen zu diesem Buch auf amazon.de, die deutlich machen, wie willkommen eine derartige Vorlage offensichtlich ist, um das fortgesetzte Gedenken an die nationalsozialistischen Verbrechen abzulehnen.).

Neben dem sekundären Antisemitismus bedienen die Identitären und ihr Umfeld aber auch weiterer antisemitischer Stereotype – in der Regel in kodierter Form, d.h. indem bestimmte Schlagwörter und Bilder verwendet werden, die antisemitische Klischees wachrufen, ohne dass explizit von Juden gesprochen wird. Ein Beispiel dafür ist Kritik an der »Hochfinanz«, dem »Mammon« oder der »Ostküste«: Was auf den ersten Blick wie reine Kapitalismuskritik daherkommt, schließt in Wirklichkeit recht offensichtlich an das antisemitische Stereotyp des reichen, »raffgierigen« Juden an, so wie er beispielsweise in der nationalsozialistischen Wochenzeitung »Der Stürmer« gezeichnet wurde. Verstärkt wird diese Botschaft teilweise dadurch, dass einzelne Juden kritisiert werden – beispielsweise der Investor George Soros, dem nicht nur sein Engagement für Demokratie negativ ausgelegt, sondern u.a. unterstellt wird, die Migrationskrise verursacht zu haben. Damit wird ein weiteres antisemitisches Stereotyp reproduziert, nämlich die verschwörungstheoretische Annahme, Juden würden hinter den Kulissen die Fäden ziehen und das Welrgeschehen kontrollieren. Diese Formen des Antisemitismus gehen häufig mit antiamerikanischen Äußerungen einher – beides ist mitunter so eng miteinander verwoben, dass man von zwei Seiten derselben Medaille sprechen könnte oder, wie Dan Diner es tut, Antiamerikanismus als säkularisierte Judenfeindschaft auffassen kann.

Ein weiteres Feld, das gerne genutzt wird, um Antisemitismus verklausuliert zum Ausdruck zu bringen, ist die Kritik an Israel. Ähnlich wie an anderer Stelle bereits ausgeführt, inszenieren sich Vertreter der Neuen Rechten hierbei als Tabubrecher und Vorkämpfer der Meinungsfreiheit, die etwas aussprechen, was sich sonst niemand zu sagen traut, weil es angeblich eine Zensur gegen »Israelkritik« gebe. Da gerade das ein Bereich ist, wo die Propaganda der Identitären auch in der Mehrheitsgesellschaft zum Teil auf Zustimmung trifft, ist es hier besonders wichtig, einmal genauer hinzuschauen, um zu erkennen, ab wann Kritik an Israel antisemitisch ist: Zunächst ist es auffällig, dass es überhaupt einen Begriff wie »Israelkritik« gibt – der übrigens auch im Duden zu finden ist –, während niemand von »Chinakritik« oder »Brasilienkritik« spricht – was auch schon auf ein zugrundeliegendes Problem verweist, nämlich die Tatsache, dass Israel oft anders behandelt und an anderen Maßstäben gemessen wird als andere Länder. Solche doppelten Standards legen den Verdacht nahe, dass grundlegende Vorbehalte gegen den jüdischen Staat im Spiel sind und man daher von Antisemitismus sprechen kann. Ähnlich verhält es sich, wenn zu unverhältnismäßigen Vergleichen gegriffen wird – indem beispielsweise Israel mit Nazideutschland oder palästinensische Flüchtlingslager mit Konzentrationslagern verglichen werden, oder wenn Israels Existenzrecht infrage gestellt wird – ein Vorgang, der auch bei keinem anderen Staat der Welt denkbar wäre. Diese Kriterien, anhand derer »Israelkritik« auf Antisemitismus überprüft werden kann, hat der israelische Autor Natan Scharanski als »3-D-Test« entwickelt: Wenn **D**oppelstandards, **D**ämonisierung oder **D**elegitimierung erkennbar sind, dann ist Kritik an Israel als antisemitisch zu bewerten.

Während manche Vertreter der IB wie Martin Lichtmesz sich die oben skizzierten anti-israelischen Positionen zu eigen machen und Deutschland eine »Israel-Hörigkeit« und »pathologische Überidentifikation« attestieren (zit. nach Elke Rajal 2017, S. 334, und Stefan Vennmann, Elemente des identitären Antisemitismus) oder – wie in Lichtmesz' Artikel »Notizen über Israel und seine Parteigänger« am 30. Januar 2020 in der Sezession geschehen – einen kompensierenden »Ersatzpatriotismus« beklagen, finden sich bei den Identitären und in ihrem Umfeld auch Stimmen, die eine gewissen Bewunderung für Israel zum Ausdruck bringen, das Land für seine konsequente Selbstverteidigung loben und »den Juden« eine »völkische Identität« zuschreiben. Wobei auch diese vermeintlich »positiven« Zuschreibungen an der Realität vorbeigehen – schließlich ist Israel kein identitärer Musterstaat, sondern eine heterogene, pluralistische Demokratie, genau wie die europäischen Gesellschaften, die die IB bekämpft.

Doch die Identitären und ihr Umfeld belassen es nicht bei der kodierten Artikulation von Antisemitismus, sondern greifen auch zu offen vorgebrachten antisemitischen Klischees wie etwa der Behauptung, es gäbe spezifisch »jüdische Gene«, »problematische Wesensunterschiede« oder Bemühungen, besonders intelligente Kinder zu zeugen. Solche Äußerungen finden sich jedoch nicht in Publikationen, die sich nach außen richten, sondern lediglich auf Plattformen, die der Kommunikation innerhalb der IB und ihres Netzwerkes dienen – es wird also deutlich, dass nach außen ein anderes Bild vermittelt werden soll als im internen Kreis. Hieran interessierte Leser:innen seien insbesondere auf die Arbeiten von Elke Rajal verwiesen, die das Thema Antisemitismus in der IB intensiv untersucht hat.

Es zeigt sich also, dass alle Distanzierung vom Antisemitismus in der Neuen Rechten allgemein und bei den Identitären im Besonderen nicht viel mehr ist als ein Lippenbekenntnis im Interesse der Anschlussfähigkeit in der Gesellschaft. In Wirklichkeit wird Antisemitismus – teils auf vielfältige Weise kodiert, teils recht offen – weiterhin transportiert und propagiert. Insofern ist es wenig verwunderlich, dass auch die Antisemitismus-Forschung zu den Feindbildern der Identitären gehört. Antisemitismusforscher werden angegriffen, verspottet und ihre Forschung diskreditiert. So wird ihnen beispielsweise vorgeworfen, sie würden Antisemitismus unabhängig von den Juden untersuchen und den Antisemiten alleine die Schuld am Antisemitismus geben. Identitäre vertreten also die Auffassung, Antisemitismus habe seine Gründe bei den Juden und Jüdinnen selbst – und übernehmen damit einmal mehr einen klassischen Topos des Antisemitismus.

Nachdem beispielsweise Aktivistinnen und Aktivisten des »Zentrums für politische Schönheit« – die sich für eine lebendige Erinnerungskultur einsetzen – 2017 vor dem Haus des AfD-Politikers Björn Höcke eine Nachbildung des Berliner Holocaust-Denkmals aufstellten, postete die sogenannte Identitäre Bewegung auf ihrer mittlerweile gesperrten Facebook-Seite, dass der Initiator der Aktion, Philipp Ruch, der »Hohepriester der bundesdeutschen ›Holocaust-Religion‹« sei. Ferner verbreiteten sie ein YouTube-Video von Martin Sellner, in dem dieser Vorschläge unterbreitete, wie man sich »von diesem kranken zivilreligiösen Sektenkult befreien« könne. Antisemitische Ressentiments werden auch deutlich, wenn Götz Kubitscheks Sezession Israel in einem Artikel vom 2. Juni 2021 mit einem »Apartheidstaat« vergleicht oder die »stark jüdisch besetzte« Biden-Regierung beschreibt. Dieses merkwürdige Oszillieren zwischen subkutanem Antisemitismus und augenscheinlicher pro-israelischer Haltung, macht selbst bereits genannter Martin Lichtmesz, Mitarbeiter Kubitscheks und Übersetzer der französischen Schlüsselwerke der sogenannten Identitären Bewegung, am 30. Januar 2020 in der Sezession deutlich: »Es ist unwürdig, hier ständig um Sympathiebekundungen, Absolutionen oder Koscher-Zertifikate zu betteln, und mehr ist es am Ende nicht. Man träumt von einem Deal: ›Wir unterstützen euren Nationalismus, bitte unterstützt im Gegenzug unseren auch! Wir beweisen euch unseren Philosemitismus, also erklärt uns bitte für nazifrei, legitim und salonfähig, ihr seid ja für die Persilscheinausstellung zuständig!‹«

Weitere politische Positionen

Aus den bis hierher skizzierten ideologischen Standpunkten der Identitären ergeben sich entsprechende Positionierungen in weiteren Bereichen des politischen und gesellschaftlichen Lebens: Zunächst einmal wird klar, wer für Identitäre der politische Gegner ist – nämlich all jene, die sich für die Menschenrechte, also die Gleichwertigkeit aller Menschen und den Schutz vor Diskriminierung aussprechen, und somit all jene, die sich im politischen Spektrum als links oder linksliberal verordnen würden. Klar ist jedoch, dass es hierbei nur um die Positionen des politischen Liberalismus geht, die bekämpft werden – nicht um die des Wirtschafts- oder Neoliberalismus. Im Gegenteil macht die Neue Rechte sich teilweise durchaus wirtschaftsliberale Positionen zu eigen – wobei an anderer Stelle auch Kapitalismuskritik geübt wird, sodass ihre wirtschaftliche Position insgesamt unscharf und heterogen bleibt. Es fällt auf, dass selbst ihre kapitalismuskritischen Äußerungen selten über Kritik an einzelnen Personen oder am »internationalen Kapital« hinausgehen und sich weder mit dem Wirtschaftssystem als Ganzem noch mit ökonomischen Analysen befassen. Von den stark antisemitischen Untertönen dieser Argumentationsrichtung war bereits die Rede; und auch eigene Entwürfe zur Gestaltung wirtschaftlicher Zusammenhänge sucht man vergeblich. Anscheinend spielt die Ökonomie für die politischen Positionen der Identitären also kaum eine Rolle.

Umso mehr konzentriert sich die Neue Rechte auf ihre Gegnerschaft zu linken Überzeugungen in Bezug auf eine offene, pluralistische Gesellschaft: Vertreter der Identitären sehen sich als Opfer einer linken Hegemonie aus 68ern und »Gutmenschen«, die sie unterdrücken und ihnen ihre Meinung verbieten wollen. Obwohl die Neue Rechte und somit auch die Identitären ja offensichtlich ihre Positionen zum Ausdruck bringen können, bemühen sie immer wieder das Narrativ, einer Zensur zu unterliegen oder mutig als Tabubrecher aufzutreten, indem sie »Dinge sagen, die man nicht sagen darf«. Insbesondere vor dem Hintergrund der 2020 in Deutschland aufkommenden Coronakrise haben die Identitären diesen Kampf um die »echte Meinungsfreiheit« erneut unterstreichen können. Unter anderem »linke Organisationen, Mainstreammedien und etablierte Politiker« – so die Identitären auf ihrer Homepage – würden lediglich Meinungskorridore erlauben, wenn es beispielsweise um die Gefährlichkeit des Corona-Virus oder um die Wirksamkeit einer Impfung gehe. Damit blasen die Identitären in das gleiche Horn wie die Teilnehmenden aller sogenannten Hygiene-Demos oder der sächsischen Spaziergänger und befeuern somit die Gewalt gegen Journalistinnen und Journalisten oder andere Medienvertreter.

Ein weiteres Feindbild der Neuen Rechten ist dabei das Konzept der Political Correctness – d.h. der Bemühung, durch einen sensibleren Umgang mit Sprache die Herabsetzung gesellschaftlicher Gruppen zu vermeiden. Dieses gesamtgesellschaftliche Ziel im Umgang mit benachteiligten oder marginalisierten Gruppen erkennt die Neue Rechte nicht als relevant und legitim an, sondern stilisiert sich selbst zum Opfer dieser Bemühungen, indem sie vorgibt, ihren Vertretern würde der Mund verboten. Diese Frontstellung gegen die 68er-Bewegung, ihre Positionen und Errungenschaften und die Relevanz von Ethik und Moral für die Politik stellt ein zentrales und verbindendes Element der neurechten Ideologie und ihrer Vertreter dar.

Neben der politischen Linken betrachtet die Neue Rechte die USA als weiteres Feindbild, da sie in den Vereinigten Staaten die Verkörperung von Multikulturalismus und »Kulturvermischung« sieht, die sie in Europa um jeden Preis verhindern will (freilich war mit der Regierungszeit Donald Trumps diese Feindschaft abgekühlt, aber flammt nun mit der Regierung Bidens wieder auf). Europa hingegen wird zu einem Mythos stilisiert, zu einer »Schicksalsgemeinschaft«, die verteidigt werden muss – wie der identitäre Slogan »Defend Europe!« zum Ausdruck bringt. Dabei bleibt das Europabild ähnlich wie andere Schlagwörter der neurechten Propaganda uneindeutig: Die Identitäre legen sich nicht fest, ob sie einen Staat Europa, ein Europa der Nationen oder ein Europa der Regionen meinen – mal rekurrieren sie auf das eine, mal auf das andere dieser Konzepte. Festzustellen ist jedoch, dass die Identitären und andere Strömungen der Neuen Rechte es mit ihren Äußerungen zum Thema Europa bereits geschafft haben, Redeweisen im allgemeinen Diskurs zu etablieren: So stammt die Forderung nach einem »Europa der Vaterländer« zwar aus dem neurechten, ethnopluralistischen Kontext, wird mittlerweile aber auch von Vertretern der CDU/CSU verwendet (so z.B. von dem CDU-Kreisvorsitzenden Hans-Jürgen Irmer im August 2022 in einem Artikel im Wetzlar Kurier); ähnlich wie die Rede von einer »Festung Europa«, die es zu verteidigen gelte. Auch dieser Begriff, den Identitäre gerne verwenden, um geschlossene Grenzen zu fordern, wurde bereits von der österreichischen Innenministerin aufgegriffen (vgl. Artikel vom 28.10.2015 auf Merkur.de: »Österreichs Innenministerin will an ›Festung Europa‹ bauen«). Die Strategie der Identitären, Einfluss auf den allgemeinen Diskurs zu nehmen, scheint zunehmend aufzugehen.

- Hauptgegner: Pluralismus, Liberalismus
- Zentrale Positionen:
  - Identität: statisch und an ein Kollektiv gekoppelt
  - Vorrang des Kollektivs vor dem Individuum
  - Ethnopluralismus als Neuauflage des Rassismus
  - Verschwörungserzählungen des »Großen Austauschs« und der »Umvolkung«
  - Islamfeindlichkeit
  - Antifeminismus
  - Antisemitismus
  - Kampf gegen eine vermeintliche »linke Hegemonie«
  - Antiamerikanismus

Kapitel 4: Was wollen die Identitären? – Ihre Ziele / Strategie

Wie bei anderen Bewegungen und Interessensgruppen kann man bei der IB und bei der Neuen Rechten im Ganzen langfristige, mittelfristige und kurzfristige Ziele unterscheiden – wobei kurzfristige Ziele gleichzeitig als Teil der Strategie zum Erreichen der langfristigen Ziele betrachtet werden können. Das übergeordnete und weitreichendste Ziel neurechter Gruppen ist eine »Kulturrevolution von rechts«, d.h. die Erlangung kultureller Hegemonie: Das bedeutet, die Neue Rechte strebt nicht nur einzelne politische Veränderungen an, sondern möchte die gesamte Gesellschaft mit ihren Werten und ihrer Kultur transformieren und nach ihren Vorstellungen umgestalten. Wie solch eine Gesellschaft nach dem Geschmack der Neuen Rechten aussehen würde, ergibt sich aus ihrer Ideologie. Es geht ihnen also darum, die öffentliche Meinung im Sinne der nationalistisch-völkischen Identitären umzuformen, indem heute als rechtsextrem eingestufte Positionen zu mehrheitlich vertretenen Ansichten werden. Gleichzeitig würden Werte, die zurzeit (noch) zum allgemeinen Konsens in unserer Gesellschaft zählen, zu – möglicherweise als »extrem« oder »schädlich« bewerteten – Minderheitenmeinungen. Ein solcher heute geltender Konsens ist beispielsweise das Bekenntnis zur freiheitlich-demokratischen Grundordnung und damit zu Menschenwürde und Menschenrechten unabhängig von Herkunft, Geschlecht, Religion oder anderen Kriterien, zu demokratischen Prozessen, dem Schutz von Minderheiten etc. Nach dem Willen der Neuen Rechten sollte dieser Konsens abgelöst werden von einem anderen, der beispielsweise ein autoritäres Staatsmodell, ethnopluralistische (d.h. rassistische) Überzeugungen und die Unterordnung des Individuums und seiner Rechte unter das Kollektiv umfasst.

Um dieses langfristige Ziel zu erreichen, verfolgen Vertreter der Neuen Rechten mittelfristige Ziele: Zunächst streben sie eine Intellektualisierung des Rechtsextremismus an, d.h. sie bemühen sich, eine theoretische Grundlage für ihre Ideologie zu schaffen, um dieser mehr Glaubwürdigkeit und Akzeptanz zu verschaffen. Dazu gehört auch ein entsprechendes Auftreten, wie beispielsweise ein seriöses Äußeres, eine gewisse Eloquenz und Sprachgewandtheit – da rechtsextreme Positionen von der Mehrheitsgesellschaft wesentlich leichter akzeptiert werden, wenn sie nicht mit gewaltbereiten Skinheads assoziiert werden, sondern von gebildeten, wortgewandten jungen Männern in einer intellektuellen Sprache vorgebracht werden. Ein Instrument, mit dem sie dieses Ziel erreichen wollen, ist beispielsweise das an anderer Stelle bereits erwähnte »Institut für Staatspolitik«, das als neurechte Denkfabrik im Jahr 2000 von Götz Kubitschek und Karlheinz Weißmann gegründet wurde und eben diese theoretischen Grundlagen und entsprechende Schriften liefern soll.

Ein weiteres mittelfristiges Ziel betrifft den Bereich der Metapolitik: Um die oben skizzierte Umwandlung der Gesellschaft zu erreichen, setzt die Neue Rechte nicht unmittelbar und in erster Linie auf Parteipolitik, sondern konzentriert sich zunächst auf den vorpolitischen Raum. Es geht ihr also darum, Schritt für Schritt Diskurse zu besetzen und die öffentliche Meinung zu prägen und so den »Kampf um die Köpfe« zu gewinnen. Dazu beruft sich die Neue Rechte auf den marxistischen Philosophen Antonio Gramsci (1891–1937), der das Konzept der kulturellen Hegemonie als Voraussetzung einer politischen Revolution entwickelt hat – auch wenn Gramsci natürlich andere Werte und eine andere Revolution im Sinn hatte. Gramscis Ideen wurden u.a. von Alain de Benoist aufgegriffen und auf die Neue Rechte übertragen. Wie de Benoist in seinem Buch »Kulturrevolution von rechts« ausführt, habe die 68er-Bewegung zuletzt den »Kampf um die Köpfe« gewonnen und ihre Werte zu denen der Allgemeinheit gemacht. Das gelte es jetzt rückgängig zu machen, indem andere Werte etabliert und beispielsweise durch Schule und Medien in die Gesellschaft hineingetragen werden. Dieselbe Meinung vertritt der rechtsextreme Jurist Thor von Waldstein in seinem Buch »Metapolitik«, welches 2015 im Verlag Antaios erschienen ist.

Um dieses Ziel – eine schrittweise Verschiebung der öffentlichen Meinung in ihrem Sinne – zu erreichen, verfolgen sie verschiedene Strategien, die man auch als kurzfristige Ziele betrachten kann, insbesondere durch ihren Sprachgebrauch: Wenn sie z.B. von »Remigration« statt von »Abschiebung« sprechen, meinen sie dasselbe – die Rückführung von Migrant:innen in ihre Herkunftsländer –, aber sie setzen darauf, dass eine Kampagne zur »Remigration« weniger spontane Ablehnung und mehr Zustimmung hervorruft als ein offener Aufruf zu einer radikaleren Abschiebungspraxis. So gelingt es ihnen, eine Forderung der extremen Rechten in einer Form zu propagieren, die unter Umständen auch in der Mitte der Gesellschaft Befürworter findet. Eine weitere Strategie ist die ironische Verwendung von bestimmten Schlagworten und damit die Verspottung politischer Gegner: Wenn beispielsweise Begriffe wie »Fachkraft«, »Einzelfall«, »bunt« oder »kulturelle Bereicherung« immer dann in spöttischer und ironischer Weise verwendet werden, wenn von Kriminalität durch Migranten die Rede ist, führt das dazu, dass diese Begriffe irgendwann nicht mehr ernstgenommen und kaum noch mit ihrer ursprünglichen Konnotation verwendet werden können. Ähnliches gilt für die Strategie der Rechten, das Bemühen um die sogenannte Political Correctness, also das Anstreben eines nicht-diskriminierenden Sprachgebrauchs, generell ins Lächerliche zu ziehen. Indem sie suggerieren, es gehe dabei nur um eine Art »Sprachpolizei« und »Meinungsdiktatur« und doch ohnehin nur um Wörter, unterminieren sie bewusst das Anliegen, Diskriminierungen entgegenzuwirken – zumal ihnen die bewusstseinsprägende Macht von Sprache offensichtlich durchaus klar ist. Gleichzeitig wollen sie dabei den Eindruck erwecken, »mutig« Tabus zu brechen und für Freiheit zu kämpfen. In der Tat lässt sich beobachten, dass die Neue Rechte mit dieser Strategie Erfolge erzielt. Selbst in Kreisen, die sich zur Mitte der Gesellschaft zählen, ist immer mehr zu beobachten, dass Sprüche wie »Danke Merkel!« oder Begriffe wie »Einzelfall« und »Fachkraft« in ihrer ironischen Umdeutung aufgegriffen und weitertransportiert werden und so das Gedankengut der extremen Rechten innerhalb der Gesellschaft an Raum gewinnt.

Durch das kurzfristige Ziel der Einflussnahme auf Begrifflichkeiten und den allgemeinen Sprachgebrauch gelingt es ihnen also, ihren längerfristigen Zielen – u.a. der Umformung der öffentlichen Meinung – näher zu kommen. Auf diese Weise bereiten sie gleichzeitig den Boden für eine entsprechende Parteipolitik, da eine nach rechts verschobene öffentliche Meinung unmittelbar beispielsweise der AfD zugutekommt. Dazu müssen solche Vorstöße nicht mal offen mit der Neuen Rechten assoziiert werden, ganz im Gegenteil soll dieser Zusammenhang gar nicht zu offenkundig werden, sondern unterschwellig wirken. Diesen Ansatz vertritt auch Alain de Benoist in seinem Buch »Kulturrevolution von rechts«: Seiner Meinung nach ist es zielführender, wenn Inhalte zunächst nicht mal als politisch erkannt werden, da sie dann nachhaltiger auf die Überzeugungen und Werte der Menschen wirken könnten.

- Langfristiges Ziel: Erlangung kultureller Hegemonie
- Mittelfristige Ziele: Prägung und Verschiebung der öffentlichen Meinung
- Kurzfristige Ziele: u.a. unterschwellige Einflussnahme auf den Sprachgebrauch

Kapitel 5:
Wie sind die Identitären strukturiert? – Ein Vergleich

Die sogenannte Identitäre Bewegung ist ein pan-europäisches und, mit Blick u.a. auf die Vereinigten Staaten, ein globales Phänomen. Um einen Gesamteindruck zu erhalten, ist es daher sinnvoll, die deutschen Identitären nicht isoliert zu sehen, sondern auch einen Blick über die Grenze zu werfen und die Situation in anderen europäischen Ländern zu betrachten. Abschließend soll auch kurz auf die Situation vergleichbarer Gruppen außerhalb Europas und ihr Verhältnis zur IB eingegangen werden. Natürlich ist es nicht möglich, hier alle europäischen Länder gleichermaßen zu berücksichtigen; es wurde daher eine Auswahl vorgenommen, u.a. danach, wie aktiv die IB in den jeweiligen Ländern ist. Das heißt aber im Umkehrschluss nicht, dass es in Ländern, die hier nicht behandelt werden, keinerlei Aktivität der Identitären gibt – auch in den Niederlanden oder in der Schweiz beispielsweise gibt es Ableger, die die identitäre Ideologie vertreten und sich um einen entsprechenden Aktivismus bemühen.

A) Die Identitären in Frankreich

Sowohl die Identitären im Speziellen als auch die Neue Rechte im Allgemeinen haben ihren Ursprung in Frankreich. Auch wenn die ideologischen Traditionslinien noch weiter zurückreichen, kann man die Ursprünge der Neuen Rechten im Frankreich der 1960er Jahre verorten. Ein zentrales Datum ist dabei, wie bereits zu Anfang des Buches ausgeführt, das Jahr 1968 mit der Gründung von GRECE im südfranzösischen Nizza. GRECE steht dabei für *Groupement de recherche et d'*études pour la civilisation européenne, zu Deutsch *Forschungs- und Studiengruppe für die europäische Zivilisation*, und versteht sich als Think Tank der Neuen Rechten – es geht der Gruppe also darum, für das theoretische und intellektuelle Fundament neurechter Politik zu sorgen. Gegründet wurde GRECE von einer Gruppe von Aktivisten aus dem rechtsextremen Spektrum unter der Führung von Alain de Benoist, einem französischen Publizisten und Philosophen, der bereits seit den 50er Jahren in verschiedenen rechtsextremen Organisationen aktiv war. Einer seiner einstweiligen Mitstreiter und Mitbegründer von GRECE war Dominique Venner, der zuletzt im Jahr 2013 durch seinen Suizid in der Pariser Kathedrale Notre Dame von sich reden gemacht hat und sich auch zuvor jahrzehntelang in der rechtsextremen Szene betätigt hat.

Durch die Tätigkeit von GRECE verfügt die französische Neue Rechte über ein stärker intellektualisiertes Fundament als ihr deutsches Pendant – passend zu ihrem Ziel, Erfolge im vorpolitischen Raum zu verzeichnen: Den Mitgliedern von GRECE geht es nicht unmittelbar darum, Einfluss auf die Politik zu nehmen, sondern langfristig das Denken in der Gesellschaft zu prägen und in ihrem Sinne nach rechts zu verschieben. Ihre Ideologie entspricht dem, was in Kapitel 3 ausgeführt wurde: Sie vertreten den sogenannten Ethnopluralismus als modernisierte Form des Rassismus und wenden sich gegen alle Formen von Egalitarismus und Pluralismus, sei es in Form von linken, liberalen oder christlichen Überzeugungen. Dazu berufen sie sich auf Vertreter der Konservativen Revolution, des italienischen Faschismus und der Eugenik. Mehr noch als andere neurechte Gruppierungen propagiert GRECE neuheidnische Ideen und lehnt das Christentum dezidiert ab.

Neben de Benoist ist Guillaume Faye bedeutsam für die Gründung der Identitären Bewegung in Frankreich. Nicht allein, dass er vor dem Hintergrund der »Clash of Civilisation«-Thesen von Samuel Huntington einen Kampf zwischen dem christlichen Europa und dem islamischen Orient heraufbeschwor, sondern Faye formulierte auch als erster den Begriff der identitären Bewegung. Die französische IB im engeren Sinne entstand in den Jahren 2002/ 2003 zunächst als *Jeunesses identitaires* (dt. Identitäre Jugend), wenig später erfolgte die offizielle Gründung unter dem Namen *Bloc identitaire* (dt. Identitärer Block). Hervorgegangen waren die *Jeunesses identitaires* aus der *Unité radicale* (dt. Radikale Einheit), einer rechtsextremen Gruppe, die von 1998 bis 2002 bestanden hat und aufgrund von Antisemitismusvorwürfen verboten wurde. Nachdem die *Jeunesses identitaires* im *Bloc identitaire* aufgegangen waren, bildete sich 2012 als neue Jugendorganisation die *Génération identitaire*, bevor sie sich nur vier Jahre später vom *Bloc identitaire* löste. Heute existieren also die *Génération identitaire* und der ehemalige *Bloc identitaire* - nun unter dem Namen *Les Identitaires* - unabhängig nebeneinander.

Erste Aktionen der *Génération identitaire* waren im Jahr 2012 die Verbreitung des Videos *Déclaration de guerre* (dt. Kriegserklärung) und die Besetzung einer Moschee-Baustelle in Poitiers. Während das Symbol des *Bloc identitaire* noch ein Wildschwein war, finden sich bei diesen Aktionen schon das gelb-schwarze Lambda, das sich seitdem als Symbol der Identitären europaweit etabliert hat, sowie die Bezugnahme auf das Jahr 732, d.h. den Sieg Karl Martells über die Araber in der Schlacht von Tours und Poitiers. Neben der Einführung der Symbolik prägt die *Génération identitaire* bei dieser Gelegenheit auch die Form des Aktivismus, der für alle identitären Gruppen in Europa kennzeichnend werden sollte und sich an Aktionen linksgerichteter Gruppen orientiert. Französische Identitäre übernahmen damit eine Vorreiter- und Vorbildfunktion für gleichgesinnte Gruppen in ganz Europa: Nicht nur das genannte Video verbreitete sich schnell, auch eine Konferenz der französischen Identitären anlässlich ihres zehnjährigen Bestehens zog Besucher wie Götz Kubitschek und Martin

Lichtmesz (eigentlich Martin Semlitsch) an – die Aktivitäten und Standpunkte der französischen Identitären sind für ihre Gesinnungsgenossen aus dem deutschsprachigen Raum offensichtlich durchaus relevant.

In Frankreich konzentriert sich der Aktivismus der Identitären vor allem darauf, gegen Franzosen mit Migrationshintergrund und gegen den Islam zu polemisieren; es werden Sommeruniversitäten und Selbstverteidigungskurse angeboten – natürlich unter dem Vorzeichen, dass es sich bei den Tätern ausschließlich um solche mit Migrationshintergrund handele und bei den Opfern um Menschen ohne Migrationshintergrund. Das Verhältnis zum *Front National* ist bislang nicht abschließend geklärt – einerseits scheint es Rivalitäten zu geben, andererseits aber auch personelle Überschneidungen. Verglichen mit anderen europäischen Ländern sind die Identitären in Frankreich weniger auf Jugend und junge Erwachsene beschränkt, sondern haben auch ältere Aktivisten in ihren Reihen. Schätzungen des Politikwissenschaftlers Stéphane François zufolge gab es im Jahr 2017 etwa 1500–2000 aktive Mitglieder der IB in Frankreich; die identitäre Szene wird von der Abteilung Rechtextremismus und Hooliganismus des französischen Inlandsgeheimdienstes beobachtet und als »Gefährder der Sicherheit des Staates« eingestuft (Kategorie »S«: Sûreté de l'Etat – die Sicherheit des Staates [gefährdend]).

B) Die Identitären in Deutschland

Auch in Deutschland gilt die Identitäre Bewegung als Jugendorganisation und Vertreterin der Neuen Rechten, die sich in der Tradition der Konservativen Revolution verortet sieht. Darüber hinaus ist es auch für das Gebiet der Bundesrepublik Deutschland kaum möglich, das Organisationsgeflecht der gesamten neurechten Bewegung zu skizzieren, sodass wir lediglich mit Butterwegge von einer »einheitlichen Ideologie« sprechen können. Eindeutigeres lässt sich hingegen über die nationalistisch-völkischen Identitären sagen. Die Identitäre Bewegung Deutschland (IBD) und die Identitäre Bewegung Österreich (IBÖ) sind letzten Endes auch personell so eng miteinander verzahnt, dass wir sie im Folgenden wenigstens zusammendenken.

Die sogenannten Identitären Bewegungen Deutschland und Österreich haben ihre Vorläufer mit dem sogenannten *Bloc identitaire* in Frankreich. Dessen Jugendorganisation nannte sich *Génération Identitaire.* Diese Organisation gilt als Blaupause für alle späteren Ablegergruppen in Europa in Bezug auf ihre Symbolik (Lambda-Zeichen), der Farbgebung (schwarz-gelb) und vor allem ihre symbolischen Aktionsformen (Flash-Mobs, das Entrollen von Transparenten u.s.w.).

Diese Corporate Identity wurde am 20. Oktober 2012 öffentlich, als ca. 40 Personen in Poitiers/ Frankreich das Dach einer im Bau befindlichen Moschee besetzten und Banner mit dem Lambda-Symbol (schwarzer Winkel auf gelbem Grund) entrollten. Symbolträchtig sollte diese Aktion deswegen sein, da am 25. Oktober 732 Karl Martell einen Sieg über die Berber und Araber bei Poitiers feiern konnte, und – so schreibt es die IB selbst in einem YouTube-Video zu dieser Aktion – »nach einem heroischen Kampf [...] unser Land vor den muslimischen Invasoren gerettet hat«. Eine solche epochale Bedeutung wurde dieser Schlacht erst seit der Neuzeit zugesprochen, im Mittelalter wurde die Schlacht aufgrund der geringen Bedeutung wenig rezipiert, sodass man auch nicht genau weiß, ob es nicht vielleicht auch der 18. Oktober 732 gewesen sein könnte, an dem der Plünderfeldzug der Araber gegen Tours zu einem Ende kam.

Die Macht des virtuellen Raumes war maßgeblich für die Darstellung dieses Ereignisses und die Umdeutung der »Génération Identitaire« Frankreichs. Der Clip über die Poitiers-Aktion verbreitete sich über das Netz sehr schnell, insgesamt allerdings nur 13.000 Mal. Dass dieses Video somit viral ging, kann an dieser Stelle nicht bestätigt werden. Eine explosionsartige Verbreitung sieht anders aus. Dennoch hat die Poitiers-Aktion maßgeblich dazu beigetragen, dass sich gleiche Gruppen unter der Schirmherrschaft von Martin Sellner in Österreich und Deutschland zusammenschlossen. Auch wenn sich bereits kurz vor Poitiers virtuell identitäre Gruppen zusammenfanden, kamen mit dem entsprechenden Impuls aus Frankreich auch reale Nachfolgeaktionen: Sogar im niederländischen Leiden gab es Kampagnen dieser Art und ebenfalls die offizielle Gründung der Gruppe »Identitaire Verzet« (dt. »Identitärer Widerstand«). Paul Peters gilt als Initiator dieser Gruppe und verkehrte selbst früher im Nazi-Milieu und unterhielt Kontakte zu militanten Neonazigruppen, wie der mittlerweile verbotenen Combat 18 (C18). Peters ist auch mit Irmhild Boßdorf aus Königswinter gut vernetzt, die wiederum laut LinkedIn wissenschaftliche Mitarbeiterin des AfD-Abgeordneten Rüdiger Lucassen ist (und in leitender Funktion in seinem Wahlkreisbüro tätig). Außerdem arbeitet sie als Übersetzerin für den nationalistischen Ares Verlag. Deutlich wird bei diesen kurzen Ausführungen das Netzwerk der nationalistisch-völkischen Ideologie über Landesgrenzen hinweg.

Wie gesagt, gründete sich in Deutschland und Österreich die sogenannte Identitäre Bewegung zunächst virtuell. Auf der am 10. Oktober 2012 angemeldeten Homepage der Identitären Bewegung Deutschlands (IBD) und der Identitären Bewegung Österreichs (IBÖ) war das schwarze Lambda-Symbol auf gelbem Grund das erste Mal zu sehen. Als erste Ortsgruppe ging Berlin ans Netz: Bereits am 13. Oktober 2012 – also noch vor der Poitiers-Aktion – öffnete der Facebook-Account der Identitären Bewegung Berlin (IBB), bevor der erste öffentliche Auftritt bei einer Veranstaltung der Partei »Die Freiheit« am 18. November 2012 folgte. In Köln wiederum ging der Facebook-Account am 24. Oktober 2012 online – also einen Tag vor der Poitiers-Aktion in Frankreich. Immer wieder ist in Sachbüchern über die Identitäre Bewegung zu lesen, dass die Poitiers-Aktion Impulsgeber war, um auch in Deutschland und Österreich eine entsprechende Vereinigung zu gründen. Dies ist mit Blick auf die Eröffnung der Facebook-Seiten z.B. in Köln und Berlin zu bezweifeln. Es scheint also ein kleines, aber effizientes Netzwerk völkisch-nationalistisch Gesinnter in Europa zu geben, die nicht nur die Poitiers-Aktion begrüßten und unterstützten, sondern bereits vorher nach dem Vorbild des *Bloc identitaire* bzw. der *Génération Identitaire* die Gründung von Gruppen mit gleicher Symbolik und Namensgebung aufbauen wollten.

Ein gewisser Christian Wagner aus Weye/ Niedersachsen meldete die Homepage der Identitären Bewegung Deutschland (IBD) an. In dem Facebook-Profil der bundesweiten IBD war die Parole zu lesen: »Nicht links, nicht rechts, identitär«, oder die immer noch sichtbare Parole: »100 % Identität, 0 % Rassismus«. Die erste physische Zusammenkunft erfolgte nur wenig später im Rahmen eines Flashmobs auf der Interkulturellen Woche in Frankfurt, die vom 29. Oktober bis zum 18. November 2012 stattfand. Am 30. Oktober 2012 und zu Klängen von Hardbass ließ die IB verlauten: »Multikulti wegbassen!«. Anfang Dezember 2012 folgte das erste bundesweite konstituierende Treffen der IBD in Frankfurt/Main, an dem auch Vertreter:innen aus Italien und Österreich teilnahmen. Bei diesem Treffen mit ca. 50 Teilnehmerinnen und Teilnehmern wurde ein gewisser Matthias Wagner (nicht zu verwechseln mit dem o.g. Christian) als Vorsitzender der Bundesgruppe auserkoren, sodass sein Name zunächst im Impressum der Homepage der IBD zu lesen war. Wenn in diesem Zusammenhang der damalige Bundesverfassungsschutzpräsident, Hans-Georg Maaßen, der IBD 2012 lediglich einen »virtuellen Charakter« zuschrieb, ist das nicht nur aus heutiger Perspektive eine absolute Fehleinschätzung.

Seit diesem bundesweiten Treffen Ende des Jahres 2012 trat die IB zunächst von Hessen aus in verschiedenen Städten (u.a. Köln, Gießen und Fulda) mit Plakat- und Aufkleberaktionen öffentlich in Erscheinung. Es folgte ein weiteres bundesweites Leitungstreffen am 24. März 2013 in Bad Homburg und daran anschließend noch eines an einem Maiwochenende. Im März nahmen mehrere Vertreter des neurechten publizistischen Spektrums teil und sagten den Identitären umfangreiche Hilfen zu; im Mai wurde der damals 18-jährige Berliner Nils Grunemann zum öffentlichen Gesicht der IBD gewählt.

Im Herbst 2013 lobte der Chefredakteur der überregionalen deutschen Wochenzeitung »Junge Freiheit«, Dieter Stein, diese neuartige politische Jugendbewegung, da sie sich durch moderne Aktionsformen auszeichne (*JF*, 1.10.2013). Positiv sei hervorzuheben, dass sie eine Abgrenzung zu einer »verstaubten, alten Rechten« schaffe. Die Zeitung »Junge Freiheit« kann unbestritten in einem Graubereich zwischen Konservativismus und völkisch-nationalistischer Gesinnung angesiedelt werden. Als Randnotiz sei Folgendes festgehalten: Den Zeitungsartikel schrieb seinerzeit Henning Hoffgaard, der heute als Büroleiter des AfD-Bundestagsabgeordneten Leif-Erik Holm arbeitet.

Insgesamt lässt sich in den Jahren 2012/2013 abgesehen von der gemeinsamen Symbolik und den Aktionsformen kein eindeutiges Bild der Identitären zeichnen, insbesondere in Bezug auf ihre Aktivisten. Mitglieder nationalsozialistischer Vereinigungen (u.a. der autonomen Nationalisten) suchten regional (u.a. in Bremen und in Lüneburg) neue Betätigungsfelder bei den Identitären. Personen der »German Defence League« oder der (ehemaligen) »Pro-Bewegungen« – also der nationalpopulistischen Szene – allerdings organisierten sich zunehmend in den identitären Gruppen. Dies ist nicht weiter verwunderlich, gibt es doch mit den Parolen wie »Gegen eine Islamisierung Deutschlands« und »(schützenswerte) Heimat« eine gewisse Kongruenz der Agenda. Große Unterstützung sowohl medialer als auch ideologischer Art erfuhr die Identitäre Bewegung in dieser Zeit von »neurechten« Thinktanks und Publikationsorganen, wie der »Jungen Freiheit«, der »Blauen Narzisse« oder dem im Jahre 2000 gegründeten »Institut für Staatspolitik (IfS)« und ihrem Leiter, Dr. Erik Lehnert.

Während ein paar Aktivistinnen und Aktivisten der IB bereits vor 2012 in anderen Zusammenhängen an die Öffentlichkeit getreten waren, sind viele junge Aktivisten neu auf der politischen Bühne. Für diese ist die IB besonders attraktiv, weil sie sich (vordergründig) deutlich von Nationalsozialismus und Rassismus zu unterscheiden versucht, gleichzeitig aber vermeintlich konservative Werte in einem hippen Gewand transportiert werden. Zudem spielt die IB mit dem Begriff der »Identität« und wirkt einer Verunsicherung in einer komplex gewordenen Welt entgegen, indem sie die »Identität« eines Menschen heraufbeschwört und »identitär« zuspitzt. Dabei handelt es sich bei diesem Adjektiv um einen Neologismus, der das erste Mal in der französischen Sprache in nationalistisch-völkischen Kreisen auftauchte und nun auch von den Deutschen Nationalisten übernommen wurde. Das erste Mal tauchte das Adjektiv »identitär« in Deutschland im Jahr 2012 auf – dem Gründungsjahr der sogenannten Identitären Bewegung.

Die Anfangsphase der Identitären Bewegung kam 2014 zu einem Ende. In Hessen, diesmal aber in Fulda, fand im Frühjahr 2014 ein weiteres Netzwerktreffen statt, das die Gründung eines Vereins zur Folge hatte. Nils Altmieks wurde zum Vereinsvorsitzenden gewählt. Seit Mai 2014 ist die IB beim Amtsgericht Paderborn als »Identitäre Bewegung Deutschland e.V.« mit der Register Nr. VR 3135 eingetragen. Gemäß seiner Satzung hat es sich dieser Verein zum Ziel gemacht, die »Identität des deutschen Volkes als eine eigenständige unter den Identitäten der anderen Völker der Welt zu erhalten und zu fördern.«

Mit der Benennung des aus NRW stammenden Nils Altmieks (mittlerweile lebt er in Oberfranken) im April 2014 zum Vorsitzenden der sogenannten Identitären Bewegung Deutschlands und Sebastian Zeilinger aus Bayern als seinem Stellvertreter wurden die Aktionsformen gebündelt und vor allem mit der österreichischen Unterstützung von Martin Sellner straffer organisiert.

Vor dem Hintergrund der vier Phasen der Teamentwicklung nach Bruce Tuckman (1965) kann die Zeit zwischen Oktober 2012 und Mai 2014 rückblickend als Organisierungs- bzw. Orientierungssphase (*Forming & Storming*) gewertet werden, die mit der Wahl von Altmieks zu einem Ende kam. Die folgende Phase kann als Konsolidierungs- bzw. Durchführungsphase (*Norming & Performing*) bezeichnet werden. Nils Altmieks war in den 2000ern in der neonazistischen Jugendorganisation »Die Heimattreue Deutsche Jugend (HDJ)« aktiv. U.a. die Organisationsformen der seit 2009 verbotenen HDJ aber konnten auch auf die IBD übertragen werden und so zeichnete sich die sogenannte Identitäre Bewegung seit der Vereinsgründung durch eine straffe Organisation aus. In dem monatlich erscheinenden Magazin »Zuerst«, das der »herrschenden Meinungsdiktatur der politischen Korrektheit« entschlossen entgegentreten möchte, nannte Altmieks als primäres Ziel der IB, eine wirkliche Bewegung werden zu wollen. Damit das gelänge, sollten auch der Stil und der Habitus der Identitären einheitlich bleiben. Das konnte vor allem bewerkstelligt werden, indem die IB auch intern hierarchisch strukturiert wurde. So gibt es Kader, Regionalleiter, Ortsgruppenleiter etc. und es musste zunächst immer an die nächsthöhere Ebene berichtet werden. Diese hierarchische Struktur war auch dem 2016 gewählten zweiten Vorsitzenden der IBD, Daniel Fiß aus Rostock, nicht unbekannt. Der ehemalige Politikwissenschaftsstudent war früherer Schulungsbeauftrager der NPD-Jugendorganisation Junge Nationaldemokraten (JN).

Die große Unterstützung medialer ebenso wie ideologischer Art von u.a. Martin Sellner und Götz Kubitschek in der Organisierungsphase der IB führte dazu, dass sich die IB nicht wie zahlreiche virtuelle Phänomene wieder ins Unsichtbare auflöste, sondern nach und nach durchsetzte bzw. im Gespräch blieb. Dafür setzte die IB Aktionen gekonnt medial in Szene, so zum Beispiel am 27. August 2016, an dem ein Transparent am Brandenburger Tor mit dem plakativen Slogan: »Sichere Grenzen – sichere Zukunft« angebracht wurde. Mithilfe geschickter Bildbearbeitung wirken solche Aktionen in einem YouTube-Video imposanter, als sie in Wirklichkeit wohl waren. Auch wenn das reale Bild das Gegenteil beweisen würde, das produzierte Bild macht stets deutlich: »Wir sind eine große Bewegung!« Einen solchen Eindruck transportiert auch die Website der IB, auf der sie ihre Aktionen präsentiert, wie z.B. die Besetzung des WDR-Funkhauses am Sonntag, den 5. Januar 2020, kurz nach dem Umweltsau-Skandal des WDRs. Aufmerksam machen wollte die IB damit auf die »Verhöhnung rechtschaffener Bürger und Aufhetzung der Generationen«. Weiter auf der Homepage hieß es: »Das vielkritisierte ›Umweltsau‹-Video löste eine breite Empörungswelle aus, ist aber eigentlich nur die Spitze eines gigantischen Eisbergs von Propagandabeiträgen der von Zwangsgebühren gefütterten Staatsmedien. Die zu Neutralität und ausgewogener Information verpflichteten öffentlich-rechtlichen Medien haben längst ihre kritische Distanz zur Regierungsmacht aufgegeben und betreiben stattdessen ideologische Indoktrination und Bevormundung der Bürger.«

Abgesehen davon, dass die IB auf ihrer Homepage von 300 Aktivisten und mehr als 1000 Unterstützenden spricht (es dürften real nicht ganz so viele sein, denn der Verfassungsschutzbericht 2019 nennt insgesamt 600 Anhängerinnen und Anhänger), erläutert die IB dort ebenfalls die drei Säulen ihrer politischen Arbeit:

1) Metapolitik – unter Metapolitik (vgl. S. 77) versteht man die Popularisierung von Werten, Bildern oder Themen,

die die bestehende Ordnung zumindest hinterfragen, wenn nicht gar kritisieren. Alain de Benoist schreibt in »Mein Leben. Weg eines Denkens« (2014) auf S. 146, dass es darum gehe, die »Dinge aus einem engagierten theoretischen Blickwinkel zu betrachten, ohne dabei ein spezifisches politisches Ziel vor Augen zu haben.« Auf der Homepage der IBD klingt es ein wenig anders: »Unser Ziel ist die Schaffung einer patriotischen Zivilgesellschaft, in der Heimatliebe und das angstfreie Bekenntnis zur eigenen Identität wieder als Leitwerte des sozialen Zusammenlebens anerkannt werden. Wir schaffen Berührungsflächen und gegenkulturelle Angebote für patriotische Jugendliche.« Diese Berührungsflächen werden in Symbolen, Deutungen oder Begriffen sichtbar gemacht, die dieses »angstfreie Bekenntnis zur eigenen Identität« transportieren.

2) Aktivismus – die Identitären sprechen von einem »mutigen, kreativen und frechen Aktivismus, der die linksliberale Hegemonie in Frage stellt.« Aus der Ferne betrachtet sind überraschend viele Aktionen an das Repertoire der 68er außerparlamentarischen Oppositionsbewegung bzw. der Subversiven Aktion angelehnt (z.B. die Besetzung der Facebook-Löschzentrale in Essen am 28.4.2018). Deutlich wird diese Nähe in dem Projekt der »Konservativ-Subversiven Aktion« (KSA), das Martin Sellner Mitte der 2000er Jahre in Anlehnung an die Subversive Aktion der 1960er Jahre initiiert hat, die wiederum aus der Kommune 1 hervorgegangen ist. Mitinitiatoren der »Konservativ-Subversiven Aktion« waren Felix Menzel (Gründer der »Blauen Narzisse«) und der Publizist und Übersetzer Martin Lichtmesz (vgl. S. 56). Bereits in der ersten Aktion der KSA wird die praktische Nähe zu den 68ern deutlich. Am 2. Mai 2008 ließ die Truppe um Menzel und Lichtmesz Pamphlete im Audimax der Berliner Humboldt Univer-

sität regnen, als dort ein Kongress zu »40 Jahren 1968« abgehalten wurde. Zusätzlich riefen sie: »Scheiß Sozialisten!«
Dieses kurzlebige Projekt wurde mit Gründung der IB überflüssig, denn nun organisierte die IB symbolträchtige Aktionen, die darüber hinaus medienwirksam inszeniert wurden.

3) Bildung und Medien – Für die Inszenierung der Aktionen und die Öffentlichkeitsarbeit haben die Identitären den Anspruch, die Medien- und Bildungsarbeit »strategisch und professionell« im Rahmen eines »medialen Informationskrieges« zu gestalten, sodass sich ihre Arbeit als »legitimer Gegenpol [...] in das öffentliche Meinungsklima einfügen« soll. Und professionell ist der Auftritt in der medialen Welt wirklich zu nennen: gute Schnitte, gute Bildbearbeitung.

Neben diesen drei von den Identitären selbst genannten Säulen ihrer Arbeit, kann man sagen, dass das Merchandising auch eine wichtige Rolle spielt. Es gibt sogar ein eigenes Merchandise-Portal mit Namen »Phalanx Europa«, wobei der Begriff Phalanx aus der altgriechischen Militärsprache stammt und so etwas wie »geschlossene Schlachtfront« bedeutet. Dort kann man Bekleidung für Herren und Damen sowie Accessoires und Bücher (u.a. aus dem Antaios und dem Ares Verlag) erwerben. Mit Blick auf die Kleidung wird deutlich, warum manche Journalistinnen oder Journalisten auch von Nazi-Hipstern, sog. »Nipstern« sprechen: Hoodies, Caps und Poloshirts oder Strickmützen.

Darüber hinaus gibt es selbstgebrautes Bier zu kaufen. Der identitäre Daniel Sebbin aus Mecklenburg-Vorpommern ist Mitbegründer der Biermarke »Pils Identitär«. Ein sogenanntes »Schanze Bier« wird auch vertrieben. Alkohol ist als Merchandising-Produkt durchaus beliebt und so vertreiben die Identitären das Pils mit dem Slogan: »Natürlich, Patriotisch, Lokal«.

Aufgrund der guten medialen und IT-Kenntnisse werden auch Apps wie *Okzident News*, eine patriotischen Nachrichten-App, oder *Patriot Peer* beworben, die der Vernetzung und der Kommunikation untereinander dienen.

Das Jahr 2017 kann als Höhepunkt der Konsolidierungs- bzw. Durchführungsphase der Identitären angesehen werden. Andreas Lichert (hessischer AfD-Politiker und für das IfS aktiv) erwarb in Halle ein Gebäude in der Adam-Kuckhoff-Straße gegenüber des Steintor Campus der Universität Halle-Wittenberg. Fortan nutzten dieses Gebäude die Identitären für ihre weitere geplante Besetzung des öffentlichen Raumes. Bis zur Eröffnung des Zentrums »Kontrakultur Halle« musste jedoch geeignetes Personal gefunden werden. Die Fluktuation war enorm und als Konstante erwies sich (wieder einmal) Götz Kubitschek, da sein Rittergut in Schnellroda das heimliche Zentrum der organisatorischen Strukturbildung der Identitären war. Mario Alexander Müller übernahm schließlich die Leitung des Hauses in Halle. Zugleich bezog der AfD-Landtagsabgeordnete Hans-Thomas Tillschneider einen Teil des Hauses und machte daraus sein Abgeordnetenbüro. Auch die Initiative *Ein-Prozent* nutzte Räume des Hauses. Von Ein-Prozent wird später noch zu lesen sein.

Dass es diese Vernetzung von der sogenannten Identitären Bewegung, AfD-Politikern und Verlagsmitarbeitenden nicht nur in der Adam-Kuckhoff-Straße in Halle an der Saale, sondern auch bundesweit gibt, zeigt das antifaschistische Pressearchiv und Bildungszentrum Berlin e.V. (apabiz.de) auf. Ferner hat der Twitteraccount der Rechercheplattform zur Identitären Bewegung (@IbDoku) Anfang des Jahres 2021 das Ergebnis einer umfangreichen Recherche zur AfD und ihrem nationalistisch-völkischen Dunstkreis vorgestellt und es heißt, dass »[d]iese zweiteilige Recherche [...] der Tatsache geschuldet [ist], dass sich die AfD, ihre Nachwuchsorganisation ›Junge Alternative‹ (JA) und das ›politische Vorfeld‹ um Neue Rechte und sogenannte *Identitäre Bewegung (IB)* immer enger und offensichtlicher vernetzen. Aller Abgrenzungen und Unvereinbarkeitsbeschlüsse zum Trotz [sic!] sind die Grenzen zwischen politischem und außerparlamentarischem Arm der extremen Rechten mittlerweile fließend.«

Als Beispiel solch fließender Grenzen kann Heribert Eisenhardt angeführt werden, seit 2016 AfD-Bezirksverordnete des Berliner Bezirks Lichtenberg und Redner auf der BÄRGIDA-Bewegung (»Berliner Patrioten gegen die Islamisierung des Abendlandes«). Eisenhardt nahm auch an Neonazi-Demonstrationen in Marzahn-Hellersdorf teil. Auch bei Jörg Sobolewski lassen sich Verbindungen zu nationalistisch-völkischen Gruppen nachzeichnen. Er war bis längstens Ende Mai 2018 stellvertretender Sprecher im Bundesverband der Jungen Alternative (JA) und bis zum Frühjahr 2018 stellvertretender Vorsitzender der AfD im Bezirk Charlottenburg-Wilmersdorf in Berlin. Bis 2016 war Sobolewski Sprecher des Dachverbandes Deutsche Burschenschaften. Außerdem zeigt seine ehemalige Mitgliedschaft in der pflichtschlagenden Berliner Burschenschaft Gothia seine nationalistisch-völkische Gesinnung, bezeichnet sich die Burschenschaft doch selbst als »braune Wolfsschanze aus Zehlendorf« und ist nach Verfassungsschutzmaßgaben am äußersten rechten Rand einzuordnen. Derzeit arbeitet Sobolewski für den AfD-Bundestagsabgeordneten Stephan Protschka aus Bayern, der über die Landesliste gewählt wurde. Dieses Netzwerk ließe sich beliebig weiterführen oder auch für andere Bundesländer aufzeichnen.

In Nordrhein-Westfalen beispielsweise ist Yannick Noé als Fraktionsvorsitzender der AfD in Leverkusen sowohl Mitglied des Stadtrates als auch der Bezirksvertretung. Zudem ist er leitender Redakteur des Arcadi-Magazins. Für dieses erhielt Noé Bezüge von Martin Sellner bzw. der Identitären; wahrscheinlich im Gegenzug für das Geld, das Yannick Noé an Sellner für einen Vortrag vor der Jungen Alternative zahlte, wie der

Kölner Stadt Anzeiger (KStA) am 28. März 2018 in der Reportage »Das rechte Netzwerk des Leverkusener AfD-Sprechers Yannick Noé« herausgestellt hat.

Ein Zeugnis eines Netzwerkes der anderen Art erschien 2017 im Verlag Antaios. In dem Buch »Kontrakultur« listet Mario Alexander Müller in einem antibürgerlichen Ton Musikgenres und Gruppen vor dem Hintergrund ihrer politischen Verwendbarkeit alphabetisch auf. In dem Werbetext des Verlages Antaios des (mittlerweile angeblich vergriffenen) Buches klingt diese Enzyklopädie neurechter Musikstile und Songs geradezu heroisch:

»Die identitäre Jugendkultur ist ein Kosmos aus Lektüre, Filmen, Bildern, Kleidung, Verhaltenskodex, Musik, Typen und Geschichte. Diese Mischung ist mitreißend für die Jugend, die ihr Land nicht verloren geben möchte und eine Provokation für jeden, der dachte, so etwas könne und dürfe es in unserem zahmen Land gar nicht mehr geben. Von »Aktion« bis »Zentropa« – Mario Müller, der Kopf der identitären Gruppe in Halle, fächert eine Kontrakultur auf, die kein Theoriegebäude, sondern schillernde Vielfalt ist. Über 300 Schlagwörter umreißen das Selbstverständnis der Identitären Bewegung, praktische Beispiele und Handreichungen zeigen, wie die ›erste Reihe‹ grundsätzlich und in besonderen Lagen reagiert.«

Ebenfalls im Verlag Antaios 2017 erschienen ist ein sogenanntes Standardwerk der IB mit dem Titel »Identitär! Geschichte eines Aufbruchs«. Mittlerweile wird das Buch von Martin Sellner vom J.K.-Fischer Verlag herausgegeben – der Verlag, der auch diverse impfkritische Bücher verlegt und u.a. Bücher, wie die nach Verschwörung klingenden »Lockdown 2020 – Wie ein Virus dazu benutzt wird, die Gesellschaft zu verändern« und »Inside Corona. Die Pandemie, das Netzwerk und die Hintermänner. Die wahren Ziele hinter Covid-19« herausgibt. Im Beschreibungstext des J.K.-Fischer Verlages ist Folgendes über das Buch »Identitär!« von Martin Sellner zu lesen:

»Was bewegt die jungen Menschen in Deutschland, Österreich und ganz Europa zur Aktion gegen den Mainstream, gegen die Anfeindungen durch Linke, Medien und manchmal gegen das persönliche Umfeld? [...] Identitär! vom Strategen und Kopf der Bewegung Martin Sellner ist die sehr persönlich erzählte Geschichte eines Aufbruchs: Er nahm die ersten, spektakulären Aktionen der französischen Génération Identitaire wahr, er fuhr nach Frankreich zu einem ersten Kongreß [sic!], er überführte das Internet-Gebilde »Identitäre Bewegung« in ein realexistierendes Aktionsbündnis und er entwickelte die IB entlang der Regime-Change-Strategien von Gene Sharp und Srdja Popovics – Martin Sellner ist einer der Köpfe und charismatischen Vordenker einer Bewegung, deren Durchbruch bevorsteht. Sein Buch ist die erste umfassende Geschichte eines fulminanten Aufbruchs.«

Martin Sellner war es dann auch, der maßgeblich an der Aktion »Defend Europe« auf dem Schiff »C-Star« beteiligt war. Gemeinsam mit dem Offizier der »C-Star«, Alexander Schleyer (u.a. auch Mitarbeiter eines Abgeordneten der Freiheitlichen Partei Österreichs (FPÖ) und Journalist der *Blauen Narzisse*), war er auf dem Mittelmeer bestrebt, gegen »Schlepper und vermeintlich humanitäre NGOs« vorzugehen, die »unter dem Deckmantel humanitärer Rettungsaktionen«, wie im Sommer 2017 noch auf der Website der Identitären zu lesen war, hunderttausende illegale Menschen nach Europa schleppen würden. Im Sommer 2017 war die C-Star von erheblichem medialen Interesse. Nichts allerdings las man in der Presse von den Aktionen der C-Star, sondern von der Manövrierunfähigkeit des Schiffes. Europa sollte auf offenem Meer verteidigt werden und am Ende geriet das Schiff selbst in Seenot. Die IB hob selbstverständlich hervor, dass es ein dreifacher Erfolg war: Sowohl auf medialer, politischer als auch auf aktivistischer Ebene könne ein absolut positives Fazit gezogen werden. Wenn es nicht allzu ernst wäre, könnte man es für eine Ironie des

Schicksals halten, dass der Spiegel am 6. Oktober 2017 berichtete, dass die Crewmitglieder der C-Star mittellos in Barcelona gestrandet seien und einige nun auf Zypern Asyl beantragen würden. Dennoch veröffentlichte die IB das Buch zur angeblich erfolgreichen Mittelmeeraktion unter dem Titel: »Defend Europe! Eine Aktion an der Grenze« – selbstverständlich im Verlag Antaios.

Ebenfalls im Jahr 2017 – also auch auf dem Höhepunkt der Durchführungsphase der sogenannten Identitären Bewegung – gründeten sich weitere Vereine mit unmittelbarem Einfluss dieser völkisch-nationalistischen Gruppe, wie z.B. AHA e.V., der »Alternative Help Association e.V.«. Von Aktivistinnen und Aktivisten aus Baden-Württemberg gegründet, leistet AHA e.V. laut Vereinssatzung »humanitäre Hilfe und fördert die Arbeit humanitärer Hilfsorganisationen.« Es sollen Fluchtursachen vor Ort bekämpft werden, indem »Perspektiven« geschafft werden und »die regionalen Aufbauarbeiten jener Länder« unterstützt werden, »die durch Krieg und Armut geprägt sind.«

Primäres Ziel von AHA e.V. ist allerdings nicht die humanitäre Hilfe vor Ort, wie z.B. in Syrien, sondern eine Vereitlung der angeblichen »Massenmigration«. Andere Hilfsorganisationen – so heißt es auf der Homepage – unterstützen nominell »die Massenmigration und verstärken den ›Brain Drain‹« (i.e. die Abwanderung von hoch qualifizierten Wissenschaftlerinnen und Wissenschaftlern bzw. Arbeitskräften). Abgesehen von dem Aufbau eines »Bürgerbüros« im syrischen Maalula wird keine konkrete Hilfsaktion auf der Homepage beschrieben und selbst Sinn und Zweck dieses Büros verbleiben im Dunkeln, sodass weitergehende Recherchen notwendig wären, um eventuell auch Verbindungen mit Dschihadisten im Sinne Thörners (vgl. S. 62) herauszuarbeiten, die zum jetzigen Zeitpunkt selbstverständlich rein spekulativ sind.

Im Impressum der Homepage von AHA e.V. wird ein gewisser Sven Engeser genannt, der bei den Identitären Schwaben aktiv ist und 2012 an Nazi-Demonstrationen und später auch an PEGIDA-Demonstrationen (PEGIDA steht für »Patriotische Europäer gegen die Islamisierung des Abendlandes«) beteiligt war. Dass die Identitären an den PEGIDA-Demos teilnahmen, beschreibt Till-Lucas Wessels selbst in einem Gastbeitrag in der Sezession im August 2017 mit dem Titel »Kontrakultur – Schlaglichter«. Auch auf der Demonstration des »Frauenbündnisses« gegen die Asylpolitik und für mehr Sicherheit am 24. März 2018 in Kandel inklusive lautstarker »Merkel muss weg!«-Rufe war Engeser aktiv (vgl. S. 52).

Zurück in Halle gründete sich 2018 schlussendlich der Verein »Flamberg e.V.« mit den Gründungsmitgliedern Florian Schubert und Mario Alexander Müller, der auch die erste Vereinssitzung im Haus am 7. Mai 2018 führte. Der Name »Flamberg« bezieht sich dabei auf den ahistorisch einzustufenden Mythos eines mittelalterlichen Flammenschwertes. Mit der Errichtung des Hausprojektes sollten weitere Kräfte gebündelt werden, damit man noch deutlicher in die Gesellschaft hineinwirken könnte. Hochmotiviert startete man in die Vereinsgründung. Götz Kubitschek sprach gar von einer Leuchtturmfunktion des Projekts. Philip Stein (Vorsitzender des Vereins »Ein Prozent«) kündigte an, dass Halle sich im Sinne der sogenannten »Neuen Rechten« verändern werde.

Dieses Triumphgefühl fand nur kurze Zeit später ein jähes Ende, als sowohl Facebook als auch das Tochterunternehmen Instagram zahlreiche Profile der IBD und deren Aktivistinnen und Aktivisten löschten. Nach massiver Kritik der Öffentlichkeit (und auch seitens der Politik) wollte das Unternehmen nicht mehr dulden, dass Hass und Hetze im Netz über Facebook und Instagram verbreitet werden. Und auch die Internetseite der Identitären in NRW ist mittlerweile nicht mehr verfügbar. Einer der letzten Einträge auf identitaere-nrw.de wurde am 28. April 2018 hochgeladen und berichtete über die Besetzung der Facebook-Löschzentrale in Essen, um auf die »zunehmende Zensur patriotischer Beiträge in sozialen Netzwerken aufmerksam« zu machen (http://identitaere-nrw.de, eingesehen am 5.2.2020).

Die Löschung sämtlicher Accounts, insbesondere auf Facebook (inkl. Instagram), hielt die IBD nicht davon ab, auf alternative soziale Netzwerke zurückzugreifen oder gar ein eigenes Informationsportal mit dem Namen »Okzident Media« zu entwickeln. Ferner nutzten und nutzen die Identitären VK.rus als ihr neues Facebook; zwar mit deutlich weniger Reichweite, aber dafür mit ungezügelter Redefreiheit. So ist VK dafür bekannt, dass die russischen Ermittlungsbehörden, die einen ungehinderten Zugriff auf das Netzwerk hätten, eher Regierungskritiker sanktionieren als rassistische und völkisch-nationalistische Tendenzen einzuschränken.

Im Jahr 2019 konnte kein nennenswerter Ausbau der bundesweit vernetzten Organisationsstrukturen festgestellt werden, auch nahmen die Aktivitäten der IBD eher ab als zu. Darüber hinaus zogen sich die Identitären Ende 2019 aus dem Hausprojekt »Flamberg« in Halle zurück, zu groß war der andauernde und massive bürgerliche Protest gegen die nationalistisch-völkischen Nachbarn. Viele ehemalige Unterstützer haben sich bereits verabschiedet. Auch der AfD-Politiker Andreas Lichert gestand sich gegenüber dem Hessischen Rundfunk im April 2020 ein, dass es nicht geglückt sei, »einen Kontaktpunkt« auch für Menschen außerhalb der »Kernklientel« zu schaffen.

Wurde die IBD zudem bisweilen vom Verfassungsschutz nur als Verdachtsfall eingestuft, so bedeutete das Jahr 2019 auch in diesem Zusammenhang einen Wendepunkt. Seit diesem Jahr nämlich stufte das Bundesamt für Verfassungsschutz die IB offiziell als »gesichert rechtsextreme« Bewegung ein, sodass die Identitären strenger beobachtet werden können. Nachdem die IBD Klage beim Verwaltungsgericht Köln einreichte, gab dieses in einem Eilantrag der IB statt und das Gericht untersagte dem BfV, die IB als »gesichert rechtsextrem zu bezeichnen« (Beschl. v. 25.09.2019, Az. 13 L 1667/19). Ein Berliner Verwaltungsgericht hat im November 2020 allerdings wiederum der ursprünglichen Fassung des BfV stattgegeben, sodass sich nichts an der neuen Einschätzung des Verfassungsschutzes aus dem Jahr 2019 ändern musste. Die IBD gilt für das BfV demnach als »gesichert rechtsextrem« und verstößt somit offiziell gegen die freiheitlich-demokratische Grundordnung. Seit Mitte des Jahres 2020 sperrte der US-Nachrichtendienst Twitter die Konten der sogenannten Identitären Bewegung in fast ganz Europa (u.a. Italien, Österreich und Deutschland) und auch das Konto von Martin Sellner wurde gesperrt, sodass ihm seine etwas weniger als 40.000 Follower nun nicht mehr über Twitter folgen können. Dieser Schritt wurde von dem Konzern gründlich vorbereitet und folgte der Begründung, dass die betreffenden Accounts Terrorismus und Gewalt glorifizierten.

Die Frage, ob seit Juli 2019 die Phase der Auflösung (*Adjourning*) der Bewegung angebrochen ist, muss an dieser Stelle verneint werden. Als sich die IBD aus dem Haus in Halle zurückzog, schrieb der Inhaber des Verlages Antaios, Götz Kubitschek, auf seinem Blog etwas, das auch für die weitere Entwicklung der IB gelten kann: »Es wird weitergehen, was auch sonst – oder es kommt einfach etwas Neues, aus einer Richtung, die keiner kennt.«

Diese Stetigkeit kann ebenfalls mit Blick auf den Online-Atlas der Rechten Gewalt bestätigt werden (www.rechtesland.de). Selbst wenn sich der Verein der Identitären irgendwann auflösen sollte – die nationalistisch-völkische Ideologie der Identitären fungiert auf Grundlage insbesondere sozialer Netzwerke und des Dark Socials (also Datenverkehr nicht verfolgbarer Quellen wie E-Mails und Instant Messenger Dienste) als geistiger Brandstifter für allerlei Straftaten, auch ohne Vereinssatzung.

Derzeit existiert allerdings noch der eingetragene Verein der Identitären. Zwar hat Twitter diverse Accounts von Sellner und den identitären Orts- und Landesgruppen gesperrt, aber es sind zahlreiche Neubenennungen angemeldet, u.a. #bremer.bollwerk oder #wackre_schwaben. Viele registrierte Namen implizieren die Begriffe »Kontrakultur« oder das Adjektiv »aktiv«. Ein Tweet des Antifa Medienzentrums Dortmund (@amzdo) vom 3. Februar 2022 in diesem Zusammenhang: »Die Namen der Nachfolgestrukturen der Identitären Bewegung sagen auch eine Menge über deren u.a. toxisch maskulines Weltbild aus. #NRW ist da mit »Westfalens Eichensöhne« im Bullshit-Namens-Bingo weit vorne dabei. Gefährlich sind und bleiben sie trotzdem.«

C) Die Identitären in Österreich

Nach dem Vorbild der Identitären in Frankreich bildeten sich im Jahr 2012 entsprechende Gruppen auch in Österreich, das sich seitdem zu einem Zentrum der Identitären entwickelt hat und insbesondere für die bereits skizzierte Entwicklung in Deutschland von Bedeutung ist. Zunächst unter dem Namen »Wiens Identitäre Richtung« formiert, entstand aus diesen Anfängen bald die »Identitäre Bewegung Österreich« (IBÖ) unter der Leitung von Martin Sellner und Patrick Lenart. Erste Aktionen bestanden in der Störung eines Toleranz-Workshops der Caritas Wien im Herbst 2012, gefolgt von einer sogenannten »Gegenbesetzung« der Wiener Votivkirche im Februar 2013. Dort nutzten identitäre Aktivisten die Proteste von Geflüchteten und Asylsuchenden zu eigenen propagandistischen Zwecken, indem sie gegen das Asylrecht polemisierten und vermeintlich die Interessen von Österreicherinnen und Österreichern vertreten wollten, die sich aus ihrer Perspektive in ihrer Heimat als Fremde fühlen. Weitere Aktivitäten der österreichischen Identitären umfassten ab dem Jahr 2014 Aufmärsche und Demonstrationen, die Besteigung der Parteizentrale der Grünen in Graz mit der Enthüllung antimuslimischer Transparente im Jahr 2016 sowie ein Jahr später die Beteiligung an der Aktion »Defend Europe«, die die Rettung von Flüchtlingen auf dem Mittelmeer sabotieren sollte.

Neben derartigen medienwirksamen Aktionen konzentrieren sich die österreichischen Identitären auf ihre Präsenz in den sozialen Netzwerken (die bisweilen mit der Sperrung der entsprechenden Seiten reagierten) und auf die Verbreitung ihrer Inhalte beispielsweise auf der FPÖ-nahen Website *unzensuriert.at* (nicht zu verwechseln mit dem Telegram-Kanal »unzensiert« und der seit 2017 auch in Deutschland bestehenden Seite unzensuriert.de, die nach dem österreichischen Vorbild gestaltet ist), in der rechtsextremen Zeitschrift *Info Direkt* sowie der politisch rechtsstehenden Zeitung *Wochenblick*. Weitere Aktivitäten umfassen den Vertrieb einschlägiger Waren über den Webshop *Phalanx Europa* ebenso wie Angebote zur Kampfsportausbildung. Die IB ist also entgegen ihrer Selbstdarstellung durchaus nicht als gewaltfrei anzusehen; im Gegenteil ist es auch im Umfeld ihrer Aufmärsche sowohl in Österreich als auch in Deutschland bereits mehrfach zu Übergriffen auf politische Gegner gekommen – so beispielsweise allein in Halle sowohl im September 2015 als auch im Juni und November 2017, teilweise mit anschließender Verurteilung wegen Körperverletzung. Die Angriffe richteten sich in diesen Fällen gegen Fotografen, Journalistinnen und Journalisten, Studierende und Polizisten.

Wie auch anderswo sind die Aktivisten der Identitären auch in Österreich überwiegend männlich; Zahlen zu Mitgliedern und Aktiven schwanken in der Sekundärliteratur zwischen 300 und 800 Personen. Es existiert aber auch eine »Mädelgruppe Edelweiß« für weibliche Identitäre, gegründet u.a. von Alina von Rauheneck, die in den letzten Jahren aber anscheinend nur wenig Aktivität zu verzeichnen hat.

Zentrale Figur der österreichischen Identitären ist Martin Sellner. Der 1989 geborene Sellner war zunächst in der Neonazi-Szene aktiv, bis er sich der Neuen Rechten zuwandte und sich zumindest nach außen hin von Hitler und dem Nationalsozialismus distanzierte, um so eine größere Reichweite für seine Positionen zu erzielen. Er gehört der burschenschaftlichen Szene an und ist selbst u.a. Mitglied in der Universitätssängerschaft Barden zu Wien. Ein Philosophiestudium schloss er mit einer Bachelorarbeit zu Martin Heidegger ab. Als Leiter der IBÖ ist er für einen Großteil ihrer Aktivitäten verantwortlich, vor allem als Redner, Publizist und Betreiber eines Vlogs. In diesen Funktionen nimmt er auch erheblich Einfluss auf die Etablierung der identitären Ideologie in Deutschland, mit deren Vertretern er eng vernetzt ist. Er gilt aber auch als einer der Hauptinitiatoren der bereits erwähnten Aktion Defend Europe, wurde 2017 mit einem vorläufigen Waffenverbot belegt und stand wegen seiner Kontakte zu Brenton Tarrant, dem Attentäter von Christchurch, in der Kritik.

Mit seiner Anbindung an das burschenschaftliche Milieu ist Sellner bei den österreichischen Identitären keine Ausnahme; auch sein Mitbegründer Alexander Markovics blickt auf eine Vergangenheit als Burschenschaftler zurück – ebenso wie viele weitere Identitäre. Diese Nähe zu den Verbindungen beschränkt sich indes nicht auf personelle Überschneidungen, sondern spiegelt sich auch darin wider, dass Burschenschaften den Identitären Räumlichkeiten zur Einrichtung ihrer Zentren zur Verfügung stellen und insgesamt gut miteinander vernetzt zu sein scheinen. Zwar gibt es bisweilen Versuche der Distanzierung, beispielsweise in Form von der Auflösung von Mietverträgen; gleichzeitig werden weiterhin Vertreter der Identitären von Burschenschaften wie Arminia Graz als Redner eingeladen. Die Bedeutung des burschenschaftlichen Netzwerkes für die IBÖ ist also weiterhin nicht zu unterschätzen, zumal sie auch für die Finanzierung identitärer Aktivitäten eine Rolle spielen.

Einen weiteren Anschlusspunkt für die österreichischen Identitären bildet die rechtspopulistische FPÖ, die mittlerweile in allen österreichischen Landtagen sowie dem Nationalrat vertreten ist. Auch hier gab es immer wieder Kooperationen und personelle Überschneidungen – so war beispielsweise ein Mitarbeiter eines FPÖ-Abgeordneten an der identitären Aktion *Defend Europe* beteiligt oder der frühere FPÖ-Chef Heinz-Christian Strache hat in der Vergangenheit Sympathien für die Identitären bekundet und ihre Inhalte über seine Kanäle verbreitet, während er sich seit 2019 um eine stärkere Abgrenzung bemüht.

Das Österreichische Bundesamt für Verfassungsschutz stuft die IB als rechtsextrem ein. Gleichzeitig führte jedoch im Juli 2018 ein Prozess zu vier Aktionen aus den Jahren 2016 und 2017 zu Freisprüchen vom Vorwurf der Verhetzung; diese Freisprüche wurden im Januar 2019 bestätigt. Prozessbeobachter wie Anna Grube von Endstation rechts kamen zu dem Ergebnis, dass dieses Urteil durch eine relativ unkritische Haltung des Gerichts zustande kam, die auf eine tiefergehende Beschäftigung mit der identitären Ideologie und auf die Ladung von Experten verzichtete, und führen diesen Befund auf das allgemeine gesellschaftliche Klima in Österreich zurück, dass der Bekämpfung von Rechtsextremismus oftmals keinen hohen Stellenwert einräume. Ebenfalls im Jahr 2018 hat die Beratungsstelle Extremismus Österreich eine Befragung in Einrichtungen der Offenen Jugendarbeit durchgeführt, um einen Eindruck von der Bedeutung der IBÖ für Jugendliche zu gewinnen. Dabei ist herausgekommen, dass Rechtsextremismus generell eine relativ große Rolle spielt, die IBÖ im engeren Sinne aber nur bedingt relevant ist. Diese Erkenntnis deckt sich mit der Einschätzung der Belltower News, dass die IB im deutschsprachigen Raum und so auch in Österreich im Niedergang begriffen ist, u.a. durch die Assoziierung mit dem Attentäter von Christchurch. Allerdings gilt das allenfalls für die Organisation unter diesem Namen; weder verschwindet damit das entsprechende Gedankengut noch ziehen sich die Aktivisten zurück. Stattdessen ist davon auszugehen, dass sie sich lediglich neue Betätigungsfelder und Strukturen suchen. In der aktuellen Situation beispielsweise inszeniert sich die IBÖ als Vorkämpferin der Corona-Maßnahmen- und Impfgegner. Bei den österreichischen Corona-Demonstrationen gehen sie nicht selten mit Spruchbändern an der vordersten Protestfront mit. Und auch wenn nach Angaben von Martin Sellner selbst immer wieder Bankkonten gesperrt werden (Anfang des Jahres 2022 das Konto der Schweizer Bank Postfinance), was zu einer Blockade des Zahlungsverkehrs führt, findet Sellner immer wieder Schlupflöcher, um im wahrsten Sinne des Wortes flüssig zu sein. Im Gegensatz zu Sellner ist Patrick Lenart (noch) nicht so im Fokus der Öffentlichkeit, sodass er selbst neben einem mittlerweile selbstverständlichen Telegram-Account auch auf Twitter, Instagram und Facebook vertreten ist. Unter seinem Twitter-Namen lässt er eine kurze Weile als Selbstpräsentation verlautbaren: »Der Wein und die Wahrheit sind sich nur insofern ähnlich, als man mit beiden anstößt.« Sein YouTube-Kanal mit den 15-minütigen Videos verzeichnet teilweise 19.000 Klicks und seine Videos thematisieren u.a. die »Zensur der Medien«, »die Lügen der Presse« oder »Sellner ist kein Terrorist«.

D) Die Identitären in weiteren europäischen Ländern

Osteuropa

In manchen Ländern Osteuropas treffen Anhänger der Identitären auf die paradoxe Situation, dass nationalistisch-völkische Positionen zum Teil schon deutlich mehrheitsfähiger sind als bei ihren westlichen Nachbarn und sogar die jeweiligen Regierungen prägen – und genau deswegen die IB dort kaum Erfolge verbuchen muss. Ihre gesellschaftspolitischen Ziele können sie als erreicht betrachten und das führt dazu, dass sie sich lediglich um eine mäßig aktive Internetpräsenz bemühen – so beispielsweise in Ungarn: Dort gibt es zwar mit der Identitás Generáció einen Ableger der Identitären; gleichzeitig vertritt jedoch der Regierungschef Viktor Orbán bereits die zentralen Positionen der Bewegung, wenn er Stimmung gegen Geflüchtete macht, Migration zum »Trojanischen Pferd des Terrorismus« erklärt und Asyl nur den Westeuropäern gewähren will, die infolge der Migration ihre Heimat verloren haben – kurz gesagt also den »Großen Austausch« predigt. Da bleibt für die Identitären nicht mehr viel zu tun bzw. können sich die Anhänger ihrer Ideologie unmittelbar in der Politik engagieren.

Ähnlich, wenn auch nicht ganz so extrem, verhält es sich in Polen, wo nationalistische Positionen in Teilen der Bevölkerung durchaus Akzeptanz finden und auch die Regierung dem rechtskonservativen Spektrum angehört. Auch hier haben die zentralen Ideen der Identitären bereits Fuß gefasst und die Konkurrenz zu anderen nationalistisch-völkischen Kreisen ist groß. Im benachbarten Tschechien sieht die Situation jedoch etwas anders aus: Auch hier sind die Identitären nicht alleine mit ihrer Ablehnung von Migranten; dennoch gibt es dort eine aktive Gruppe namens »Generace Identity«, die zwar dem Anschein nach auch nur über eine überschaubare Anzahl an Mitgliedern verfügt, aber dennoch bereits mit ihrem Aktivismus in Erscheinung getreten ist – beispielsweise mit einer Bannerenthüllung in Prag im Jahr 2013 oder durch Blockaden von Asylunterkünften im Jahr 2015. Darüber hinaus sind die tschechischen Identitären in den sozialen Netzwerken aktiv und versuchen sich als sozial, solidarisch und umweltbewusst darzustellen. Doch auch hierbei zeigt sich ihre Ideologie, wenn sie beispielsweise verschiedene Gruppen von Hilfsbedürftigen wie Obdachlose und Geflüchtete gegeneinander ausspielen. Mit der österreichischen IB findet ein reger Austausch statt bis hin zur Organisation einer gemeinsamen

Konferenz zum Thema »Europäische Vielfalt« im Jahr 2015. Auffallend ist bei den tschechischen Identitären ihre im Vergleich zu den Ablegern in anderen Ländern größere Nähe zu neonazistischen Gruppierungen mit auch personellen Überschneidungen. Es entsteht der Eindruck, eine – zumindest oberflächliche – Distanzierung vom Nationalsozialismus wird im Umfeld der tschechischen Identitären als weniger zentral erachtet als anderswo. So haben die führenden tschechischen IB-Aktivisten Adam Berčík, Michal Urban, Petr Kessner und Ladislav Havlícek alle Verbindungen in Neonazi-Gruppen; im Internet kursieren Fotos von ihnen beim Zeigen des Hitlergrußes (Berčík, Havlícek) oder von ihrer SS-Totenkopftätowierung (Kessner).

Interessant ist auch die Situation in Russland: Einerseits finden nationalistische und autoritaristische Positionen in Russland durchaus Zustimmung und auch andere Aspekte einer nationalistisch-völkischen Ideologie sind weit verbreitet; andererseits hat die russische Gesellschaft eine gänzlich andere Entwicklung durchlaufen als die Gesellschaften der westeuropäischen Länder. Daher sind auch die Feindbilder der jeweiligen nationalistisch-völkischen Gruppierungen andere: Während die identitären Gruppen in Westeuropa sich in erster Linie in Opposition zu den Werten der 68er-Bewegung sehen, hat diese Bewegung in Russland so gar nicht stattgefunden und die Gesellschaft dort nicht im gleichen Maße prägen können. Daher gibt es zwar inhaltliche Überschneidungen, aber auch deutliche Unterschiede zwischen der Ideologie der Identitären und den Positionen rechter Gruppen in Russland, sodass von einer besonders engen Kooperation bislang nicht die Rede sein kann. Dennoch gibt es einen gewissen Austausch und insbesondere die Theoretiker der russischen Rechten werden von westeuropäischen Identitären teilweise intensiv rezipiert. Hier ist zunächst der neofaschistische Denker Alexander Dugin zu nennen, der sich u.a. in der Tradition der Konservativen Revolution und antimoderner und neurechter Denker wie Julius Evola und Alain de Benoist sieht. Er ist Mitglied des Isborsk-Klubs, eines nationalistischen Thinktanks, und u.a. Autor der Bücher »Die vierte politische Theorie« und »Grundlagen der Geopolitik. Die geopolitische Zukunft Russlands«. In diesen Werken entfaltet er seine Theorie, die auf dem sogenannten Eurasismus aufbaut und die Vorherrschaft Russlands über Europa und Asien zum Ziel hat. Für Deutschland propagiert er die »Befreiung von der US-amerikanischen Herrschaft« und positioniert sich als Gegner pluralistischer und liberaler Werte. Während Dugins Schriften für die deutschsprachige Neuen Rechte durchaus eine Rolle spielen und er selbst auch mehrfach als Redner bei einschlägigen Veranstaltungen aufgetreten ist, zeigt er umgekehrt offenbar kein größeres Interesse an Kontakten speziell zur IB. Anders verhält es sich bei Dugins Anhänger Jurij Kofner, der in der eurasischen Bewegung aktiv ist und in München das »Zentrum für Kontinentale Zusammenarbeit« leitet. Diese Einrichtung organisiert Vorträge, Seminare und ähnliche Veranstaltungen und setzt sich für die »Befreiung Europas von der amerikanischen Hegemonie« und gegen den »Großen Austausch« ein. Insofern teilt das Zentrum ein Kernstück seiner Ideologie mit den Identitären und auch personell spiegelt sich diese Übereinstimmung wider. Zeitweise firmierte die IB als Partner auf der Homepage des Zentrums und Identitäre wie Maximilian Dvorak-Stocker wirkten im Vorstand mit. Ein weiteres Bindeglied zwischen der deutschsprachigen Neuen Rechten und ideologisch verwandten Kreisen in Russland ist das Suworow-Institut in Wien, dessen Generalsekretär der Mitbegründer der österreichischen IB Alexander Markovics ist. Das Institut versteht sich als »Gesellschaft zur Förderung des Österreichisch-Russischen Dialogs« und lässt regelmäßig Vertreter der extremen Rechten zu Wort kommen, während Markovics selbst wiederum als Interviewpartner beim russischen Sender Russia Today zu Wort kam. Nicht zuletzt waren gerade die Verbindungen nach Russland ausschlaggebend dafür, dass die IB für den österreichischen Verfassungsschutz nicht nur wegen des Verdachts auf Extremismus, sondern auch unter Spionageabwehraspekten behandelt wurde. Es zeigt sich also, dass bei allen Unterschieden durchaus Kontakte zwischen den Identitären und rechten Kreisen in Russland bestehen und ein gegenseitiger Austausch stattfindet.

Nordeuropa

Wie in vielen europäischen Ländern erfahren rechtspopulistische Parteien und nationalistisch-völkische Gruppierungen auch in den nordischen Ländern in den vergangenen Jahren Zulauf; Rechtspopulisten ziehen in die Parlamente ein (wie beispielsweise die Schwedendemokraten seit 2010 – ob sie eine Regierungsbeteiligung nach der Wahl im September 2022 erlangen, ist zurzeit ungewiss) und beteiligen sich an Regierungen (so die norwegische Fortschrittspartei von 2013 bis Januar 2020). Daneben gibt es eine starke, teilweise auch ausgesprochen gewaltbereite rechtsextreme Szene, beispielsweise die »Nordische Widerstandsbewegung« mit Zentrum in Schweden und mehr oder weniger aktiven Ablegern in den Nachbarländern.

Vor diesem Hintergrund sind die Aktivitäten der Identitären in Nordeuropa zu sehen: In Schweden beispielsweise wurzeln diese im »Nordiska Förbundet«, zu Deutsch dem »Nordischen Verband«; einer neonazistischen Organisation, die von 2004–2010 bestand und sich im Laufe der Jahre immer mehr der Ideologie der französischen Nouvelle Droite zuwandte. Besonders unter dem Einfluss ihres Aktivisten Daniel Friberg gewann identitäre Ideologie für diese Gruppe und für den ihnen nahestehenden »Nordiska förlaget« (»Nordischen Verlag«) an Bedeutung. Friberg ist nicht nur der Gründer und Chef des führenden neurechten Verlages Arktos, sondern war auch an der Einrichtung der Denkfabrik »Motpol« (dt. »Gegenpol«) beteiligt, die zunächst als Blog-Portal, später als Online-Magazin betrieben wurde und als Zentrum identitärer Ideologie in Nordeuropa gelten kann. Zu den Aktivitäten von Motpol gehört auch die jährliche Ausrichtung einer Konferenz unter dem Titel »Identitär Idé«, mit Sprechern wie Alexander Dugin.

In Schwedens Nachbarstaaten verzeichnet die IB eine deutlich geringere Aktivität. So entstanden zwar sowohl in Norwegen als auch in Dänemark Facebook-Seiten identitärer Gruppen, die jedoch nie eine größere Reichweite erzielt haben und mittlerweile – wie alle identitären Gruppen – von Facebook gesperrt worden sind. Während also die Präsenz ausdrücklich identitärer Gruppen in Nordeuropa überschaubar ist, gibt es dennoch eine breite rechtsextreme Szene mit entsprechenden Veranstaltungen, die wiederum von Aktivisten der Identitären frequentiert werden. So besuchte beispielsweise Martin Lichtmesz im Frühjahr 2019 zwei neonazistische Konferenzen in Schweden und Finnland – das Scandza-Forum in Stockholm und die Konferenz »Awakening II« in Turku – und trat dort als Redner auf. Die Zusammensetzung dieser Konferenzen wirft auch ein Licht darauf, dass es mit der Abgrenzung der IB von Neonazis und Antisemitismus nicht besonders weit her ist.

Vereinigtes Königreich

Auch im Vereinigten Königreich begann die Aktivität identitärer Gruppen zunächst mit dem Aufbau einer Internetpräsenz, bevor dann ab 2017 auch medienwirksame Aktionen nach dem Vorbild anderer Gruppen hinzukamen. So entrollten Aktivisten der britischen »Generation Identity« beispielsweise ein Transparent auf der Westminster Bridge mit dem Text »Defend London: Stop Islamisation«, nachdem es dort im März 2017 zu einem islamistischen Anschlag gekommen war. Weitere Aktionen beinhalteten eine »Unterschriftenaktion gegen Weihnachten« in der Verkleidung des Londoner Bürgermeisters Sadiq Khan und zweier Personen in Burqas und eine Verteilung von schweinefleischhaltigen Lebensmitteln an nicht-muslimische Obdachlose – also die bekannte Stimmungsmache gegen Muslime und eine vermeintliche Islamisierung europäischer Länder.

Es wird deutlich, dass der Aufbau identitärer Strukturen und eines dazugehörigen Aktionismus zunächst vom europäischen Kontinent unterstützt wurde; insbesondere Martin Sellner hat sich diesbezüglich stark engagiert, musste aber feststellen, dass ihm wiederholt die Einreise in das Vereinigte Königreich verweigert wurde, weil die britischen Behörden zurecht davon ausgingen, dass das Ziel seiner Einreise die Verbreitung von extremistischen Ansichten und daher dem Gemeinwohl abträglich war. Mittlerweile ist er dauerhaft von der Einreise nach Großbritannien ausgeschlossen – was von Seiten der Identitären natürlich gerne als Beleg für die Einschränkung der Meinungs- und Redefreiheit angeführt wird.

Die Zahl der Aktivisten von Generation Identity wurde für Juni 2019 von der antifaschistischen Gruppe Unite Against Fascism auf etwa 200 geschätzt (vgl. den Artikel von Louise Raw, 4.6.2019, auf bylinetimes.com) – es handelt sich also um einen sehr begrenzten Kreis. Bis August 2018 agierte Tom Dupré als Chef der britischen Identitären; dann legte er sein Amt nieder, nachdem die Verstrickungen des ebenfalls führenden Aktivisten Tore Rasmussen mit der Neonazi-Bewegung bekannt geworden waren. Der derzeitige Führer der britischen Identitären ist Benjamin Jones, der weniger Berührungsängste mit offen rechtsextremistischen Kreisen zu haben scheint. Das führte wohl sogar zu Konflikten innerhalb der IB, möglicherweise sogar zu einem Bruch zwischen dem britischen Ableger und dem kontinentaleuropäischen Zweig. Dazu hat Ben van der

Merwe von der antirassistischen Organisation *Hope Not Hate* im Rahmen einer Undercover-Mission umfangreiches Material zusammentragen können. Seine Erfahrungen im inneren Kreis der britischen Identitären belegen eindrücklich, wie offen extremistisch und insbesondere auch antisemitisch dort argumentiert wird und lediglich nach außen, der »Optik« zuliebe, ein gemäßigterer Ton angeschlagen wird. Zum Konflikt mit Sellner führte dann letztlich die Entscheidung der britischen Aktivisten, Sprecher wie Colin Robertson alias Millennial Woes, einen extrem antisemitischen Verschwörungstheoretiker und Anhänger der White Supremacy-Ideologie, sowie den Rechtsextremisten Tomislav Sunić zu einer Konferenz einzuladen und damit nach Einschätzung Sellners dem »gemäßigten« Image der Identitären zu schaden. In dieselbe Richtung deutet die Zusammenarbeit der britischen Identitäre mit Tommy Robinson, eigentlich Stephen Yaxley-Lennon, dem Gründer der islamfeindlichen English Defence League, der auch in anderen rechten und rechtsextremen Gruppierungen aktiv geworden ist und wegen diverser Straftaten schon zu mehreren Haftstrafen verurteilt worden ist. Beobachter der Szene gehen davon aus, dass sich im Vereinigten Königreich daher eine noch radikalere Gruppierung entwickelt, die insbesondere die Nähe der amerikanischen Alt-Right-Bewegung zu suchen scheint.

Südeuropa

Während die IB in Spanien praktisch nur noch dem Namen nach zu existieren scheint – selbst die Internetpräsenz ist ausgesprochen überschaubar, die Website nicht zu erreichen, der Twitter-Account so gut wie inaktiv –, sieht es in Italien etwas anders aus: Die »Generazione identitaria« postete regelmäßig auf Twitter und ihre Website existiert noch; die aktuellsten Beiträge stammen allerdings von 2018/2019 – sehr viel Aktivität scheint also auch dort nicht mehr zu bestehen. 2018 – vor der Entfernung von Facebook – kam der italienische Ableger der Identitären allerdings noch auf 48.000 »Likes« und Schätzungen nach auf einige Hunderte Aktivisten mit Ortsgruppen in Mailand, Rom, Turin, Bergamo, Modena und Brescia. Ein Schwerpunkt des Aktivismus lag bei diesen Gruppen auf dem Training von Kampfsportarten, d.h. der physischen Vorbereitung auf den »Kampf um die europäische Identität«. Doch der Rückgang der Aktivität identitärer Gruppen in Italien darf nicht darüber hinwegtäuschen, dass sowohl die Ideologie dahinter auch heute noch Zustimmung erhält als auch die Akteure ihre Interessen inhaltlich unverändert, wenn auch unter anderem Namen, weiterhin vorantreiben. Deutlich wird das beispielsweise bei dem (ehemaligen) Vorsitzenden der italienischen Identitären Lorenzo Fiato, der vor seiner Zeit bei der Generazione identitaria bei der Lega Nord aktiv war und mittlerweile auch in diese Partei zurückgekehrt ist. Ohnehin überschneiden sich nicht nur die ideologischen Positionen der Lega und die der Identitären, sondern teilweise auch die Ausdrucksformen und der Aktionismus. Wenn beispielsweise Politiker der Lega wie Roberto Calderoli sich bemühen mithilfe eines »Maiale-Day« (»Schweinetag«), d.h. durch das Ausbringen von Schweine-Urin, den Bau von Moscheen zu verhindern, dann sind klare Unterschiede zum Aktionismus der Identitären nicht mehr zu erkennen. Doch nicht nur die Lega deckt ein ähnliches Spektrum ab; auch im Bereich der Metapolitik – also dem Bemühen nicht unmittelbar auf die Politik Einfluss zu nehmen, sondern vielmehr die öffentliche Meinung zu prägen – stehen die italienischen Identitären in Konkurrenz zur gut vernetzten Casa Pound, einer neofaschistischen Bewegung, die seit 2003 aktiv ist, sich ebenfalls dem »Kulturkampf von rechts« verschrieben hat und ähnliche popkulturelle Aktionsformen nutzt wie die Identitären.

E) Die Identitären außerhalb Europas

Auch wenn die IB sich in erster Linie auf Europa bezieht und sich die Verteidigung der europäischen Identität auf die Fahne geschrieben hat, gibt es auch außerhalb Europas Gruppen und Strömungen mit verwandter Ideologie, die in teilweise engem Austausch mit den europäischen Identitären stehen und mit ihnen kooperieren. In den Vereinigten Staaten ist das vor allem die Alt-Right-Bewegung, ein Sammelbecken für Rechtsextremisten, Rassisten, Antisemiten und Verfechter einer weißen Vorherrschaft, die sich gegen die vermeintliche »Bedrohung der weißen Identität« in den USA einsetzen. Dabei steht der Begriff »Alt-Right« für »Alternative Right« und wurde um 2008/2010 von Richard B. Spencer als euphemistische Bezeichnung geprägt, um die dahinterstehenden nationalistisch-völkische Ideologie anschlussfähiger erscheinen zu lassen. Spencer selbst sieht sich in der Tradition der französischen Neuen Rechten und steht den europäischen Identitären explizit nahe. Eine weiterer Kontaktpunkt zur Alt-Right sind Publikationen wie beispielsweise »The Way of Men« von Jack Donovan, einem Autor aus dem Umfeld der Alt-Right, dessen Werk in seiner deutschen Übersetzung »Der Weg der Männer« im Verlag Antaios erschienen ist und für das Männlichkeitskonzept auch in der IB prägend war. Die wichtigste Plattform der Alt-Right-Bewegung ist die Seite *Breitbart News,* die 2007 von Andrew Breitbart gegründet und später von Stephen Bannon geleitet wurde, der wiederum zeitweise einflussreiche Posten im Umfeld von Donald Trump bekleidet hat und sich auf *Breitbart News* wiederholt positiv über die Identitären geäußert hat.

Doch es geht nicht nur um die ideologische Nähe zwischen der Alt-Right in den USA und der IB in Europa; europäische Identitäre profitieren auch ganz konkret von der Kooperation mit ihren Gesinnungsgenossen in Nordamerika. So erstreckt sich diese Zusammenarbeit auch auf die Finanzierung identitärer Aktivitäten: Die Aktion »Defend Europe« beispielsweise, die die Sabotage der Seenotrettung Geflüchteter auf dem Mittelmeer zum Ziel hatte, wurde u.a. über Crowdfunding-Kampagnen aus den USA unterstützt und auf der Seite *Altright.com* bekannt gemacht. Einer der prominentesten Unterstützer der Kampagne war dabei der amerikanische Neonazi David Duke, der für seinen extremen Rassismus und Antisemitismus berüchtigt ist. Weitere Unterstützung aus Nordamerika erhält die IB von YouTubern wie der Kanadierin Lauren Southern und der US-Amerikanerin Brittany Pettibone, die mit Martin Sellner verheiratet ist und mittlerweile auch seinen Namen trägt. Beide nutzen ihre mediale Reichweite, um Aktionen wie Defend Europe oder dem Kampfsporttraining identitärer Gruppen größere Aufmerksamkeit zu verschaffen oder die identitäre Ideologie mit Themen wie Antifeminismus oder Islamfeindlichkeit zu verbreiten.

Neben dieser Art von Kooperation existieren in Nordamerika aber auch Gruppen, die sich in ihrem eigenen Aktivismus enger an die europäischen Identitären anlehnen. So hat beispielsweise die *National Youth Front*, die Jugendorganisation der *American Freedom Party*, inspiriert von der *Generation identitaire* im Jahr 2015 ein eigenes »Kriegserklärungs«-Video veröffentlicht. Des Weiteren besteht seit 2016 mit *Identity Evropa* (seit 2019 unter dem Namen *American Identity Movement*) eine weitere Organisation innerhalb der Alt-Right-Bewegung, die sich als identitär versteht, jedoch verglichen mit den europäischen Identitären ihren Rassismus und Antisemitismus weitaus offener und radikaler zum Ausdruck bringt.

Ein Ableger der IB hat sich auch in Kanada gebildet; zunächst als *Generation Identity Canada*, mittlerweile unter dem Namen *ID Canada*. Viele dieser nordamerikanischen Gruppen und Plattformen scheinen rückläufige Zahlen zu verzeichnen. Das dürfte teilweise auf eine starke Gegenbewegung zurückzuführen sein – beispielsweise nach den Ereignissen bei der rechtsextremen *Unite the Right*: Demonstration in Charlottesville, Virginia, im Jahr 2017, nachdem es zu einem tödlichen Anschlag auf Gegendemonstranten gekommen war und die US-amerikanische Rechte zwischenzeitlich stark in die Kritik geraten ist. Gleichzeitig ist davon auszugehen, dass der Großteil der Anhänger der extremen Rechten deswegen nicht unbedingt seine Überzeugungen abgelegt hat, sondern sich in anderen Ablegern der Alt-Right-Bewegung und – wie der bereits erwähnte Steve Bannon – sogar in der Nähe der Trump-Regierung betätigen bzw. betätigt haben. Darüber hinaus gab nach dem Sturm auf das Kapitol Anfang des Jahres 2021 eine User-Abwanderung zu GETTR, eine Social-Media Plattform, die von dem ehemaligen Trump Berater Jason Miller gegründet wurde, nachdem der Twitter Account von Trump gesperrt worden ist. Auf der Plattform tummeln sich US-amerikanische Verschwörungstheoretiker, Rassisten und Nationalisten. Aus der deutschen Politik unterhält vor allem die AfD einen Account sowie der ehemalige Präsident des Bundesamtes für Verfassungsschutz, Hans-Georg Maaßen, der mit Äußerungen zum öffentlich-rechtlichen Rundfunk (u.a. hätten Redakteure eine Verbindung ins linke bis linksextremistische Lager, zudem gäbe es eine Meinungsmanipulation) und zur Asylpolitik (beispielsweise die Seenotrettung für Geflüchtete diene als Shuttle-Service) auf sich aufmerksam machte.

In Brasilien gibt es mit dem seit 2019 amtierenden Präsidenten Jair Messias Bolsonaro, ähnlich wie in Teilen Osteuropas, die verquere Situation, dass eine nationalistisch-völkische Ideologie das Regierungshandeln prägt. So demonstrieren beispielsweise Anhänger Bolsonaros am brasilianischen Unabhängigkeitstag 2021 gegen eine angebliche globale kommunistische Bedrohung. Ziel von Bolsonaros Verbalattacken sind auch immer wieder demokratische Institutionen wie Staatsanwälte, Abgeordnete, die der Opposition angehören, oder Richter, die Ermittlungen wegen einer vermuteten Schmiergeldaffäre eingeleitet haben. Sie alle gehören zu einer »Elite«, die sich gegen »das Volk« verschworen hätten, so Bolsonaro. Da also bereits einige der Narrative der Identitären scheinbar mehrheitsfähig sind (vor dem Hintergrund der Corona-Pandemie in Brasilien sind die Umfragewerte von Bolsonaro deutlich gesunken), könnte man den Eindruck gewinnen, dass eine identitäre Gruppe in Brasilien quasi überflüssig sei. Fündig wird man bei einer Elektronik-Musik-Gruppe namens »Cyberforce Division« – auch wenn London, UK als Produktionsort angegeben wird, so gibt es zahlreiche brasilianische Lieder und auch solche, die sich z.B. »Identitäre Bewegung«, »Make America Great Again« oder »Anti-Feminism« nennen.

Darüber hinaus wurde am 23. April 2020 ein Video einer gewissen Sara Winter (mit bürgerlichem Namen Sara Fernanda Giromini) hochgeladen, in dem sie die Gründung der Gruppe »300 do Brasil« (zu Deutsch: 300 aus Brasilien) verkündete. Winter war bereits von April bis November 2019 ins Staatssekretariat für Frauen, Familie und Menschenrechte (geleitet wird dieses von der evangelikalen Pastorin Damares Alves) von Präsident Bolsonaro als nationale Koordinatorin für »Mutterschaftspolitik« berufen worden. Mit der Gründung von »300 do Brasil« habe sie ihrer Meinung zufolge das »weltweit größte Camp gegen Korruption und die Linke« gegründet, in dem jeder und jede willkommen sei, der bereit ist, »Blut, Schweiß und Schlaf« für Brasilien zu opfern. Deutlich macht diese Gruppierung, dass sie die Regierung Bolsonaros unterstützt. Nicht nur der Sprachduktus des mit dramatischer Musik unterlegten Videos erinnert an die Aufnahmen der europäischen Identitären. Auch die Zahl 300 nimmt dezidiert Bezug auf die Gothic Novel Frank Millers, auf die sich auch die Identitären rund um Martin Sellner beziehen und sogar das Lambda auf den Schildern der spartanischen Kämpfer als Vereinssymbol übernommen haben. Sara Winter ist auch abgesehen von der Gründung der Gruppe »300 do Brasil« als nationalistisch-völkische Influencerin mit einer immensen Reichweite bekannt. So konnte sie im August 2020 im Falle eines Sexualverbrechens als aggressive Abtreibungsgegnerin mit ihrem Celebrity-Faktor eine große Anzahl ihrer immerhin 270.000 Follower mobilisieren. Die Aktivistinnen und Aktivisten verfolgten das gerade einmal 10-jährige Opfer und ihre Familie und setzten Ärzte und Ärztinnen sowie das Krankenhaus unter Druck, in dem die Abtreibung vorgenommen werden sollte.

»300 do Brasil« und Winter bedrohten im gleichen Jahr einen Richter des Obersten Gerichtshofes und veranstalteten ein Trainingslager in Osteuropa sowie einen Fackelmarsch mit weißen Masken zum Obersten Gerichtshof. Außerdem hat die Gruppe angeführt von Winter versucht, den Kongress zu stürmen. Die Influencerin hat mittlerweile wegen der Verbreitung von Falschmeldungen ihren Twitter-Account verloren. Gegen die Löschung ihres Facebook-Profils setzte sich Bolsonaro allerdings persönlich ein, wie u.a. die Redaktion der Deutschen Welle am 4. August 2020 beschreibt.

Auch auf der anderen Seite der Erde haben sich mit *Identity Australia* oder dem neuseeländischen *Dominion Movement* vergleichbare Gruppen gebildet. Besonders in die Schlagzeilen geraten ist die dortige extreme Rechte aber vielmehr wegen des Anschlags von Christchurch/Neuseeland, der auch für die IB in Europa von weitreichender Bedeutung sein sollte. Dort hatte am 15. März 2019 der Australier Brenton Tarrant einen Anschlag auf zwei Moscheen verübt und dabei 51 Menschen getötet und weitere 50 verletzt. Tarrant war ein Anhänger der Verschwörungstheorie vom »Großen Austausch«, äußerte sich wiederholt islamfeindlich und fühlte sich von dem norwegischen Attentäter Anders Breivik inspiriert. Da er mehrfach Kontakt zu Martin Sellner hatte und auch größere Summen an die Identitären in Österreich und Frankreich gespendet und damit seine ideologische Nähe bekundet hatte, wirkte sich der Anschlag auch auf die öffentliche Wahrnehmung der

Identitären in Europa aus. In Österreich wurde infolgedessen wegen des Verdachts auf Terrorunterstützung gegen Martin Sellner ermittelt; die Selbstdarstellung der IB als gewaltlos und dem Extremismus fernstehend wurde demaskiert und es wurde deutlich, wie kurz der Weg zwischen der Propaganda gegen den »Großen Austausch« und dem Mord an Dutzenden Menschen letztlich sein kann. Die »Marke« IB ist damit aus Sicht ihrer Vertreter nachhaltig geschädigt, und das dürfte der Grund sein, warum Martin Sellner die Identitären nicht mehr mit der gleichen Motivation wie zuvor vorantreibt und sich anscheinend auch neuen Formaten zuwendet. Seine Ideologie wird er mit Sicherheit dorthin mitnehmen.

- Pan-europäisches bis globales Phänomen
- Frankreich:
  - Ursprung der Neuen Rechten in den 1960ern
  - Neurechter Thinktank GRECE: Groupement de recherche et d'études pour la civilisation européenne
  - Zentrale Personen: Alain de Benoist, Dominique Venner, Guillaume Faye
  - Unité radicale (1998–2002) → 2002/03 Jeunesses identitaires → Bloc identitaire; aufgespalten in Génération identitaire und Les Identitaires
- Deutschland:
  - Seit 2012 aktiv, seit 2016 vom Verfassungsschutz beobachtet und als »gesichert rechtsextremistisch« eingestuft
- Österreich:
  - 2012 Gründung nach französischem Vorbild als Identitäre Bewegung Österreichs (IBÖ) unter der Leitung von Martin Sellner und Patrick Lenart

Kapitel 6: Wie gehen sie an die Öffentlichkeit

Emotionen zu verkaufen ist das erklärte Ziel der Identitären, denn sie buhlen um Anschlussfähigkeit. Marktfähige Gefühlsmuster von nationalistisch-völkischen Agitator:innen werden nicht nur auf der Straße transportiert, sondern auch auf YouTube verbreitet (vgl. Strick 2021). In ihrem Selbstverständnis als Influencer – im wahrsten Sinne des Wortes – nutzen die Identitären Plattformen, die auch andere Influencerinnen und Influencer benutzen: YouTube, TikTok, Instagram, Twitter – sofern ihre Kanäle nicht gesperrt worden sind. Sellner verzeichnete, bevor er im August 2019 von der Videoplattform geworfen wurde, auf YouTube ca. 190.000 Abonnenten. YouTuber wie Julien Bam oder Bibi Claßen erreichen mit über 5,5 Millionen Abonnenten deutlich mehr Reichweite. Und doch schafft es die sogenannte Identitäre Bewegung mit einer explosiven Mischung aus Pop und Populismus in die Öffentlichkeit zu treten, um einen selbsternannten »Emo-Krieg« zu führen (vgl. Stegemann/Musyal 2020, S. 61ff.).

Zunächst zur Begriffsdefinition: Populismus existiert, seitdem die politische Durchsetzung von Vorstellungen und Ideen von Mehrheiten abhängt und nicht z.B. durch einen Monarchen durchgesetzt werden kann. Sachverhalte möglichst »volksnah« zu formulieren und somit von einem gewissen »elitären« Dünkel zu befreien, das ist das allgemein anerkannte Ziel des Populismus. Dieser fungiert sozusagen als Transportmedium, um Inhalte an das *populus* (lat. Volk) zu vermitteln. Infolgedessen geben Personen auch immer wieder vor, »für das Volk« zu sprechen. Die zweite Seite der Medaille ist somit das Ziel, die Meinung des Volkes auch wirklich vertreten zu wollen.

Der Begriff des Pop ist eine Sammelbezeichnung und nicht nur auf Kunstgattungen beschränkt, sondern in allen möglichen Freizeitbereichen zu finden. Immer mitzubedenken ist die doppeldeutig gehaltene Bildung aus engl. *popular* (volkstümlich, beliebt) und dem lautmalerischen engl. *(to) pop* – knallen, schlagen, stoßen, wobei es auch immer darum ging, kulturelle Anerkennung erzielen zu wollen. Und genau darum geht es der sogenannten Identitären Bewegung mit ihren Strategien, an die Öffentlichkeit zu treten.

Im Folgenden soll an Beispielen gezeigt werden, wie die IBD mit ihren öffentlichkeitswirksamen Aktionen versucht, das öffentliche Bild und die öffentliche Meinung nachhaltig zu beeinflussen.

Allen Aktionen gemeinsam ist das Erkennungszeichen – ein gelbes Lambda vor schwarzem Hintergrund (oder in der Farbgebung umgekehrt) (vgl. S. 18). Bereits dieses Symbol soll zeigen, dass es sich bei der IB um eine moderne, popkulturell geprägte Jugendbewegung handelt, denn es entstammt einer Graphic Novel (und Graphic-Novels sind Popkultur in Reinform!) und zwar der 1998 erschienenen Graphic Novel »300« von Frank Miller. Und auch als 2006 die US-amerikanische Comic-Verfilmung in die Kinos kam, war stets das Lambda auf den Schildern der 300 spartanischen Krieger (Hopliten) zu sehen, die in der Schlacht bei den Thermopylen 480 v. Chr. gegen das übermächtige Heer der Perser kämpften und siegten. Als elfter Buchstabe des (alt-)griechischen Alphabets steht das Lambda für die Lakedaimonier (gr. *lakedaimónioi*), i.e. Spartaner, deren mythischer Stammesvater Lakedaimon ist.

Dieses Erkennungszeichen ziert bzw. zierte alle öffentlichen Seiten der sogenannten Identitären Bewegung: Webseiten, Facebook-Seiten (die mittlerweile fast ausnahmslos gelöscht wurden), YouTube-Videos, Twitter (auch diese Konten sind seit Mitte des Jahres 2020 gesperrt worden) und Telegram oder der Videoplattform Odysee.

In diesen (sozialen) Netzwerken und im Internet werden geschickt inszenierte Videos kurz nach Aktionen der sogenannten Identitären Bewegung hochgeladen, um eine möglichst große Aufmerksamkeit zu erzielen. Solche identitären Aktionen (vgl. »KSA« S. 91) waren popkulturell vor allem durch linke Aktivist:innen der 1960er Jahre geprägt worden und entsprechen somit eigentlich dem Repertoire der 68er Bewegung. So werden nicht nur Flugblätter verteilt und Transparente entrollt, sondern auch Flashmobs und Guerilla-Aktionen durchgeführt.

Große Aufmerksamkeit erlangte beispielsweise die Aktion der IB am 14. April 2016, als sie die Bühne des Wiener Audimax stürmten und die Aufführung von Elfriede Jelineks Stück »Die Schutzbefohlenen« störten, welche unter der Beteiligung von Kriegsflüchtlingen stattfand. Die IB entrollte ein Transparent, auf dem in großen Lettern »Heuchler« geschrieben stand. Martin Sellner, der auch an dieser Aktion teilnahm, wurde nicht müde zu betonen, dass sich die Aktion nicht gegen die Schauspielerinnen und Schauspieler sowie die Geflüchteten gerichtet habe, sondern allein gegen die Dekadenz der Zuschauer, die als linksliberale Bürger:innen heuchlerisch handeln würden, da sie sich zwar für Einwanderung einsetzten, aber die Lösung von dadurch entstehenden Problemen anderen überließen.

Eine weitere sogenannte Spaß-Guerilla-Aktion im Sinne der 68er fand 2013 an der Universität Wien statt, in der die Politologin und Rechtsextremismus-Expertin Natascha Strobl mit dem Überreichen von Rosen und der Aufforderung zu einem Gespräch mit der IB derart vehement in ihrem Beitrag gestört wurde, dass vom Vortrag lediglich die zerrüttete Atmosphäre in Erinnerung blieb.

Bei all dem wird die Subversive Aktion oder die APO der 68er Bewegung als Vorbild deutlich. Dies gilt allerdings nicht nur für die Aktionsformen, sondern auch für die Übernahme der Ideen der 68er: Neben dem Ruf nach mehr direkter Demokratie – der Wille des Volkes müsse endlich durchgesetzt werden –, wird die Meinungsmacht der Presse sowie von Funk und Fernsehen kritisiert (»Lügenpresse, Mainstream Medien«). Scheinbar geht es der IB um die Durchsetzung der Frauenrechte (der Feminismus allerdings ist wie bereits besprochen nur versteckte Islamfeindlichkeit) und der Verurteilung der Kriege des Westens. Außerdem ist die IB ähnlich wie die 68er Bewegung gegen das politische Establishment gerichtet und agiert gegen Konformität, gegen politische Korrektheit, für (angeblich) mehr Freiheit und außerdem wird sie nicht müde zu betonen, dass sie gegen Gewalt sei. Im Gegensatz dazu betont Martin Sellner, dass es überhaupt erst die 68er waren, die ein Klima geschaffen hätten, das es der gegenwärtigen Jugend unmöglich gemacht habe, einen positiven Bezug zur eigenen Identität zu entwickeln. Die Kritik an der gegenwärtigen kulturellen Hegemonie müsse nicht nur radikal sein, sondern könne auch alleine aus dem konservativen Lager kommen. Von wegen friedfertig – wie u.a. in Chemnitz 2018 zu sehen war, können ihre Botschaften durchaus als geistiges Brandstiften wahrgenommen werden.

»Phalanx Europa«

Bei all den Aktionen der sogenannten Identitären Bewegung ist die moderne, mediengerechte und jugendspezifische Inszenierung maßgeblich. Auf der Website der IB selbst beschreibt diese Gruppe die Medienarbeit als eine zentrale Säule ihres Wirkens (vgl. S. 92). Hauptsächlich angesprochen fühlen sollen sich Jugendliche und junge Erwachsene in Schulen und Universitäten. Mit dieser Zielgruppe im Blick müssen auch die anderen Produkte bewertet werden, mit denen die IB an die Öffentlichkeit geht und die oftmals höchst professionell vermarktet werden. Im Online-Shop »Phalanx Europa«, einem

»europäischen Modelabel«, können sowohl für Herren als auch für Damen Shirts, Windbreaker, Hoodies, Basecaps u.v.m. mit Prints wie »Celebrate Diversity« oder »Islamists not welcome!« oder »Generation Identity« erworben werden – scheinbar gesellschaftsfähige Botschaften. Die Website wirkt absolut modern und ansprechend. Kein Hakenkreuz und keine Reichskriegsflagge weit und breit. Nein, die völkisch-nationalistische Gesinnung wird subtiler verbreitet: Zunächst weist der Name »Phalanx« auf eine im antiken Griechenland übliche Schlachtformation hin und schließt damit an die Lambda-Symbolik an. Die Aufdrucke sind oftmals nur auf den zweiten Blick provokant, allerdings sind sämtliche Prints entsprechend der popkulturellen Selbstinszenierung der IB gestaltet und decken thematisch fast das gesamte inhaltliche Spektrum der Identitären ab.

Beispielsweise kann man das »Herrenshirt: Sonnenwende« in den Größen L-3XL für ca. 25 Euro erwerben und zunächst einmal würde man mit diesem T-Shirt in der Öffentlichkeit kein Aufsehen erregen. Doch die Beschreibung des T-Shirts auf der Homepage lässt keinen Zweifel an der nationalistisch-völkischen Gesinnung der Betreiber von Phalanx-Europa:

> »›Unsere Gesellschaften haben kein Zentrum, kein Gesicht, keine Form, keine Heimat und keine Tiefe mehr.‹ – schreibt Paul-Georges Sansonetti in einem Aufsatz über den Schicksalsbegriff der nordischen Welt. Und wer die Leere und Beliebigkeit der modernen Welt einmal erkannt und erfahren hat, der wird sich längst auf den Weg zu unseren Wurzeln begeben haben. Derjenige weiß auch um die tiefere Bedeutung der Sommersonnenwende, des Midsommers – dem längsten Tag im Jahr. Wir freuen uns besonders, euch ein neues Motiv aus der steinzeitlichen Feder Wodan Toks präsentieren zu dürfen. Zwischen Sonne und Mond. Für die Wiederverzauberung der Welt.«

Außerdem findet eine Verlinkung statt zu dem Instagram Account von Wodan Tok, der darauf seine »postglaziale Höhlenmalerei« unter dem Titel »Brutal, Intuitiv, Zornig« präsentiert. Sucht man nach dem Impressum, so wird die haftungsbeschränkte Tannwald Media UG genannt, die durch Alexander Kleine vertreten wird. Der 1992 geborene Alexander »Malenki« Kleine tritt gemeinsam mit Philip Thaler (Kontrakultur Halle) im durch »Ein Prozent für unser Land« finanzierten wöchentlichen Vlog »Laut Gedacht« auf, den er gemeinsam mit Daniel Sebbin betreibt – alle bekannt als identitäre Aktivisten.

Zurück zur Sonnenwende: Bereits im Dritten Reich wollte insbesondere die SS die angeblich altgermanischen Sonnenwendfeiern wieder einführen, denn diese spielten als offizielle Feiertage der neuen Volksreligion in dem »Volk, Blut und Boden«-Narrativ eine große Rolle. Selbst im Dritten Reich konnten sich die Sonnenwendfeiern aber als angebliche Rückbesinnung auf die wahren Wurzeln nicht durchsetzen, zu stark war anscheinend die christliche Sozialisation. Auch ähnliche Versuche des sozialistischen Jugendverbandes der »Freien Deutschen Jugend« (FDJ) der DDR, das Weihnachtsfest durch die Sonnenwendfeiern zu ersetzen, um den christlichen Einfluss zu minimieren, scheiterten. Aktuell versucht die völkisch-nationalistische Szene den Kult um das Germanentum wieder aufleben zu lassen, indem Mythen über Sonnenwendfeiern oder Erinnerungsorte verbreitet werden. Wenn auch die germanischen und keltischen Religionen das Fest begangen haben sollen, so wird das Germanentum von den Identitären politisch instrumentalisiert. Regelmäßig werden öffentliche Sonnenwendfeiern begangen, wie z.B. bei den völkischen Siedlern auf dem Hof in Eschede oder 2006 in Pretzien, wo zudem eine US-amerikanische Flagge sowie ein Exemplar des Tagebuchs von Anne Frank verbrannt wurden.

Doch das seit November 2013 betriebene Modeversandportal hat u.a. noch ein weiteres Motiv auf Lager, das erst auf den zweiten Blick als völkisch-nationalistisch eingestuft werden kann. Der japanische Schriftsteller Yukio Mishima ist ein Kultautor der Neuen Rechten, der u.a. wegen seiner nationalistischen Ideen, aber auch aufgrund seines auf rituelle Weise begangenen Suizids bei den völkischen Nationalisten Heldenstatus erlangte. Sein Konterfei mit dem Motto »You only die once« (YODO) gehört neben denen von Ernst Jünger, Friedrich Nietzsche, Martin Heidegger und Oswald Spengler zu weiteren Motiven des Mode-Online-Shops »Phalanx Europa«.

Die Homepage von »Phalanx Europa«, die mittlerweile im Impressum die Kohorte UG in Rostock als haftungsbeschränkt angibt, welche durch Daniel Sebbin vertreten wird (2013 wurde das Modeportal von Patrick Lenart und Martin Sellner in Österreich gegründet), vertreibt allerdings nicht nur Kleidung, sondern verlinkt auch Verlage (Regin-Verlag; Verlag Antaios; Ares Verlag), sogenannte Kampagnen (»eine Hilfsaktion für die Buren in Afrika«), weitere Markenshops (Pils Identitär, Okzident-Spirit), Nachrichten-Blogs (PI-News) oder Aktivistinnen und Aktivisten (Paula Winterfeldt, Identitäre Bewegung).

Das »Pils Identitär« beispielsweise ist ein selbstproduziertes Bier – selbstverständlich nach dem deutschen Reinheitsgebot gebraut. Dieses Craft-Bier wirbt mit dem Slogan »Natürlich, Patriotisch, Lokal« und wird vertrieben, um weitere patriotische Großprojekte zu unterstützen. Regional produziert, wirbt die Homepage damit, dass man nun »nicht mehr weitgeschnittene Öko-Pullis kaufen« müsse, um NGOs zu unterstützen. Geschäftsführer dieser Marke sind die bereits genannten Daniel Sebbin und Daniel Fiß.

»Okzident-Spirit« ist ein weiterer Online-Shop, in dem hauptsächlich Poster mit einem ästhetischen Anspruch und Aufschriften wie »Abendland« oder »Dresden« erworben werden können. Auch in diesem Impressum wird als Vertreter der Okzident Media UG ein gewisser Daniel Fiß geführt.

»PI« ist die Abkürzung von »Politically Incorrect«. Der 2004 von Stefan Herre gegründete nationalistisch-völkische Blog »PI-News« beschreibt sich selbst als »proamerikanisch« und »proisraelisch« und ist gegen das »Diktat der politischen Korrektheit« gerichtet sowie gegen die daraus folgende Aushöhlung des Grundgesetzes durch die Akzeptanz islamischer Ethik, die durch die politische Korrektheit provoziert würde. Mit mehr als 10.000 Besuchern pro Tag, die sich zu Themen wie der »Siedlungspolitik«, »Kriminalität«, »Islam« oder den »Altmedien« tagesaktuell »informieren« können, zählte dieser Blog zu den meistbesuchten Websites 2014. Paula Winterfeldt wiederum ist eine völkisch-nationalistische Aktivistin, die u.a. die #120db-Kampagne im Jahr 2018 mitorganisiert hat. In einem Video tragen Frauen Sexualstraftaten gegen Frauen vor, deren gemeinsamer Nenner der Migrationshintergrund der Täter ist. In Zeiten der #MeToo-Debatte versuchte die 120-Dezibel-Aktion (vgl. S. 51) demnach, die sexuelle Gewalt gegen Frauen zu instrumentalisieren und die Angst davor ideologisch zu vereinnahmen. Dennoch gibt die IB und mit ihr Paula Winterfeldt vor, die »wahren Feministinnen« zu sein, würden sie doch die Frauenrechte gegen die gezielte Überfremdung Europas verteidigen.

All diese Seiten, Instagram-Accounts oder Online-Shops sind sehr professionell gestaltet und sehen »echt hip« aus, ein Anzeichen dafür, dass sich die Vermarktung in den letzten Jahren deutlich professionalisiert hat. Diese zunehmende Gewandtheit des virtuellen Auftritts zeigt sich auch in dem neuen »patriotischen Großprojekt« – der Schanze Eins, das von Führungsaktivisten der IB geleitet wird und scheinbar »erfolgsversprechende Investitionsmöglichkeiten« mit der Gründung der Konservativen Zentren in Rostock und Linz bietet.

Die Gründer Torsten Görke, Daniel Sebbin und Philip Thaler (von denen Görke und Sebbin als Geschäftsführer gelistet sind) benennen auf der Homepage ihren Antrieb: »Spätestens seit der Migrationskrise und dem Totalversagen der Großen Koalition im Jahre 2015 ist in Deutschland vieles ins Rutschen geraten: Der Unmut vieler Bürger steigt – bis heute, das Vertrauen in etablierte Parteien ist so niedrig wie nie und immer mehr Menschen suchen nach Alternativen. Die Jüngsten unter ihnen haben dabei besonders viel Engagement aufgebracht: In drei Jahren hat die [sogenannte] Identitäre Bewegung mit über 600 Aktionen nichts unversucht gelassen, die Zerfallserscheinungen aufzuzeigen und die politischen Verantwortlichen zum Handeln zu zwingen. Einige Aktionen sind gescheitert oder wurden von der breiten Öffentlichkeit nicht rezipiert, viele andere hingegen haben sich tief ins Gedächtnis eingebrannt und nicht nur den gedanklichen Spielraum, sondern auch das Sagbare weiter ins Patriotische verschoben« (vgl. unsere Ausführungen zu dem bisher von den Identitären Erreichtem auf S. 149 – scheinbar wird dies auch aus der Binnenperspektive wahrgenommen). Mit der Gründung der Konservativen Zentren sollen Unterstützer und Aktivistinnen/Aktivisten zusammengebracht werden, sodass »Schanze Eins« unbedingt an das Projekt »Kontrakultur Halle« erinnert, das wiederum ein Auswuchs der »Kulturrevolution von rechts« ist.

Kulturrevolution von rechts und »Kontrakultur Halle«

Die sogenannte Identitäre Bewegung hat es sich zum primären Ziel gemacht, eine Kulturrevolution von rechts voranzutreiben (vgl. S. 76). Der Theoretiker dieses Modells ist Alain de Benoist, der sich wiederum auf die Schriften des marxistischen Philosophen Antonio Gramsci beruft und diese zu seinen Zwecken umdeutet. Kurz gesagt, fordert Benoist und mit ihm die Neue Rechte bzw. die IB eine ideologische Vereinnahmung im vorpolitischen, gesellschaftlich-zivilen Raum. Es geht vor dem Hintergrund der Metapolitik (vgl. S. 77) darum, den

Konsens der Gesellschaft in Bezug auf identitäres Gedankengut zu gewinnen. Dass u.a. Benoist die Theorie Gramscis in diesem Zusammenhang absolut verkürzt wiedergibt, eine andere Zielgruppe ins Visier nimmt und wesentliche Dinge wie die Bedeutung der ökonomischen Basis weglässt, muss unbedingt berücksichtigt werden.

Ein weiterer geistiger Vater der sogenannten Kontrakultur bzw. Gegenkultur ist Philippe Vardon (Gründer des BI in Frankreich), der in seinem Buch »Elemente für eine identitäre Gegenkultur« die Strategie der »Kulturrevolution« bzw. der »Gegenkultur« erläutert. Es gehe ihm zufolge nicht nur um die universitäre Auseinandersetzung, sondern auch um eine ideologische Besetzung der Kultur, beispielsweise von Orten, Autoren, Filmen, Mode, Marken, Konzepten, Bildern, Liedern und Ausdrucksformen. Die Wirkung, die durch Aktionsformen dieser sogenannten Gegenkultur entsteht, entspricht dem angeblichen Geist einer neuen, einer anderen Jugend, die sich dem Mainstream verweigert. »Es gibt die Möglichkeit aus dieser Gesellschaft mit ihrem Konsens auszusteigen und in eine Gegenkultur einzutauchen«, bestätigt die der IB zugehörige Melanie Schmitz in einem Interview am 25.2.2018 im Rahmen eines Arcadi-Festes (vgl. Speit 2018, S. 178).

Ein Projekt der IB, das diese Haltung in Liedern und Aktionen in die Öffentlichkeit trägt, ist »Kontrakultur Halle« (in dem Gebäude, in dem sich das Büro der Kontrakultur Halle bis zum Verkauf Mitte des Jahres 2020 befand, war auch ein Abgeordnetenbüro des AfD-Politikers Hans-Thomas Tillschneider, vgl. S. 93). Seit 2014 stand dieses Projekt unter der Leitung von Mario Alexander Müller.

2017 erscheint im Verlag Antaios Müllers Buch »Kontrakultur«, das seinen Versuch einer theoretischen Verdichtung dieses Projektes widerspiegelt. In alphabetischer Reihenfolge werden Künstler, Musiker und Bands erläutert, die mit der Neuen Rechten in Verbindung gebracht werden (vgl. S. 95). Mario

Müller ist dabei kein unbeschriebenes Blatt. Als ehemaliges Mitglied der NPD-Jugendorganisation »Junge Nationaldemokraten« ist er nun bei den Identitären aktiv. In seinem Vorstrafenregister findet sich eine 7,5-monatige Haft auf Bewährung, da er Jugendliche mit einem Totschläger verletzt hat. Ebenfalls hat Mario Müller gemeinsam mit anderen Aktivisten in Halle Pfefferspray an Passanten verschenkt, das man ihrer Meinung nach bei Übergriffen von Asylbewerbern einsetzen sollte (vgl. https://linksunten.archive.indymedia.org/node/182168/index.html, 16.6.2016). Diese Aktion der Identitären wurde von Holger Arppe (AfD) mit einem »Like« versehen. Arppe selbst ist im Landesvorstand der AfD in Mecklenburg-Vorpommern und wünscht sich sowieso ein Ende der »Distanzeritis« zu den Identitären, wie etwa die Taz am 21. November 2017 in ihrem Beitrag »Nach rechts offen« herausstellt (vgl. Speit 2018, S. 111ff.).

Infolge der Aktionen und ihrer theoretischen Grundlegung in dem Begriff der »Kontrakultur« werden die musikalischen Beiträge der IB auch im Zusammenhang mit einer neuen popkulturellen Bewegung gelesen. Mithilfe dieser popkulturellen Elemente gelänge es der IB eine eigene, subkulturelle Jugendkultur zu erzeugen. »Es sind hippe, konservative Rechte, deren Aneignung öffentlicher Plätze kreativ und deren Nutzung von Medien technisch versiert ist« – so schreiben Bruns et al. in ihrem Buch »Die Identitären«.

Rechte Popkultur in Reinform?

Die Identitäre Bewegung behauptet mit ihrem Kontrakultur-Konzept etwas Eigenständiges zu sein und dezidiert entgegen dem gesellschaftlichen Mainstream oder der gesellschaftlichen Affirmation jugendkulturell wirkmächtig zu agieren (vgl. u.a. www.belltower.news, 30.5.2017).

Zwei Lieder werden beispielhaft herangezogen:

Zum ersten veröffentlicht u.a. ein YouTube-Kanal unter dem Pseudonym Otto von Habsburg (der 2011 verstorbene Habsburg trat im Nationalsozialismus als entschiedener Gegner Hitlers auf, seine Aussagen zum Rechtsextremismus und zum Einfluss von Juden in der US-amerikanischen Politik am Lebensabend allerdings waren oftmals Anlass für Kritik). Der YouTube-Kanal ist am Lambda-Zeichen eindeutig als identitär erkennbar und hatte Anfang Januar 2022 gerade einmal 165 Abonnenten, was aber nicht bedeutet, dass der Inhalt des Liedes keine bedeutende Reichweite erfährt. Das Lied von Komplott heißt »Gestern und Morgen« und wurde 2020 aufgenommen.

Komplott: Gestern und Morgen (2020)

Wir waren ein Volk von Poeten, von Apologeten,
Opernkomponisten mit Posaunen und Trompeten,
gläubige Deutschretter mit einem Kreuz in der eisernen Hand für das Heilige Land,
ein einendes Band, ein gleißender Brand, flammende Herzen mit treibender Kraft,
Dichter und Denker, Worte der Mystik, Spirituelle und Forscher der Physik,
gelernte Juristen, Expressionisten, Krieger und Soldaten vieler Heldengeschichten,
Bauern und Arbeiter, Mägde und Zofen, Damen in Schlössern mit prächtigen Roben,
Prinzen und Könige, reitende Husaren, kreischende Fanfaren, schwarz-weiße Fahnen,
immer bereit alle Feinde zu zerschlagen, germanische Freiheit seit 2000 Jahren!

[Hook]
Sei, der du bist!
Werde, der du bist!
Sei die Verbindung aus Gestern und Morgen!
Solange wir stehen, ist nichts verloren!
Die Deutschen Farben hoch!
{2x}

[Part 2]
Ein Volk, bewacht vom Heiligen Michael,
Immer treu, dem eigenem Gewissensbefehl,
In einer freien Ordnung, die wir uns selbst geschaffen haben,
weder mit intriganter List, noch Waffen zu schlagen.
Tapfere Taten, die Heimat war uns lieb.
Wir blickten zum Schöpfer, der Eisen wachsen ließ,
bauten opulente Monumente ohne Ende, große Städte,
vollendete Werke unserer bloßen Hände.
Das Erbe der Ahnen in Stein gemeißelt, in einer deutschen
Stirn wohnt ein freier Geist.
Zur Mahnung an die Söhne und Töchter dieses Schlages,
wir mögen fallen, doch nie dieses Land!
Es sei ein Bekenntnis, ein Vermächtnis, es ist alles das, was
würdig und recht ist,
Tapferkeit, Liebe, Mut, trotz jedem Abgrund
Heimat ist kein Standort, Heimat ist ein Standpunkt!

[Hook]
{2x}

[Part 3]
Mein Volk, wie kein Zweites auf der Erde,
heute bricht der Wolf in deine Herde, ah.
Noch bist du blind, noch bist du taub, Schlangenzungen
haben deine Sinne geraubt.

Tyrannen halten dich, mit Hass und Verachtung, in Agonie
paralysierter Umnachtung.
Ganz Europa wartet auf dich, wag' es endlich, schlage dich
durch's Dickicht des Wahnsinns im Schatten in das strahlende
Licht.
Zeig' dein wahres Gesicht, du schlafender Riese!
Du ahnst es noch nicht, wie viel Kraft in dir ist, wie viel
Macht du besitzt, wenn du erwachst von dem
krankmachenden Gift.
Sie führen Krieg gegen dich, Genozid gegen dich,
glauben, man kann deinen Stamm einfach tauschen.
Spiel dieses perfide Spiel nicht mehr mit!
Frisch auf, mein Volk! Die Flammenzeichen rauchen!

Auch wenn bereits auf den ersten Blick erkennbar ist, worum es in diesem Lied eigentlich geht, hier ein paar weitere – allerdings nur holzschnittartige – Bemerkungen zum Inhalt:

In der ersten Strophe besingt Komplott bzw. Patrick Bass, so sein bürgerlicher Name, die großartige Leistung deutscher Wissenschaftler und Künstler; selbstverständlich nicht, um diese auf den Verdienst der Personen selbst zu beziehen, sondern dezidiert auf Deutschland. Ebenfalls wird von einer germanischen Freiheit seit 2000 Jahren gesprochen. Richtig ist, dass sich die erste Verwendung der Bezeichnung »Germanen« um 80 v. Chr. beim griechischen Philosophen Poseidonios finden lässt und sich Caesar in seinem *De bello Gallico* (55 v. Chr.) ausführlich zu den sogenannten Germanen im sechsten Buch äußert. Deutlich wird allerdings auch, dass es sich dabei stets um eine Fremdbezeichnung handelt, die die Vielfalt der »germanischen« Völker (u.a. Teutonen, Ambronen, Kimbern und Zimbern) nicht vollumfänglich abbilden kann.

In der zweiten Strophe wird u.a. ein angeblich kämpferischer Geist des deutschen Volkes beschworen und zugleich ein im Kampf dem Volk wohlgesonnener »Schöpfer« bejubelt. Das

Heilige Römische Reich (deutscher Nation) hat sich mit dem Anspruch legitimiert, die Herrschaft als Gottes heiligen Willen auszuführen. Auch wenn sich die Neue Rechte eigentlich klar vom Christentum abwendet (vgl. die GRECE auf S. 22), so ist es doch auffällig, dass die Religion bzw. der »Schöpfer« immer dann hervorgeholt wird, wenn er dem Argumentationsgang nützt. Dies erinnert an die sog. Deutschen Christen, eine um 1930 in Thüringen gegründete Gruppe, die die konsequente Ausrichtung der Kirchen auf die nationalsozialistische Weltanschauung begrüßte. Mehr noch, sie setzten in Gebeten Adolf Hitler mit dem Messias gleich.

Beispielhaft ist der Ausschnitt eines »Gebets für den Führer« der Deutschen Christen aus dem Jahr 1936:

»Gott, der Du oft unserem Volk siegreiche Sturmfahne warst,
die sie in Kampf und in Not gläubig umspannten:
Leucht unserem Führer voran,
lenk seinen Schritt in der Nacht,
dass er trotz Dunkel und Feind sicher ans Ziel kommt!
Stolz über Steile und Grat trägt er die riesige Last;«

Dass diese Liebe zum Führer allerdings auf mäßige Gegenliebe stieß, stellt u.a. der Historiker Thomas Brechenmacher heraus. Für Hitler war das Bekenntnis zu den christlichen Kirchen reines Machtkalkül. Infolgedessen versuchte er mit Festigung seiner Machtposition die Kirchen mehr und mehr aus dem gesellschaftlichen Leben zu entfernen und ihre Feste im Jahreskalender durch andere Feierlichkeiten zu ersetzen: So wurde aus dem Osterfeuer das Feuer der Sonnenwendfeier u.s.w.

Ferner wird in der zweiten Strophe neben der Tapferkeit, der Liebe und dem Mut auch die Freiheit und die Treue in Bezug auf den »eigenen Gewissensbefehl« besungen. Eine Entscheidung auf Grundlage des eigenen Gewissens und das Berufen auf die Freiheit, so könnte man meinen, machen einen unangreifbar.

Doch besteht ein erhebliches Missverständnis in Bezug auf die Begriffe »Gewissen« und »Freiheit«, wenn sie ohne Rücksicht auf Verluste rein plakativ vor sich hergetragen werden, wie es beispielsweise bei manchen Protesten gegen die Corona-Maßnahmen geschehen ist. Gerade eine Gewissensentscheidung und der Freiheitsgedanke müssen unbedingt kontextualisiert werden. Gerne werden die Martin Luther zugeschriebenen Worte: »Hier stehe ich, ich kann nicht anders. Amen«, als seine Gewissensentscheidung auf dem Wormser Reichstag 1521 angeführt. Richtig ist, dass Luther seine Schriften nicht dementieren wollte. Er könne seine Aussagen gegen das Papsttum nicht widerrufen, so Luther, »weil wider das Gewissen etwas zu tun weder sicher noch heilsam ist. Gott helfe mir. Amen.« (u.a. in: *Armin Kohnle*: Martin Luther und das Reich – Glaubensgewissheit gegen Zwang. In: Ringen um die Wahrheit. Gewissenskonflikte in der Christentumsgeschichte. Hg. von *Mariano Delgado, Volker Leppin* und *David Neuhold*, Fribourg/Stuttgart 2011, S. 189–202.) Doch allein dieses Zitat anzuführen, würde Luthers Gewissensentscheidung deutlich verkürzen. Seine Predigten und seine Kritik am Papsttum beruhen auf Fakten: Sofern er mit der Schrift widerlegt würde, wäre er wohl der Erste, der seine Schriften ins Feuer würfe. Luthers Gewissensentscheidung ist also quellen- und faktenbasiert.

Die Bedrohung des an sich »mächtigen Volkes« ist Inhalt der dritten Strophe. Schlangenzungen – auch bekannt als *Grima* in der Trilogie »Herr der Ringe« von J.R.R. Tolkien und im PC-Game *World of Warcraft* (Lord Schlangenzunge vergiftete die Gedanken im Inneren der Höhle von Maraudon) – und Tyrannen werden dafür verantwortlich gemacht, dass man nicht mehr bei Verstand ist und auf grausamste Weise beherrscht wird. Die Folge sei ein Völkermord, welcher über den Bevölkerungsaustausch vorbereitet werde. Diese beliebte Verschwörungserzählung der Identitären (vgl. S. 46) schlägt sich auch in dem Lied von Patrick Bass nieder: »Sie … glauben, man kann deinen Stamm einfach tauschen«. Bass versucht erst gar nicht, das ominöse »sie« aufzuklären. Das ist typisch für eine Verschwörungserzählung, denn dieses »sie« beeinflusst der IB zufolge das Geschehen, indem es die Bevölkerung angeblich austauscht und ihr somit willentlich schade. Wenn Patrick Bass alias Komplott im letzten Vers singt: »Frisch Auf, mein Volk! Die Flammenzeichen rauchen!«, dann ist das ein intertextueller Bezug zum Gedicht »Aufruf« (1813) von Theodor Körner, der als nationalistischer Freiheitsdichter während der Befreiungskriege gegen Napoleon bekannt wurde. Flammenzeichen fungieren dabei als Signalgeber, die eine bedeutende Veränderung ankündigen.

In dem Musikvideo selbst wechseln sich antike Kampfszenen mit Ausschnitten eines identitären Aufmarsches ab; deutlich erkennbar ist das Lambda-Zeichen sowie die schwarzgelbe Farbgebung. Unter dem gleichen Video eines anderen Accounts sind drei Kommentare zu lesen, u.a. »Respect from Italy« und »why the fuck was the original removed? germans cant even show some fucking pride? fuck youtube...cheers from the good of south« – genauso wenig wie das Coronavirus endet die Reichweite eines Videos auf einer Online-Plattform an der deutschen Staatsgrenze.

In einem anderen Video von Patrick Bass alias Komplott zum Lied »Macht kaputt was euch kaputt macht« (seine aktuelle Gegenpositionierung zum Original der Band um Rio Reiser, »Ton, Steine, Scherben« aus dem Jahr 1971) ist die Martin-Luther-Universität Halle zu erkennen, genauer gesagt das Löwengebäude am Universitätsplatz. Dieser Hintergrund dürfte nicht zufällig gewählt worden zu sein, da die Universität in Halle ihren Namen »Martin-Luther-Universität« erst 1933, also in der Zeit der nationalsozialistischen Machtergreifung zum 450. Geburtstag Martin Luthers erhielt. Das Gesicht von Bass ist in dem Video nicht richtig zu erkennen und mit dem Schatten des Hoodies verdeckt. Bass selbst war in der Burschenschaft Germania in Marburg aktiv – der Burschenschaft, die auf einem Bild auf ihrer Homepage noch im Frühjahr 2020 offen die Sympathien zu den Schriften von Ernst von Salomon, Alain de Benoist und Carl Schmitt zeigte. Auf demselben Bild war ebenfalls ein gelbes Lambda auf schwarzem Grund angedeutet – mittlerweile ist das Bild wohl entfernt worden. Bundesbruder dieser Burschenschaft war übrigens auch der 1991 geborene Philip Stein, der 2015 den Verein »Ein Prozent« gegründet hat und u.a. finanziell die Aktionen und Aufnahmen von Komplott, Melanie Halle und dem Varieté Identitaire unterstützt (vgl. »Ein Prozent«, S. 125). Darüber hinaus ist er Inhaber des Jungeuropa Verlags mit Sitz in Dresden.

Patrick Bass alias Komplott rappt auch in seinen anderen Liedern zu Themen wie Überfremdung und dem angeblichen Genderwahn. Seine größten Hits (über 800.000 Klicks) feierte er mit »Europa« und »Counterculture Eastside«. Besonders im letztgenannten Song preist Bass die Gegenkultur im Widerstandsland, dem Osten. Ähnlich wie Björn Höcke, der aus dem nordrhein-westfälischen Lünen stammt und auch die ostdeutschen Bundesländer zum Widerstand aufruft, kommt Bass selbst auch aus Westdeutschland, nämlich aus Heidelberg. Seit 2020 hat sich Patrick Uli Bass allerdings gemäß der Recherecheplattform zur Identitären Bewegung @IbDoku vorübergehend zurückgezogen, um sich auf sein Jurastudium zu konzentrieren. Mittlerweile ist er laut @IbDoku als Rechtsanwalt für Strafrecht für die neurechte Szene tätig (Tweet vom 5. Oktober 2021).

Das zweite Beispiel ironisiert ein zuvor veröffentlichtes Lied von Jennifer Rostock. Jennifer Weist alias Jennifer Rostock brachte im August 2016 vor den Landtagswahlen in Mecklenburg-Vorpommern im Internet einen AfD-kritischen Song mit dem Titel »*Wähl die AfD*« heraus. Darin singt sie:

Bist du alleinerziehend und willst nicht, dass der Staat dich unterstützt?
Dann wähl die AfD (wähl die AfD)!
Willst du ‚ne Steuerpolitik, die nur dem Großverdiener nützt?
Dann wähl die AfD (wähl die AfD)!
Willst du, dass man Sozialleistungen kürzt und sowieso,
was spricht schon gegen Arbeit unterm Mindestlohnniveau?
Bist du bereit, auch noch mit siebenundsechzig nicht
in Rente zu gehen?
Okay, dann wähl die AfD!

Aber nur die dümmsten Kälber
wählen ihren Metzger selber.

Drei Kinder pro Familie, Mann im Job und Frau am Herd –
das will die AfD (das will die AfD)!
Einen Lehrplan an den Schulen, der auch nur dieses Weltbild lehrt –
das will die AfD (das will die AfD)!
Bist du gegen Inklusion und für ein Abtreibungsverbot?
Bist du ‚n bisschen chauvi und ganz schön homophob?
Scheißt du auf gesellschaftlichen Fortschritt, sag der freien Welt ade und geh –
wähl die AfD!

Aber nur die dümmsten Kälber
wählen ihren Metzger selber.

Willst du ‚ne Partei, die ihre Wähler manipuliert?
Dann wähl die AfD, wähl die AfD!
Die deren Ängste instrumentalisiert –
dann wähl die AfD, wähl die AfD!
Eine Religion als Feindbild, rechter Terror und was weiß ich –
das alles riecht verdammt nochmal nach 1933.

Du willst, dass sich was ändert in dem Land und zwar zum Guten, na dann geh und wähl –
nur bitte diesen Scheiß nich'!

Als Antwort auf dieses AfD-kritische Lied nahm Melanie Schmitz, auch bekannt unter dem Namen Melanie Halle, kurz darauf eine musikalische Gegendarstellung auf. Sie schrieb einen AfD-Song, der später auch auf diversen AfD-Wahlveranstaltungen zum Besten gegeben wurde, so beispielsweise vor besagter Landtagswahl in Mecklenburg-Vorpommern 2016. Außerdem war Schmitz gemeinsam mit Chris Ares und Komplott Headliner eines Festivals der Identitären in der Dresdner Innenstadt im August 2018. Dass es sich dabei nicht allein um eine Nischenveranstaltung des politischen Spektrums gehandelt hat, sollte mittlerweile deutlich geworden sein.

Melanie Halle/Schmitz betreibt u.a. einen YouTube-Kanal unter dem Namen MademoiselleEnvie. Auf diesem präsentiert sie noch im Januar 2022 zahlreiche Coversongs (erstaunlicherweise u.a. auch von »Hey Ya!« des US-amerikanischen Hip-Hop-Duos OutKast), obwohl es auch um sie seit ihrer Mutterschaft und Hochzeit mit dem IB-Regionalleiter von *Defend Ruhrpott*, Marius König, etwas ruhiger geworden ist.

Darüber hinaus bildet Schmitz gemeinsam mit Till-Lucas Wessels am Klavier das Chanson-Duo *Varieté Identitaire.* Sie sind genuiner Teil der IB bzw. des Kontrakultur Hauses in Halle. Das Video zu ihrem Jennifer-Rostock-Konter lässt sich im Februar 2022 noch u.a. auf der Homepage von Harald Laatsch (AfD), einem Mitglied des Abgeordnetenhauses, finden. Oder beispielsweise auch auf gloria.tv, einer anonym betriebenen Webseite, auf der auch radikale Abtreibungsgegner Gehör finden, die FPÖ in Österreich als »einzig wählbare Partei« deklariert oder die Schoah geleugnet wird. Ferner wurden vor dem Hintergrund der Corona-Pandemie die FFP2-Masken als »Merkel-Slip« bezeichnet.

In ihrem »AfD-Song« singt Melanie Schmitz:

Man soll sich vor den Wahlen
immer sehr gut informieren.
Drum spüren manche Leute den Drang sich zu profilieren.
Sie machen das gelegentlich aus trivialen Gründen,
zum Beispiel als PR Gag aus der Welt nicht zu verschwinden.

Doch nur die dümmsten Kälber
zerstören ihre Heimat selber.

Aus Mecklenburg da hört man böse Sachen dieser Tage.
Ein paar davon erzähl ich euch, hört zu, so ist die Lage:
Zum Beispiel Manuela Schwesig, von der
kann man lernen,
sich eine Stiftung anzustell'n um
»Hatespeech« zu entfernen.
Es liegt halt den Sozialdemokraten
ihre Nachbarn zu verraten.

Ein and'res Thema das sind diese Mecklenburger Linken.
Ich mein diese Protestpartei, deren Umfrag-Werte sinken.
Kein Wunder, ist sie doch nur ein Zusammenschluss aus alten
verkalkten Stasi-Opas, die sich Schlägertruppen halten, Bürger
komplett durchleuchten, Mauerschützen glatt verleugnen.
Von Köln und Nizza und Paris, da wollen sie nichts hören.
Sie lassen sich von Terroristen auch nicht weiter stören.
Am Ende dieses fulminanten Multikulti-Traumes,
da wartet auf uns der Verlust des öffentlichen Raumes.
Gegen diese Invasion hilft nur eins: Remigration.

Wo CDU und Grüne alle Unterschiede streichen,
wo Illegale täglich unser Staatsgebiet erreichen,
wo alle laut im Takt »Wir schaffen das!« krakeelen.

Da hilft es nur, da gibt's nur eins: Die Altpartei'n abwählen.
Deshalb heißt die Direktive:
Wir wählen Alternative (für Deutschland!)
Willst du eine Zukunft für deine Familie und Dein Land,
wähl die AfD, wähl die AfD!

Statt dich auf and're zu verlassen, nimmst du es selber in die Hand:
wähl die AfD, wähl die AfD!
Bist du für Meinungsfreiheit für jederfrau und jedermann,
damit Jennifer Rostock weiter Blödsinn singen kann.
Am Sonntag gilt's, sag all'n Bescheid:
ganz Deutschland muss es sehn, wir geh'n und wähl'n die AfD!

Auch das Video des Liedes ist ein einziger Gegensatz zu dem Lied von Jennifer Rostock/Weist: Bei Jennifer Weist sind im Hintergrund ein Billy-Regal mit abgewetzten Taschenbüchern zu sehen, während im Video von Melanie Halle ein altmodisches Bücherregal zu finden ist, in dem Bücher mit Ledereinband angeordnet sind. Zudem sieht man eine antike Uhr. Der Pianist Till-Lucas Wessels spielt auf einem Klavier anstatt auf einem E-Piano, wie es der Keyboarder von Jennifer Rostock, Johannes Walter-Müller, benutzt. Jennifer Weist sitzt nach vorne gebeugt und den Zuschauern fallen sofort ihr weißes T-Shirt, ihr tätowierter Körper und ihre Kreolen auf. Im Gegensatz dazu sitzt Melanie Schmitz mit einem geraden Rücken und einem Spitzenkleid mit überschlagenen Beinen vor dem Klavier.

Eine Umkehrung der Verhältnisse könnte man auch in Bezug auf die Kommentare unter den Videos behaupten. Schreibt »Defend Europe 52« beispielsweise »Schöne Stimme, schöne Frau, schönes Lied!« unter das Video von Melanie Halle, dann sind die Kommentare unter dem Video von Jennifer Rostock von Hate Speech durchzogen.

Der Pianist Wessels füllt diese Gegendarstellung auf einem YouTube-Video mit dem Titel »A jamais Idealiste« mit folgender Bedeutung: »Jedes unserer Lieder ist ein Splitter im linksliberalen Establishment.« Es scheint also für die Identitären nur schwarz oder weiß zu geben – entweder man ist nationalistisch-völkisch oder man ist links.

Wenn man sich die oben genannten Texte und Videos näher anschaut, dann wird deutlich: Texte und Videos können zwar ein *Splitter* in einer freiheitlich-demokratische Grundordnung sein, aber es handelt sich auch um mehr oder weniger kreative Lieder, um eine völkisch-nationalistische Ideologie zu transportieren. Setzt sich das Lied von Jennifer Rostock mit dem damaligen Wahlprogramm der AfD kritisch auseinander und zählt mögliche Folgen davon auf, dann transportiert der Beitrag von Melanie Halle lediglich empörte Behauptungen. Die Musik bzw. der Musikstil kann als ein »Shuttle-Service« für diese Ideologie bezeichnet werden, ist aber nicht *sui generis* inhaltlich geladen.

Transportmittel einer identitären Ideologie können auch Bilder oder künstlerische Performances sein. Demzufolge versucht die sogenannte Identitäre Bewegung immer wieder, die Macht der Bilder für sich zu nutzen. Sind die Identitären in ihrer Anfangsphase noch hauptsächlich mit der Störung von Veranstaltungen, dem Abrollen von Transparenten oder Straßenblockaden in Erscheinung getreten, so hat man nach den Anschlägen auf das Redaktionsteam von Charlie Hebdo am 7. Januar 2015, am 13. November 2015 u.a. in Paris und am 14. Juli 2016 in Nizza mit insgesamt weit über 200 Toten und mehreren hundert Verletzten auch immer wieder Graffitis der Identitären finden können, in denen sie eine mutmaßlich von Migranten ausgehende Gefahr zum Ausdruck bringen (der Großteil der islamistischen Attentäter o.g. Straftaten beispielsweise besaß allerdings die französische Staatsbürgerschaft).

Die Macht der Bilder nutzten die Identitären auch am 19. Dezember 2017, am ersten Jahrestag des Anschlages auf den

Berliner Breitscheidplatz von Anis Amri, bei dem neben zahlreichen Verletzten 13 Menschen den Tod fanden. Morgens luden ca. 20 Identitäre fünf graue Betonsteine am angrenzenden Schoah-Mahnmal aus. Diese Betonstelen trugen die Inschriften »Den Opfern islamistischen Terrors« und »Kein Opfer ist vergessen« sowie gelbe Kreuze und die Städtenamen Paris, Brüssel, Manchester, Berlin, Nizza – also jene Städte, in denen islamistische Terroranschläge verübt worden waren. Zudem lagen auch Flugblätter, Fotos und Kerzen neben den Betonsteinen. Schnell bekannte sich die sogenannte Identitäre Bewegung auf Facebook zu dieser Aktion: Sie wollten auf die Opfer der deutschen Migrationspolitik aufmerksam machen. Nach dem Entfernen dieser »Aktionskunst« durch die örtliche Polizei erfolgte auch auf Facebook die Entrüstung darüber.

Der (vorübergehende) Bau von weiteren Mahnmalen für die Opfer von Gewalt gegen Frauen – in dem identitären Weltbild selbstverständlich nur das Verschulden von Migranten – folgten. Auf demokratischer Seite ist so etwas nicht bekannt, doch die Vorläufer dieser Aktionen sind allesamt in der 1960er Jahre Gruppe »Subversive Aktion« von Kunzelmann und Dutschke zu finden. Den Identitären gelingt somit eine moderne Kopie des linken Aktivismus der 60er Jahre.

Wenn also Sachsens Ministerpräsident Michael Kretschmer im Mai 2019 die Aktionen der politischen Künstlergruppe »Zentrum für politische Schönheit« (ZPS) mit denen der Identitären vergleicht, »beides geschmacklos« findet und sogar sagt, dass es einen unverhältnismäßigen Aufschrei bei den identitären Aktionen gebe, da »Grenzüberschreitungen in beide Richtungen« stattfänden (u.a. SZ und Tagesspiegel, 13.5.2019), dann kann man nur mit Lars Klingbeil, dem ehemaligen Generalsekretär der SPD, entgegnen, dass solch »plumpe Vergleiche [...] echte Gefahren für unsere Demokratie [verharmlosen]« (Tweet von Lars Klingbeil am 14.5.2019).

Kretschmer könnte zudem die Aktion »Die Toten kommen« des ZPS gemeint haben. Bei dieser Performance wurden die anonymen Massengrabstätten von ertrunkenen Geflüchteten geöffnet und die Leichen nach Deutschland gebracht, um ihnen eine würdevolle Beerdigung zu ermöglichen. Beispielsweise konnte so eine vierfache 34-jährige Mutter aus Syrien, die im Mittelmeer umgekommen ist, im Kreise ihrer Angehörigen beigesetzt werden. Auch diese Aktion – bei der übrigens 91 Aktivistinnen und Aktivisten festgenommen wurden – kritisiert die deutsche bzw. europäische Flüchtlingspolitik. Und zugleich lässt sie keine Parallele zu den identitären Performances zu, die an die Opfer des »Multikulti-Wahns« und offener Grenzen erinnern wollen. Wenn die eine Aktion ein humanitäres Bestreben verfolgt und die Würde und das Recht eines jeden Menschen für konstitutiv erachtet, negieren die identitären Aktionen diese Humanität bzw. die Menschenrechte für die Menschen, die nicht ihrer bevorzugten (i.e. rassifizierten) Ethnie angehören. Und doch steht die sogenannte Identitäre Bewegung in der Tradition der politischen Kunst und macht deutlich, dass »rechtes Gedankengut in der Verkleidung einer Christoph-Schlingensief-Performance möglich und gar nicht mehr abwegig« ist – so schreibt das Magazin für Kunst und Leben, Monopol, am 14.7.2019.

Die AfD-Hochschulgruppe hat im Mai 2016 das Heinrich-Heine-Denkmal auf dem Campus der gleichnamigen Düsseldorfer Universität verhüllt und wenig später, in der Nacht vom 28. auf den 29. November des gleichen Jahres, vermummte die Identitäre Bewegung das mehr als 20 m hohe Maria-Theresien-Denkmal in Wien mit einer überdimensionalen Burka. Zugleich schrieben die Identitären auf Facebook: »Wenn wir nichts tun, ist das unsere Zukunft.« Zudem wurde ein Schild mit der Aufschrift »Islamisierung – nein Danke!« auf dem Denkmal angebracht.

Vorbild für diese Aktion soll laut der österreichischen Identitären der Verhüllungskünstler Christo gewesen sein, der sofort verkünden ließ, dass er nie solche Aktionen »voller Hass und Bigotterie unterstützen« würde (vgl. *»Identitäre und die Kunst. Verwechslung erwünscht«*, Monopol, 14.5.2019). Diese Vereinnahmung des Werkes des mittlerweile verstorbenen Künstlers zeigt, dass den Identitären (fast) jedes Mittel recht ist, um ihre Aktionen zu legitimieren, die sich auch gerne einmal wiederholen: In Konstanz wurde die Hafenstatue Imperia im Oktober 2017 mit einer riesigen Burka verhüllt und es waren auch die Identitären, die ein Schild unter der Imperia anbrachten: *»Aus meinem Schoß gedeih'* Europas neue Tyrannei«.

Weitere Bilder und Street-Art-Motive, die von den Identitären für den Transport ihrer nationalistisch-völkischen Botschaft verwendet wurden, haben es sogar in eine Ausstellung 2017 der Londoner LD50 Gallery geschafft (LD nimmt wahrscheinlich Bezug auf eine letale Dosis eines Toxins. Der Wert 50 bezeichnet eine Dosis, bei der die Sterblichkeit bei 50 % liegt). Nach massiven Protesten aus der Bevölkerung ist die Galerie kurze Zeit später geschlossen worden.

Rassistische Collagen und popkulturinspirierte Illustrationen mit ultrakonservativen Inhalten oder Verschwörungserzählungen finden wir allerdings nicht nur in Europa. Spätestens seitdem die Alt-Right-Bewegung im Wahlkampf 2016 den »First Great Meme War« ausgerufen hat, macht ein gewisser Sabo immer wieder mit nationalistisch-völkischen Inhalten auf sich aufmerksam (wenn auch nicht mehr über Twitter, da sein Account mittlerweile gesperrt wurde). Der US-Street-Art Künstler behauptet beispielsweise, dass Hillary Clinton eine Satanistin sei (QAnon lässt grüßen!) und beschreibt das »Linkssein« als eine »psychische Störung« (vgl. *»Sabo gets political.* The slow and hesitant journey from #NeverTrump, to the Trump Train«, CNN, 16.8.2017). Seiner Meinung nach sind die Republikaner der neue Punk – so auch der Titel seiner veröffentlichten Posterreihe. Street-Art mit nationalistisch-völkischen und verschwörungs-erzählerischen Inhalten – das ist auf den Kopf gestellte Jugendkultur in Reinform. Der dabei immer wieder im Zusammenhang stehende Aktivismus verdeutliche den »Druck, den man ausüben muss auf die Akupressurpunkte der Öffentlichkeit«, so schrieb der Identitäre Till-Lucas Wessels selbst in der Sezession im August 2017.

Wie also gehen die Identitären an die Öffentlichkeit bzw. wie könnte ihre Vorgehensweise am besten beschrieben werden? Diese Frage lässt sich zusammenfassend folgendermaßen beantworten: Die Identitären wollen eine jugendkulturelle bzw. popkulturelle Bewegung sein – dafür nutzen sie alle Möglichkeiten, die auch anderen Influencern und Influencerinnen zur Verfügung stehen: Soziale Netzwerke, Videoplattformen und das sogenannte Dark Social. Außerdem helfen Algorithmen bei der Verbreitung ihrer Botschaft. So führten beispielsweise die Spielregeln des YouTube-Algorithmus dazu, dass das Musikvideo des identitären Musikers Chris Ares (alias Christoph Zloch) häufig angeklickt wurde. Ares führte Ende 2018 allein vor dem Hintergrund eines Algorithmus damit die I-Tunes Charts vor Materia an. Wohl aus einem ähnlichen Grund kann sich die AfD als Sprachrohr der Bevölkerung generieren. Laut Recherchen von Frontal21 und CORRECTIV hat bereits der Wahlkampf vor der Bundestagswahl 2017 deutlich gemacht, dass ihre Reichweite eng verbunden ist mit ihren Aktivitäten im Netz. So nahmen beispielsweise ab Sommer 2017 die Nutzerinnen- und Nutzer-Interaktionen auf der Facebook-Seite von Alice Weidel abrupt zu. Die offizielle Facebook-Seite der Bundes-AfD konnte in ebendieser Zeit einen entsprechend großen Interaktionssprung verzeichnen. Es gibt also einen großen Vorsprung der AfD im Vergleich zu anderen Parteien in Hinblick auf ihre Reichweite in den sozialen Netzwerken, mit denen die Partei ihre Botschaften verbreiten kann. Dass das Internet (und seine Spielregeln) bei der Verbreitung politisch zwielichtiger Botschaften eine maßgebliche Rolle spielt, sollte nun auch in Bezug auf die sogenannte Identitäre Bewegung deutlich geworden sein.

Neben ihrer Internetpräsenz vertreiben die Identitären diverse Merchandising-Produkte – vom Hoodie bis zum Pils ist (fast) alles dabei. Künstlerisch engagiert sind sie außerdem: zahlreiche Artikel und Bücher, Musik von Chanson bis Hip-Hop und Street-Art von Sabo oder Aktionskunst à la Christo, die subversiv verstanden werden will. Die sogenannte Identitäre Bewegung sieht sich als genuine Jugend- bzw. Popkultur mit allem, was dazu gehört.

Wenn der Publizist Roger Behrens in seinem Aufsatz »Konterrevolution und Revolte. Notizen zu Gangsta-Rap (›deutsch‹), Diskurs und Vermittlung« (2017) über den deutschen Gangsta-Rap schreibt, dass dieser allein affirmativ sei, da die proletarischen Formen und Neologismen kulturindustriell überformt und somit nicht ursprünglich seien, so trifft dies auch auf die angebliche popkulturelle Bewegung der Identitären bzw. der Neuen Rechten zu. Diese verstehen die popkulturellen bzw. jugendkulturellen Spielregeln und tragen so ihre nationalistisch-völkische Ideologie in jugendliche Kreise hinein. Die Umdeutung popkultureller Codes verhilft der sogenannten Identitäre Bewegung zu ihrer gesellschaftlichen Anschlussfähigkeit und – wie man an der Reaktion des sächsischen Ministerpräsidenten gesehen hat – zu einer Verharmlosung ihrer Ziele.

Die Identitären bedienen sich dafür des »Stilmittels« der Retorsion. Ein Begriff, der von Pierre-André Taguieff ins Feld geführt wurde, um die Vorgehensweise der Umkehr antirassistischer Codes in eine rassistische Aussage zusammenzufassen. Der ursprünglich emanzipatorische Kulturbegriff des Multikulturalismus (der die kulturelle Vielfalt auch der Minderheiten betont) wird in seiner politischen Bedeutung umgedreht und reale Machtverhältnisse werden durch graphische oder musikalische Beiträge auf eine *rechte* Seite gedreht. Beispielhaft ist eine Werbung, die nicht nur die Identitären, sondern vormals auch die NPD verwendet haben und nachfolgend auch von einem AfD-Politiker des Rhein-Sieg-Kreises getwittert wurde: »Die Indianer konnten die Einwanderung nicht stoppen. Heute leben sie in Reservaten«. Die angebliche Unterdrückung eines »deutschen Volkes« wird hier mit einem tatsächlichen Akt der Unterdrückung gleichgesetzt, sodass man sich mit der Opferrolle profilieren kann. Die ethnische Mehrheit bedient sich einer machtlosen Minderheit, in diesem Fall der amerikanischen Ureinwohner.

Dass z.B. Formen des Hip-Hops verwendet werden, passt daher ins Bild; zum einen gilt der Hip-Hop als größte Jugendsubkultur in Deutschland, zum anderen wurde der Musikstil in den afroamerikanischen Ghettos der USA geboren. Waren dem Hip-Hop hochpolitische Texte im Stil des Conscious Rap von z.B. Public Enemy zu eigen, die vor dem Hintergrund des Multikulturalismus gedeutet werden müssen, so nehmen Musikstil und Musiktext des Rappers Komplott eine völkisch-nationalistische Umdeutung (Retorsion) vor. Das Beispiel von Melanie Halle kann gleichermaßen als Umdeutung der spontanen Wohnzimmer-Session Jennifer Rostocks angesehen werden, denn abgesehen von der bildgebenden Gegendarstellung wird in dem Text eine eigene »Unterdrückung« inszeniert, sodass die Debatte um die Gleichberechtigung auf den Kopf gestellt wird. Es kommt daher zu einer Täter-Opfer-Umkehr. In diesen Fällen kann jedoch nicht von einer genuin eigenen Popkultur gesprochen werden. Wenn Jens Balzer am 22. Januar 2018 bei ZEIT-Online attestiert: »Hier wächst nichts ›Eigenes‹, Originäres oder gar ästhetisch Interessantes heran. Es ist bloß ein wenig Plunder, um Parolen darin zu betten«, dann ist dem zuzustimmen.

- Konzept der Kontrakultur: Musik, Filme, Transparente, Flashmobs, Influencer, Bierbrauerei
- vermeintliche Popkultur, wenig Originalität
- Retorsion: kulturelle Ausdrucksformen marginalisierter Gruppen werden auf rechts gedreht

Kapitel 7: Auswirkungen

Wie bereits ausgeführt, hat der sächsische Ministerpräsident Michael Kretschmer im Mai 2019 Aktionen der Künstlergruppe Zentrum für politische Schönheit (ZPS) mit denen der Identitären verglichen. Bei den Identitären gebe es seiner Meinung nach stets einen großen Aufschrei, während das ZPS unter dem Mantel der Kunstfreiheit agiere. Doch beides empfinde er als geschmacklos. In Kretschmers Worten zeigt sich deutlich, dass die fundamentalen ideologischen Differenzen zwischen diesen beiden zutiefst unterschiedlich agierenden Gruppen nicht immer wahrgenommen werden. Das ist äußerst bedenklich, denn: »Wenn es möglich ist, dass wir den Identitären zutrauen, sich in einem Kunstdiskurs zu bewegen, sind sie dann nicht längst viel tiefer ein Teil unserer Gesellschaft, als wir wahrhaben wollen?« Das fragt die inzwischen verstorbene Maria Magdalena Ludewig, ehemalige Kuratorin der Wiesbaden-Biennale, in einem Interview der Frankfurter Rundschau vom 4.9.2018. Unter dem Motto »Bad News« zeigte das Theater- und Kunstfestival im gleichen Jahr diesbezüglich spielerisch auf, dass Zeichen und Zuordnungen zunehmend an Schärfe verlieren. Dafür inszenierte beispielsweise das Künstlerkollektiv Frankfurter Hauptschule selbst eine vermeintliche Aktion der Identitären.

Besonders vor dem Hintergrund der Corona-Pandemie wird ersichtlich, in welchem Ausmaß die identitäre Ideologie bereits in gesellschaftlichen Diskursen Raum gewonnen hat und wie sehr Bürger:innen identitäre Zeichen nicht zuzuordnen wissen. Michael Ballweg etwa gründete 2020 die Initiative Querdenken, um gegen sämtliche Coronaschutzmaßnahmen der Bundesregierung zu protestieren. Er fiel auf diversen sogenannten Hygiene-Demos mit Wut und Misstrauen gegenüber Medienvertreter:innen, einer vermeintlichen »Systempresse«, auf. Journalistinnen und Journalisten haben in diesem Zusammenhang bereits die Kontakte einiger Mitglieder der Querdenken-Bewegung oder Sympathisanten zu nationalistisch-völkischen Gruppierungen, zu Reichsbürgern und/oder in verschwörungsideologische Kreise recherchiert. An dieser Stelle sei nur der »Verein demokratischer Widerstand« rund um Ken Jebsen, Attila Hildmann und Anselm Lenz genannt. Der eine (Jebsen) fiel in den letzten Jahren zunehmend mit kruden antisemitischen Theorien auf (vgl. den Podcast »Cui Bono? WTF happened to Ken Jebsen?«), der andere (Hildmann) verbreitete über den Social Messenger Dienst Telegram Verschwörungserzählungen und antisemitisch-nationalistisch-völkische Hetze, bis Telegram seinen Kanal Anfang 2022 sperrte, und Anselm Lenz bezeichnete die Maßnahmen gegen die Verbreitung des Coronavirus als »größten Angriff auf das Menschenrecht seit 1945« (u.a. volksverpetzer.de, 10.8.2022).

Diese Mischung aus Verschwörungsideologen, linksesoterischen Impfgegnern und völkischen Nationalisten bezeichnet der Soziologe und Protestforscher Peter Ullrich als »postdemokratische Empörungsbewegung«. Dieser Begriff stelle zum einen heraus, dass es eine fühlbare Entleerung demokratischer Positionen gebe, und zum anderen deute er an, dass die Teilnehmenden den bestehenden Staat delegitimieren. Der Zweifel an der Richtigkeit von politischen Entscheidungen verengt sich zu der verschwörungserzählerischen Überzeugung, dass Corona lediglich vorgeschoben sei. Das zeigt auch das 2020 erstmals und 2022 in der dritten Auflage (!) erschienene Buch »Die Plandemie« des Kokosnussöl-Experten Dr. Bruce Fife. Im Infotext ist zu lesen, dass diese »Pandemie nicht zufällig zustande« gekommen sei, denn es sei »ein sorgfältig inszeniertes und geplantes Ereignis« gewesen. Wissenschaftlich beschäftigt sich damit u.a. das Hannah-Arendt-Institut für Totalitarismusforschung im Projekt »From #Corona Diktatur to ›Hygiene Demos‹: Conspiracy theories surrounding COVID-19 in digital and analog space«. An dieser Stelle sei nur so viel gesagt: Marschieren Reichsbürger und völkische Nationalisten bei den Hygiene-Demos mit, die Hassparolen skandieren, wird das Zwangskennzeichen eines sogenannten Judensternes mit dem Schriftzug UNGEIMPFT getragen – wird also die Schoah verharmlost – und werden Journalistinnen und Journalisten von den Demonstranten angegriffen, dann ist das nicht nur eine stille Zustimmung in Bezug auf die Positionen der Krawallmacher, sondern dann werden auch ideologisch nicht gefestigte Menschen in eine völkisch-nationalistische Position hineinmanövriert. Der kleinste gemeinsame Nenner der Demonstrierenden ist somit praktisch ein identitärer Blick auf die Gesellschaft. Insofern verbinden der Glaube an eine »alternative Weltsicht« (so Andreas Grünschloß im Gespräch mit Christian Röther am 2.9.2020 im DLF) und das Misstrauen gegenüber etablierten Autoritäten Esoteriker, Verschwörungsideologen und völkische Nationalisten, denn die Ideologie der Identitären verhält sich komplementär zu dieser Weltsicht. Es ist demnach nicht verwunderlich, dass insbesondere auch die Identitären über ihre noch verbliebenen Social-Media-Kanäle (Telegram etc.) zu einer Teilnahme an solchen Demos aufgerufen haben.

Anfang des Jahres 2022 befürwortet ein Großteil der Bürger:innen die Corona-Maßnahmen der Bundesregierung, »lediglich« 23 % der Bevölkerung halten diese laut Statista für übertrieben. Und doch fällt auf, dass eine grundsätzliche Kritik an den (öffentlich-rechtlichen) Medien und eine Delegitimierung des Staates immer größere Kreise ziehen und eine misstrauische Haltung in Bezug auf wissenschaftliche Erkenntnisse (Klimakrise, Coronakrise etc.) sowie eine Art der politischen Entfremdung längst in der Mitte der Gesellschaft angekommen sind.

Öffentlichkeitswirksam inszeniert haben dies Ende April 2021 50 teils sehr bekannte Schauspielerinnen und Schauspieler und zwei Regisseure mit dem Hashtag #allesdichtmachen. U.a. Jan Josef Liefers, Heike Makatsch, Ulrich Tukur und Volker Bruch setzten ihre Reichweite ein, um darauf aufmerksam zu machen, dass die Öffentlichkeit nahezu unkritisch geworden sei, dass in den Medien kein Diskurs mehr stattfinden dürfe und dass die Corona-Maßnahmen der Bundesregierung überzogen seien. Die Bundesregierung wolle hauptsächlich Angst verbreiten, um die Bürgerinnen und Bürger gleichsam ruhig zu stellen. Im Gegensatz dazu wolle #allesdichtmachen (sowie die Nachfolgeaktion fünf Monate später namens #allesaufdentisch) einen »herrschaftsfreien Diskurs über die Corona-Pandemie« ermöglichen. Bejubelt wurde diese Aktion von bereits genannten Personen wie Ken Jebsen und Attila Hildmann. Der frühere Präsident des Bundesamtes für Verfassungsschutz, Hans-Georg Maaßen, twitterte, dass die Aktion #allesdichtmachen »großartig« sei. Und auch die AfD klatschte reflexartig Beifall.

Diese breite Zustimmung scheint bei den Genannten nicht weiter verwunderlich zu sein. Auch bei Hans-Georg Maaßen kann insgesamt eine Fanatisierung beobachtet werden, wenn es um die Bekämpfung einer vermeintlich linken Ideologie geht. So forderte er beispielsweise eine Gesinnungsüberprüfung für Journalist:innen oder zeigt sich in nationalistisch-völkischen Medien wie der *Jungen Freiheit* (vgl. 87) (so in einem Videointerview mit »JF-TV« am 23. September 2021 über die scheinbar inkorrekte Beobachtung der AfD durch den Verfassungsschutz) und dem als rechtspopulistisch geltenden Monatsmagazin »Tichys Einblick«. Zusätzlich publiziert er selbst seine Texte in diesen Medien. Beispielhaft sei der Aufsatz »Aufstieg und Fall des Postnationalismus« genannt, den Maaßen mit Johannes Eisleben (u.a. ein Redakteur für die Junge Freiheit) in dem Zweimonatsmagazin »Cato« unter dem Dach der *Jungen Freiheit* veröffentlichte. Ursprünglich ist dieser Aufsatz auf Englisch in der – der Alt-Right-Bewegung nahestehenden – Telos

Press am 11. September 2020 erschienen. Sowohl der Historiker Volker Weiß als auch der Rechtsextremismusexperte Matthias Quent bescheinigen diesem Aufsatz eine extreme Nähe zu neurechten bzw. nationalistisch-völkischen Ideologien (vgl. »Eine eindeutige Erzählung«, Taz, 30.5.2021).

In neurechter-kapitalismuskritischer Manier beklagen Maaßen und Eisleben in ihrem Aufsatz zusammenfassend den kulturellen Niedergang des Westens aufgrund von Einwanderung und Globalisierung. Sie schreiben, dass »[d]iese Tendenzen [...] von einer neuen politischen Ideologie orchestriert [werden], die Pluralismus und Demokratie grundsätzlich in Frage stellt. Zu ihrem Kernbestand gehören Identitätspolitik und Minderheitenrechte, eine politische Säuberung der Sprache, die Abschaffung des Rechts auf freie Meinungsäußerung in Schulen, Universitäten und Medien sowie eine aggressive Propaganda, die zu ›Klimaschutz‹, ›internationaler Solidarität‹ und noch mehr Migration aufruft. Diese Ideologie wird nicht nur finanziell von interessierter Seite massiv gefördert, sondern auch von einem aggressiven und anpassungsfähigen Propaganda-Apparat beworben, den Medien sowie zahlreiche Politiker und Nichtregierungsorganisationen mit bedienen.« Zweifelsohne verwenden Maaßen und Eisleben Narrative, die in den intellektuell nationalistisch-völkischen Kreisen immer wieder rezipiert und transportiert werden. Der Liberalismus, die Emanzipation, das Eintreten für Klimaschutz und für Chancengerechtigkeit fördere und bedinge ihrer Meinung nach den gesellschaftlichen Niedergang – klassisch identitäre Ideologie! Ebenfalls typisch ist, dass Maaßen und Eisleben das rhetorische Repertoire des Antisemitismus bedienen, wenn von ihnen behauptet wird, dass »von einer interessierten Seite« die Finanzierung für eine solche gesellschaftliche Entwicklung erfolge und mithilfe eines »aggressiven Propagandaapparates« unterstützt werde. Das, was Thomas Laschyk, Gründer von »Volksverpetzer« (ein auf die Aufdeckung von Falschmeldungen spezialisiertes Portal), als eine Strategie der AfD formulierte, lässt sich auch für die Worte Maaßens/Eislebens annehmen: Die beiden Autoren tätigen allein subtile Andeutungen, um sich vor dem Vorwurf eines antisemitischen Verschwörungsglaubens (gegenüber einer möglichen »jüdischen Finanzelite«) schützen zu können. In Verbindung mit den vergangenen Aussagen Maaßens über eine internationale Elite (vgl. »Eine eindeutige Erzählung«, Taz, 30.5.2021) genügen allein Andeutungen, um bei seinen Anhängerinnen und Anhängern ein vollständiges Bild zu erzeugen (diese Strategie der Anspielungen wird auch *Dog Whistling* genannt).

Auch bei der äußerst missverständlichen Aktion #allesdichtmachen ist die Satire augenscheinlich nicht einfach nur falsch verstanden worden. Die breite Zustimmung seitens nationalistisch-völkischen und Quer-Denkern war kein Versehen, sondern diese Aktion verstärkte die Verbreitung von Verschwörungserzählungen mithilfe von teilweise sehr bekannten Gesichtern. In den kurzen Videosequenzen wurden allerdings lediglich Anspielungen getätigt, die in o.g. Kreisen eine Eindeutigkeit suggerieren.

Der Kabarettist Florian Schröder kommt zu einem ähnlichen Ergebnis und hält diese Aktion für misslungen. Die meisten Videos seien schlechte Satire, so schreibt er in einem Tweet am 23. April 2021, »weil sie sich in einer bequemen, letztlich verantwortungslosen Ironie eingerichtet haben. Das ist billig und kindisch und entsprechend in alle Richtungen interpretierbar – und damit anschlussfähig an die üblichen verdächtigen Milieus, die ja auch schnell und vorhersehbar applaudiert haben.«

Es ist kaum vorstellbar, dass seitens der Initiatoren nicht antizipiert werden konnte, dass die Idee einer mangelnden Meinungs- und Pressefreiheit bzw. einer vermeintlich gleichgeschalteten Presse genau in das gleiche Horn stößt wie die Querdenker, Reichsbürger und somit auch die Identitären.

Die Aktion #allesdichtmachen kann aus gutem Grund als komplett aus dem Ruder gelaufen bezeichnet werden und gipfelte in einer Diskussion um den Zustand der deutschen Meinungsfreiheit. Eine Debatte, wie sie sich die Identitären nicht passender hätten wünschen können. Die Initiatoren von #allesdichtmachen, u.a. Dietrich Brüggemann, äußern diese grundsätzliche Medien- und Gesellschaftskritik folgendermaßen auf der Website der Kampagne: »Wenn man sich nicht traut, Selbstverständlichkeiten anzumahnen, weil man Applaus von der falschen Seite fürchtet, dann zeigt das allenfalls, daß der Diskurs in eine Schieflage geraten ist.« »Rechte Kulturkampffloskeln« (Der Tagesspiegel, 29.4.2021) scheinen somit die Diskurspolitik zu bestimmen. Es wird behauptet, dass an den Vorwürfen einer unfreien Presse und einer Meinungsdiktatur etwas dran sei, und wer diese Haltung kritisiere, würde diese vermeintlichen Meinungskorridore unterstützen.

Selbstverständlich ist beispielsweise Volker Bruch nicht Teil der sogenannten Identitären Bewegung und selbstverständlich sagt seine Mitgliedschaft bei der vor dem Hintergrund der Querdenken-Bewegung gegründeten Partei »Die Basis« noch nichts Endgültiges über seine politische Haltung aus, aber die Ideologie der Identitären lässt sich in dem gedanklichen Spektrum derjenigen wiederfinden, die lautstark gegen eine angebliche »Merkel- oder Corona-Diktatur« protestieren. Anfang August berichtete der Berliner Tagesspiegel, dass das Magazin »Compact« von Jürgen Elsässer – das im Juni 2019 Victor Orbán, Matteo Salvini und Marine Le Pen auf dem Cover als »Hoffnung für Europa« herausstellte – auf Telegram mit einem gemeinsamen Bild von Volker Bruch und Anselm Lenz warb. Bruch hielt die Querdenker-Zeitung »Demokratischer Widerstand« in die Kamera und man konnte von einem »Maskenregime« lesen, dessen »ausgemachtes Ziel [...] die Transformation der Demokratie in eine Diktatur« sei. Es wirkt also äußerst fadenscheinig, wenn Bruch in einem Interview mit der »Welt«

am 9. Mai 2021 empört auf die negativen Reaktionen auf #allesdichtmachen reagiert und behauptet, dass man versuche, die Akteurinnen und Akteure »zu kriminalisieren und in eine undemokratische Ecke zu schieben.«

Die Argumentationsstrategie von Bruch unterscheidet sich dabei kaum von der der Identitären. Es handelt sich um die als Täter/Opfer-Umkehr bekannte *Retorsion.* Vor dem Hintergrund des Ukraine-Krieges lässt sich beispielsweise die Agitation Putins als Retorsion interpretieren, wenn er desinformativ behauptet, er wolle die Ukraine entnazifizieren und von einem Terrorregime befreien. Ferner sollte spätestens mit dem Angriffskrieg Putins auf die Ukraine deutlich werden, dass es relativ absurd ist, wenn sich Akteur:innen von #allesdichtmachen über Meinungskorridore auslassen oder eine angeblich regierungstreue Presse anprangern. Als Beispiel sei der russische Fernsehsender Dozhd genannt, der als letzter Kreml-kritischer Sender im März 2022 seinen Betrieb komplett einstellen musste. (Die interessante Geschichte von Dozhd kann in der Dokumentation »F@ck this Job« nachverfolgt werden.) Die Staatsduma Russlands hat am 4. März 2022 eine Gesetzesänderung beschlossen, nach der Journalistinnen und Journalisten bis zu 15 Jahre Haft drohen, wenn sie vermeintliche Falschinformationen über die russische Armee verbreiten und zu Sanktionen gegen Russland aufrufen. Mit Recht kann demnach behauptet werden, dass eine freie Berichterstattung in Russland überhaupt nur über verschlüsselte Kanäle wie Telegram möglich ist. Im Umkehrschluss ist anzuerkennen, dass die Bürgerinnen und Bürger in Deutschland eben keine Corona-Diktatur erleben. Vor diesem Hintergrund spricht sich der Soziologe Matthias Quent dafür aus, nicht nur eine symbolische Diskussion über nationalistisch-völkische Beteiligung bei den sogenannten Hygiene-Demos zu führen. Das eigentliche Problem sei die Alltäglichkeit des rechten Denkens, so Quent im Gespräch mit Jasper Barenberg im DLF am 31. August 2020,

»und nicht so sehr seine symbolische Artikulation.« Die Querdenken-Bewegung bedeute eine Gefahr für den gesellschaftlichen Zusammenhalt in der Bewältigung der Corona-Pandemie und eine Gefahr für Menschen, »die sich in diesem Denken verlieren können.«

Besonders im Sprachgebrauch zeigt sich mittlerweile alltäglich gewordene nationalistisch-völkische Ideologie, wie sie auch die Identitären vertreten. Wenn Alexander Gauland am 5. April 2017 zum Thema Familiennachzug von Geflüchteten attestiert, dass der »Bevölkerungsaustausch auf Hochtouren« liefe, seine Zuhörer:innen auf einem AfD-Parteitag 2018 konkret vor einem »Bevölkerungsaustausch« warnt, die AfD-Politikerin Beatrix von Storch am 8. Mai 2016 in einem Tweet verkündet, dass die Pläne für einen Massenaustausch der Bevölkerung längst geschrieben seien oder der AfD-Vorsitzende Tino Chrupalla 2019 in einem ZDF-Interview von Umvolkung spricht, dann wird deutlich, dass Teile der AfD-Fraktion bereits die Ideologie und das dazugehörige Vokabular der sogenannten Identitären Bewegung nicht nur verinnerlicht haben, sondern auch weitertragen. Abgesehen davon, dass so etwas wie eine willentliche Migrationsbewegung von Regierungen u.a. laut Migrationsforscher Jochen Oltmer absolut abwegig sei, schürt eine solche Verschwörungserzählung Ängste, die toxisch für den gesellschaftlichen Zusammenhalt sind. In enthemmenden Gesinnungsblasen wie den sozialen Netzwerken potenziert sich dann das drängende Gefühl, etwas gegen die vermeintlichen Regierungspläne unternehmen zu müssen. Die Attentate von Christchurch, Halle oder Hanau sind besorgniserregende Beispiele dafür, welche Auswirkungen die Verbreitung einer solchen Verschwörungserzählung haben kann.

Weitere Narrative bzw. Begriffe aus dem Umfeld der nationalistisch-völkischen Ideologie bzw. der sogenannten identitären Bewegung sind mittlerweile sagbar geworden: So singt Melanie Halle in ihrem AfD-Wahlsong, dass man die *Altpar-*

teien abwählen solle. Der Publizist Hugo Müller-Vogg führte diesen Begriff in seinem Tweet vom 17. März 2015 auf eine Rede von Josef Goebbels vom 9. April 1938 in Wien zurück, was allerdings nicht den Tatsachen entspricht. Diese aus dem Hotel Imperial in Wien übertragene Rede hält Goebbels vor dem Hintergrund der Volksabstimmung über den Anschluss Österreichs ans Deutsche Reich. Er hebt die Einigkeit von Volk und Führer hervor und will sie von der verhassten parlamentarischen Demokratie abgegrenzt wissen, die seiner Meinung nach einer »furchtbaren Vergangenheit« angehörte. »Damals appellierten Dutzende von Parteien an das Volk. Keine von ihnen sprach von vollbrachten Leistungen, alle sprachen sie nur von Versprechungen, die wiederum keine von ihnen einzulösen bereit oder auch nur in der Lage war.« Der Begriff der Altparteien findet sich in dieser Rede allerdings nicht. Auch nicht in anderen oder früheren Reden Goebbels, denn er wertete die Parteien der Weimarer Republik üblicherweise mit dem Begriff »Systemparteien« ab.

Darüber hinaus beklagt sich beispielsweise Goebbels in einer Rede am 23. Februar 1932, dass die bürgerlichen Parteien, die in Wirklichkeit volksfeindlich seien, versucht hätten, »der nationalsozialistischen Bewegung mit Lüge und Verleumdung entgegenzutreten.« Am 10. Juli 1934 hetzt er vor allem gegen die ausländische Presse (die »Lügenjournaille«) und sagt ihr »Lügenkampagnen, Hetze, Lügenmeldungen« nach, die von »Meinungsfabrikanten und Lügenfabrikanten« gemacht werden würden und die »diese Methoden einer bewußten und systematischen Vergiftung der öffentlichen Meinung« billigten.

Sollte einem diese NS-Rhetorik auch in dem öffentlichen Diskurs oder gar in der gegenwärtigen Parteienlandschaft bekannt vorkommen, so sei an dieser Stelle gesagt, dass bereits Andreas Kemper auf Zeitgeschichte-online die Wortwahl Björn Höckes mit dem Nazi-Jargon der 1930er und 1940er verglichen und systematisiert hat. Wenn allerdings Höcke beispielsweise am 6. Juni 2021 twittert: »Die Altparteien wollen Deutschland überwinden, wir von der AfD wollen es erhalten«, so ist zumindest in Bezug auf das Lexem Altparteien kein Nazi-Bezug zu erkennen.

Dieser Begriff wurde nämlich mit dem Aufstieg der Grünen populär, um diese von den drei bis dahin etablierten Parteien CDU, SPD und FDP abzugrenzen. Beispielsweise verwendete die Politikerin und das Gründungsmitglied der Grünen, Petra Kelly (1947–1992), diesen Begriff, damit die Abgrenzung der grünen »Anti-Parteien-Partei« zu den gewohnten Parteien deutlich werde (so z.B. in ihrer Veröffentlichung »Um Hoffnung kämpfen«, 1983). 1991 nahm der Duden den Begriff im Plural auf und mittlerweile ist er dort im Singular (*Altpartei, die*) zu finden. Wenn die Neue Rechte diesen Begriff verwendet, dann inkludiert sie die Partei Bündnis 90/Die Grünen und wertet demzufolge alle vier etablierten Parteien ab. Zur Historie und zur Ideologie der sogenannten Identitären Bewegung passt es, dass sie diesen Begriff, der ursprünglich aus der Friedens- und Ökobewegung der 1970er stammte, für ihre Zwecke umgedeutet hat. Aber nicht Martin Sellner, sondern ein anderer Österreicher hat sich bereits Ende der 1980er Jahre dieses Begriffes bedient, um seine Mischung aus Rechtspopulismus gepaart mit nationalistisch-völkischer Ideologie zu postulieren: Jörg Haider kündigte bekanntlich nach seiner Wahl zum Kärntner Landeshauptmann 1989 an, er werde das »österreichische Proporzsystem der Altparteien auflösen«.

Das, was Haider Proporzsystem nennt, heißt andernorts das politische Establishment. Dieses wurde von verschiedenen Personen angeprangert: So beispielsweise von Friedrich Merz im Oktober 2020 im Kampf um den CDU-Vorsitz, Donald Trump in den Jahren 2017–2021 und der AfD u.a. im Rahmen der Landtagswahl in Sachsen-Anhalt 2021. Unbedarft spricht Donald Trump vor der Präsidentschaftswahl 2016 an, wer damit gemeint sei: Das politische Establishment zeichne sich dadurch aus, dass es gescheitert und korrupt sei, so Trump. »Das Washingtoner Establishment, sowie die Finanz- und Medienunternehmen, die es finanzieren, existieren nur aus einem Grund: um sich selbst zu schützen und zu bereichern! Die, die in Washington Macht haben und die Lobbyisten verbünden sich mit Menschen, die nicht euer Glück im Blick haben. Unsere Kampagne steht gegen eine echte, existenzielle Bedrohung, wie sie sie noch nicht zuvor gesehen haben! Hier geht es nicht nur um eine Wahl für vier Jahre. Dies ist ein Scheideweg unserer Zivilisation. [...] Die Medien in unserem Land haben nichts mehr mit Journalismus zu tun, sie sind politische Interessenvertretungen.« (zit. nach YouTube-Video, 24.10.2016; das Video ist mittlerweile nicht mehr verfügbar, aber wenn man mit der Wortkombination »Trump«, »Establishment« und »campaign 2016« das Netz durchsucht, wird man schnell fündig.)

Das Denotat Establishment (eine etablierte Elite/Gruppierung) umreißt ebenfalls die Konnotation eines korrupten, dekadenten und machthungrigen (politischen) Apparates, für den der eigene Machterhalt von oberster Priorität ist und der sämtliche Medienvertreter:innen für seine eigenen Zwecke nutzt – ein *perpetuum mobile*. Nicht nur dieser Begriff, sondern auch die dazugehörige Konnotation ist in den Sprachgebrauch der Gesellschaft übergegangen. So konstatiert der Kommunikationswissenschaftler Frederik Weinert in »Die Sprache der Rechten« (2018), dass die AfD Grund für viele Bürgerinnen und Bürger wählbar sei, weil sie das Establishment kritisiere, das sich ihrer Meinung nach nicht nur aus den sogenannten *Altparteien*, sondern auch aus den etablierten Medien zusammensetze.

Der CSU-Politiker Alexander Dobrindt wünschte sich 2018 in der Zeitung »Die Welt« als Reaktion auf die »linke Revolution der Eliten«, deren Ursprung er in der 68er-Bewegung sieht, einen konservativen Aufbruch in Deutschland, den

Dobrindt selbst als »konservative Revolution der Bürger« bezeichnete. Die CSU würde diese Revolution, laut Dobrindt, unterstützen und wäre ihre Stimme in der Politik. In der Presse ist Dobrindt für seine verbalen Aussetzer bekannt: Er bezeichnete den Abgeordneten der Grünen, Volker Beck, als »Chef der Pädophilen-AG« (u.a. SZ vom 23.5.2013) oder ist Urheber des Unwortes des Jahres 2018, »Anti-Abschiebe-Industrie«. Die Jury führte u.a. an, dass dieser Begriff diejenigen diffamiere, die abgelehnten Asylbewerber:innen rechtliche Unterstützung anböten. Als Unwort 2018 gelte es, »weil die Tatsache, dass ein solcher Ausdruck von einem wichtigen Politiker einer Regierungspartei prominent im Diskurs platziert wird, zeigt, wie sich der politische Diskurs sprachlich und in der Sache nach rechts verschoben hat und sich damit auch die Sagbarkeitsregeln in unserer Demokratie in bedenklicher Weise verändern«, so die fünfköpfige Jury. Wenn allerdings Dobrindt darüberhinausgehend eine konservative Revolution und mit ihr einhergehend eine christlich-abendländische Leitkultur fordert, dann ist das nicht nur Teil seiner Krawall-Rhetorik, sondern entstammt eindeutig dem ideologischen Einflussbereich der Identitären. Nicht zuletzt Armin Mohlers Schrift zur Konservativen Revolution gilt für sie als Legitimationsgrundlage nationalistisch-völkischen und antidemokratischen Denkens, ohne aber offen nationalsozialistisch zu sein (vgl. S. 25). Die Forderung nach einer »konservativen Revolution« zeigt also einmal mehr, wie gewöhnlich nationalistisch-völkische Sprachspiele mittlerweile im öffentlichen bzw. politischen Diskurs geworden sind.

Dazu können auch die zynischen Begriffe des Sozialtourismus (Friedrich Merz (CDU), 2022), Asyltourismus (Joachim Herrmann und Markus Söder (CSU), 2018), der Asylindustrie (Georg Pazderski (AfD), 2017) bzw. der Anti-Abschiebe-Industrie (Alexander Dobrindt (CSU), 2019) zählen – die beiden letzteren suggerieren zudem ein verschwörungserzählerisches *Cui bono* (»Wem zum Vorteil?«). Wenn ferner beispielsweise der AfD-Abgeordnete Thomas Ehrhorn 2018 vor dem Hintergrund der Bundestagsdebatte um die gleichgeschlechtliche Ehe (die sogenannte »Ehe für alle«) vom »Volkstod« spricht und sich im Parlament fragt, »[o]b wir es hier nicht mit den Vorboten einer degenerativen Geisteskrankheit zu tun haben«, dann bläst er in das gleiche Horn wie das Agitieren der sogenannten identitären Bewegung gegen den vermeintlichen »Genderwahn« oder den »Gender-Terror«. Dieser bedrohe ihnen zufolge eine gesunde »Volksgemeinschaft«, da eine fehlende binäre Geschlechterordnung und somit destabilisierte Rollenbilder die Struktur eines Volkskörpers aufweichen würden (vgl. S. 62). Darüber hinaus ist mit diesen Begriffsschöpfungen die Behauptung verknüpft, dass es sich bei dem »Genderismus« um ein ideologisches machtpolitisches Kalkül einer »linksgrünversifften« Minderheit (oder wie Jörg Meuthen auf dem AfD-Bundesparteitag 2016 sagte, ein »links-rot-grün verseuchte[s] 68er-Deutschland«) handelt.

Ein vermeintlicher »Volkstod« könnte den Identitären zufolge ebenfalls von außen hereinbrechen, wenn zu viele Migrant:innen in Deutschland leben. Diesen hat bereits Thilo Sarrazin (ehemals SPD) in seinem 2010 veröffentlichten Buch, »Deutschland schafft sich ab« propagiert, indem er auf S. 309 schreibt: »Ich möchte nicht, dass das Land meiner Enkel und Urenkel zu großen Teilen muslimisch ist, dass dort über weite Strecken Türkisch und Arabisch gesprochen wird, die Frauen ein Kopftuch tragen und der Tagesrhythmus vom Ruf der Muezzine bestimmt wird.« Konkreter wird Sarrazin in einem Interview mit dem Magazin »Lettre International« vom 1. Oktober 2009, wenn er sagt: »Die Türken erobern Deutschland genauso, wie die Kosovaren das Kosovo erobert haben: durch eine höhere Geburtenrate.« Nicht nur Sarrazin, sondern auch die Identitären haben Angst, dass sie »Fremde im eigenen Land werden« (Sarrazin, Deutschland schafft sich ab, S. 309). Sozialphilosophische Theorieansätze bzw. gesellschaftspolitische Handlungsoptionen des Multikulturalismus werden in diesem Zusammenhang u.a. von den Identitären abwertend als »Multikulti« (oft auch in einer Kombination, wie z.B. »Multikulti-Kult« oder »Multikulti-Wahn«) bezeichnet. Auch Horst Seehofer (CSU) beherrscht diese Form der Rhetorik, wenn er beispielsweise im Oktober 2010 beim Deutschlandtag der Jungen Union verkündete, dass »Multikulti tot« sei, »[w]ir wollen schließlich nicht zum Sozialamt der ganzen Welt werden.« Sowohl dem kanadischen Politikwissenschaftler James Tully als auch dem ebenfalls aus Kanada kommenden Philosophen Charles Taylor geht es mit ihrem sozialphilosophischen Gedankengerüst zum Multikulturalismus vor allem um die gegenseitige Anerkennung der jeweils anderen Kultur in einem gesellschaftlichen fruchtbaren Zusammenleben, die in Gleichberechtigung mündet. Dies sagt auch schon der Titel von Taylors Werk aus: »Mulitkulturalismus und die Politik der Anerkennung«. Überhaupt nichts hat diese Idee mit Unterjochung, Beschönigung bzw. Relativierung oder Selbstpreisgabe zu tun, wie es eine identitäre Vorstellung vom »Multikulti-Kult« propagiert.

Beispielsweise wird behauptet, dass bei der Entwicklung einer unkontrollierten Zuwanderung, die von einem »Multikulti-Wahn« geprägt ist, die vermeintlichen »Mainstream-Medien« (bzw. Lügenpresse, Systemmedien oder gleichgeschaltete Medien) scheinbar regierungstreu agieren würden. Diese Art der Rhetorik potenziert eventuelle Sorgen der Bevölkerung und kommuniziert das Gefühl der Angst (zum Beispiel bezogen auf Mängel in der Coronapolitik der Bundesregierung). Es fußt auf einem radikal vereinfachten schwarz-weiß Denken. Dabei geht es nicht um eine stichhaltige Sachlichkeit, ganz im Gegenteil: Der Affekt immunisiert gegen sämtliche Fakten. Auch die Identitären beherrschen diese Form der Angstkommunikation. Sie schüren Ängste, z.B. vor (Sexualstraftaten von) Geflüchteten oder Fehlentscheidungen in der Politik. Reale

Sorgen der Bürger:innen werden somit kanalisiert und können sich zu einer Art der aggressiven Angst entwickeln.

Wenn es zur Medienstrategie und zu einem erklärten Ziel (vgl. »Metapolitik«) der sogenannten identitären Bewegung zählt, die Grenzen des Sagbaren zu verschieben und bestimmte Lexeme gesellschaftsfähig zu machen, dann haben sie in diesem Zusammenhang bereits einiges erreicht, wie die oben genannten Beispiele aufzeigen. Selbstredend sind es nicht allein die Protagonist:innen der sogenannten Identitären Bewegung, die eine solche Grenzverschiebung vorantreiben, aber – und das wurde auch deutlich – bestimmte gesellschaftliche Diskurse haben in ihre Karten gespielt und werden von ihnen bespielt.

Eine Gefahr für eine demokratisch-emanzipatorische Grundhaltung sind diese sich stets wiederholenden Narrative allemal (z.B. »Lügenpresse«, »Volkstod«, »Asyltourismus«, »Multikulti-Wahn«), denn sie verzerren allmählich die Wahrnehmung der gesellschaftlichen Realität.

Zum einen geschieht das mit Hilfe der Entmenschlichung durch Bilder von u.a. Naturkatastrophen. Dieses Framing geschieht durch die Gleichsetzung unterschiedlicher Sachverhalte, wie »Flut« oder »Welle« mit Geflüchteten, sodass beispielsweise eine »Flüchtlingswelle« einer Naturkatastrophe gleicht, vor der man sich kaum schützen bzw. retten kann. Nicht nur Boulevardblätter wie die BILD rahmen also das Bewusstsein, wenn auf dem Titelblatt steht, »Neue Flüchtlingswelle: Jetzt kommen die Afghanen« (22.10.2015), sondern auch die Identitären befeuern diese Art der sprachlichen Wertung in ihren sozialen Netzwerken mit dem Ziel, durch die konstruierte sprachliche Nähe von Naturkatastrophen und Geflüchteten Angst zu erzeugen und jegliche Möglichkeiten eines Miteinanders zu dekonstruieren.

Durch das Framing gelingt es zudem, dass Dinge zusammen gedacht werden oder sofort miteinander assoziiert werden, ohne dass man es explizit aussprechen muss. Wenn etwa die Fluchtbewegungen 2015 unter dem Schlagwort ›Sicherheit‹ und nicht etwa unter dem Begriff ›Menschenrechte‹ diskutiert werden, dann rahmt der Sicherheitsaspekt den gesamten Diskurs. Dies hat auch Johannes Wagner von der Universität Stuttgart 2016 in seiner Medieninhaltsanalyse herausgestellt. Er hält fest, dass ein öffentliches Bewusstsein für die aus menschenrechtlicher Sicht fragwürdige Asylpolitik der EU fehlt, da die Flüchtlingsthematik in der Öffentlichkeit primär als Sicherheits- und nicht als Menschenrechtsproblem diskutiert wird. Fast jede Sanktion oder jede Maßnahme – auch Pushbacks im Mittelmeer – lassen sich also rechtfertigen, wenn dieses Framing erfolgreich in der Debatte platziert wurde.

Wenn der Identitäre Patrick Bass alias Komplott in seiner Umdeutung des Ton, Steine, Scherben-Klassikers »Macht kaputt, was euch kaputt macht« rappt, dass es »in der Uni nur chromosomgestörte Affen« gebe, »die den ganzen Tag nur über doofe Homothemen quatschen« und »Feministinnen [...] wie Jabba the Hutt« aussehen, dann benutzt er vermeintlich humorvolle Beschreibungen, die als scherzhaft gemeint präsentiert werden, aber allein eine Abwertung des liberalen Gegenübers deutlich werden lassen. Sollte sich die politische Opposition über diese Wortwahl beschweren, dann könnte man im Zuge dessen die vermeintliche Humorlosigkeit dieser Personen und der politischen Korrektheit im Allgemeinen herausstellen. Diese Art der Umdeutung bildet eine große Schnittmenge mit der bereits erwähnten Täter-Opfer-Umkehr, die u.a. die Identitären bis zur Perfektion beherrschen.

Schauplatz all der bisher genannten nationalistisch-völkischen Sprachspiele ist nicht nur der Diskurs auf der Straße, sondern auch der in den sozialen Medien und Netzwerken. Etablierte Medien wie Presse, Radio o.ä. haben diese Sprache – sei es aus Naivität oder sei es aus Versehen – ebenfalls übernommen. Besonders vor dem Hintergrund der Coronakrise wird deutlich, dass die deutschsprachige Gesellschaft insgesamt für eine solche Wortwahl empfänglich zu sein scheint, denn das impliziert ein dichotomisches Weltbild (vgl. S. 40). Dieses kann als Prothese dienen, wenn Situationen des Kontrollverlustes erlebt werden.

Die o.g. toxischen Sprachspiele haben folgende Auswirkungen auf die Einstellungen der Bürger:innen: In Österreich hat eine repräsentative Studie des Salzburger Soziologen Wolfgang Aschauer 2019 ergeben, dass 72 % der Befragten glauben, der Islam stelle keine kulturelle Bereicherung dar. 70 % sind der Meinung, dass der Islam nicht in die westliche Welt passe. Ganze 51 % der Befragten befürworten die Aussage, dass Muslim:innen nicht die gleichen Rechte in der Religionsausübung haben dürften und sogar 45 % würden den Muslim:innen nicht die gleichen Bürgerrechte zuteilen wie der übrigen Gesellschaft.

Zu einem ähnlich denkwürdigen Ergebnis kommen folgende Untersuchungen aus Deutschland:

Die Universität Münster hat im Jahr 2010 festgestellt, dass etwas weniger als die Hälfte der Befragten in Deutschland der Auffassung ist, dass die Religionsausübung des muslimischen Glaubens stark eingeschränkt werden müsse. Der Religionsmonitor der Bertelsmann Stiftung 2015 (Sonderauswertung Islam) macht darauffolgend deutlich, dass einer »offene[n] Haltung vieler Muslime in Deutschland [...] eine zunehmend ablehnende Haltung der Mehrheit der Bevölkerung gegenüber[steht]«. Diese Einstellung wird in der Studie vom Sozialwissenschaftlichen Institut der Evangelischen Kirche (EKD), »Islam und Muslim*innen in Deutschland«, nicht nur bestätigt, sondern deutlich wird auch eine Zunahme des Anteils der Bevölkerung, der dem Islam kritisch gegenübersteht. Über die Hälfte der Befragten (53,7 %) lehnen die Aussage »Der Islam passt in die deutsche Gesellschaft« ab. In der Studie »Weltanschauliche Vielfalt und Demokratie« (Religionsmonitor 2019) wird deutlich, dass nur ein Drittel der Bevölkerung den Islam als Bereicherung betrachtet und rund die Hälfte der Befragten empfinden diese Religion sogar als Bedrohung (ca. 54 %). Die Alice-Schwarzer-Stiftung, die Giordano-Bruno-Stiftung und das Wissenschaftszentrum Berlin für Sozialforschung (WZB) kommen im Jahr 2021 in der Umfrage »Islam und Islamismus« zu einem deutlicheren Ergebnis: Nur 5 % der Befragten meinen, vom Islam gehe keinerlei Bedrohung für die deutsche Gesellschaft aus, und insgesamt 45 % sind der Meinung, dass der Islam nicht zu Deutschland gehöre (anders als es beispielsweise Wolfgang Schäuble im Jahr 2006, Christian Wulff 2010 und Angela Merkel im Jahr 2015 behaupteten).

Nicht alle Befragten, die laut den genannten Studien den Glauben der Muslim:innen als Bedrohung wahrnehmen, wenden irgendwann körperliche Gewalt an – das ist klar. Aber es zeigt sich doch, dass Gewalttaten gegen Musliminnen und Muslime in Deutschland in den vergangenen Jahren sukzessive zugenommen haben. Im Jahr 2021 verzeichneten die Behörden mehr als zwei Angriffe gegen Muslim:innen und muslimische Einrichtungen täglich. Rund 1.600 Gewalttaten gegen Geflüchtete und Flüchtlingsunterkünfte sind in den Jahren 2019 und 2020 dokumentiert worden. Die Menschenrechtsorganisation Pro Asyl und die Amadeu-Antonio-Stiftung werfen den Behörden wie dem Innenministerium diesbezüglich sogar vor, dass viele rassistisch motivierte Straftaten statistisch nicht erfasst werden. Es handelt sich dabei nicht nur um Delikte, die analog begangen, sondern auch im Netz digital verübt werden. Die Logik des Internets, die »die hässlichen Seiten unserer Gesellschaft sichtbar hervor[kehrt]« (Kübra Gümüşay 2021), ermöglicht beispielsweise im Jahr 2020 7.939 politisch motivierte Straftaten, von denen mind. 3/4 (über 75 %) nationalistisch-völkisch bzw. rassistisch begründet waren.

Antisemitismus bzw. eine anti-jüdische Ideologie ist wesentliches Element der Identitären. Ihr Gebaren verschleiert das zwar häufig, aber ihre Theorie des »Bevölkerungsaustausches« ist primär eine Kritik an Migrationsbewegungen nach Deutschland, die in der identitären Logik vor allem aufgrund jüdischer Interessen organisiert werden. »Die seit 1945 durch diese ›transatlantische Verschwörung‹ bewirkte Zerstörung europäischer Identitäten ist das Movens der Ideologie des Ethnopluralismus, aus dem sich die politische Agenda der IB rekonstruieren lässt« (Stefan Vennmann, 2019). Die Untersuchungen von ELNET Deutschland e.V. zum Antisemitismus im Netz machen deutlich, dass sich pro Minute hunderte antisemitische Vorfälle (Hate Speech u.ä.) im Netz ereignen. Auch in der analogen Welt verzeichnete das Bundesinnenministerium einen Anstieg antisemitischer Straftaten. Insgesamt stieg die Anzahl der Delikte 2021 um 30 % auf insgesamt 3.028, also mehr als acht Straftaten pro Tag (!) – Höchststand der vergangenen zwei Jahrzehnte (seit Aufzeichnung der sog. politisch motivierten Kriminalität, PMK).

Rein statistisch liest sich der Straftatbestand der Identitären auf eine parlamentarische Anfrage hin so, dass es zwischen April 2017 und August 2018 insgesamt »lediglich« 114 (politisch motivierte) Straftaten dieser Gruppe gegeben habe, hauptsächlich Taten im Bereich des Vandalismus, allein vereinzelt waren tätliche Angriffe dabei. Doch darf das Gewaltpotential der digital geformten Radikalisierung nicht unterschätzt werden, denn sie haben verheerende Auswirkungen auf die analoge Welt. Der Mörder eines 20-jährigen Studenten an einer Tankstelle in Idar-Oberstein im September 2021 beispielsweise verlor sich im Netz in Verschwörungserzählungen über den Großen Austausch und fühlte sich auch dort in seiner Leugnung des anthropogenen Klimawandels bestätigt. Besonders im Jahr 2019 likte und retweetete der Täter auf seinem Twitter-Account Aussagen von u.a. Hans-Georg Maaßen und Boris Reitschuster, wie es die investigative Dokumentation »Mord an der Tankstelle« vom April 2022 des SWR und CeMas herausstellte.

Auch die Ideologie der Identitären liefert somit den Nährboden für derart tragische Taten, und selbst wenn sie anderes behaupten und sich als mutige und intellektuelle Vertreter:innen des wahren Volkes inszenieren: »Sie diktieren die Form, in der wir uns miteinander beschäftigen. Sie errichten eine Diktatur der immerwährenden Wiederholung – bis wir das glauben, womit sie uns beschäftigen. Bis wir uns selbst vergessen« (Kübra Gümüşay 2021).

- Steigende Zahl an politisch motivierter Kriminalität
- Zunahme der Vorurteile in Bezug auf u.a. Islam und Migration
- Nationalistisch-völkische Sprachspiele bereits in den allgemeinen Sprachgebrauch eingegangen

Kapitel 8: Mögliche Begegnungsstrategien

Welche Handlungsoptionen kann man aus den genannten Beobachtungen ziehen? Dies hängt mitunter davon ab, von welcher Perspektive aus man diese Frage stellt – aus Sicht eines bzw. einer Bürger:in, aus der von Initiativen oder Stiftungen oder aus der Perspektive politischer Entscheidungsträger:innen. Dass nicht nur staatliche Strukturen vor eine große Herausforderung gestellt sind, sondern auch für alle Bürger:innen beispielsweise die Decodierung der zuvor beschriebenen nationalistisch-völkischen Sprachspiele von großer Relevanz ist, macht die Zunahme der sogenannten politisch motivierten Kriminalität in den letzten Jahren überdeutlich. Wie das Bundesministerium des Inneren im Mai 2022 in einer Pressekonferenz gemeinsam mit dem Bundeskriminalamt verkündete, gab es erneut eine Zunahme der Gewalttaten von 23,1 % im Vergleich zum Vorjahr – dabei besonders in den Blick geraten sind die Gewalttaten, die im Zusammenhang mit den Protesten gegen die Corona-Maßnahmen und somit dem BMI zufolge weder als links noch rechts, sondern als »nicht zuzuordnen« gelten können. Diese Schubladen der Sicherheitsbehörden, die mit »links« oder »rechts« gelabelt sind, sollten in Zukunft vielleicht überdacht werden.

Wie zu lesen war, ist die nationalistisch-völkische Ideologie u.a. der Identitären zu 100 % antidemokratisch und kann somit zu einer akuten Bedrohung für die freiheitlich-demokratische Grundordnung werden, selbst wenn diese Gruppe selbst behauptet, weder gewalttätig noch rechts zu sein. »Nicht links, nicht rechts. Identitär!«, ist ja einer ihrer bekannten Slogans (vgl. S. 19). Diese Bedrohungspotentiale werden Gewissheit, wenn nahezu Unvorstellbares passiert: Die Terroranschläge von u.a. Utøya (2011), Florenz (2011), München (2016), Christchurch (2019), Poway (2019), El Paso (2019), Halle (2019), der Mord an Walter Lübke (2019) und Hanau (2020) sind Beispiele für ganz konkrete Auswirkungen einer nationalistisch-völkischen Ideologie, die erfüllt ist von Verschwörungserzählungen, Antifeminismus, Antisemitismus und weiteren »Anti-ismen«, die bereits auf den vorangegangenen Seiten erläutert worden sind.

Mehr noch, diese nationalistisch-völkischen Attentäter werden in ebensolchen Chatgruppen u.a. auf Telegram oder auf den Gaming-Plattformen Steam oder Twitch u.a. als »Heilige« (e.g. »Saint Philip«) im vermeintlichen Rassenkrieg gefeiert und als Vorbilder für weitere Taten gehandelt. Auch der aufgrund einer Schüleraussage (!) vereitelte Terroranschlag eines 16-jährigen am 12. Mai 2022 lässt sich mit großer Wahrscheinlichkeit in diesem Zusammenhang lesen, sind doch mehrere Schusswaffen, Nagelbomben und diverse andere Explosivstoffe sowie rassistisches, antisemitisches und antimuslimisches Material, ein sogenanntes »ausländerfeindliches Manifest«, gefunden worden. Die Bildungsstätte Anne Frank ließ verkünden, dass es »[u]nabhängig von der psychischen Verfassung des Verhafteten [...] wichtig [sei], die politische Dimension zu erkennen, die fatal an Halle und Hanau erinner[e]«. Ebenso werden Erinnerungen an die nationalistisch-völkischen Terroristen von Oslo und Utøya sowie Christchurch wach, die u.a. durch Narrative der sogenannten Identitären Bewegung motiviert worden sind. Wenn also NRW-Innenminister Herbert Reul (CDU) im Mai 2022 verkündet, dass die gefundenen Waffen und Materialien vor dem Hintergrund der psychischen Probleme und Suizidgedanken des mutmaßlichen Täters als »Hilferuf eines jungen Mannes« gedeutet werden könnten, dann ist das eine deutliche Verharmlosung und Reduktion, die die Dimension der Tat absolut nicht berücksichtigt: Wie, seit wann und wo konnte sich der 16-Jährige radikalisieren? Warum hat er sich überhaupt radikalisiert und woher hat der Teenager die Waffen bzw. deren einzelne Bestandteile bezogen? All diese Fragen benötigen eine Antwort, um Begegnungsstrategien zu finden und somit mögliche Bedrohungspotentiale abzubauen.

Die 2020 erschienene Analyse von Gartenstein-Ross, Hodgson und Clarke spricht von einer wachsenden Bedrohung durch nationalistisch-völkische Gruppen weltweit. Diese Gruppen, die z.T. aus Neonazis oder – wie man im Englischen sagen würde – *Neo-Fascists*, *White Nationalists* und *White Supremacists* bestehen, propagieren in den Chats stets eine Beschleunigung (acceleration) der möglichen Gewalttaten und Terrorakte, sodass man diese Gruppen im englischsprachigen Raum auch als *Accelerationist groups* bezeichnet. Die drei Wissenschaftler – Mitglieder des *International Centre for Counter-Terrorism* – heben hervor, dass diese nationalistisch-völkischen Gruppen die Covid-Pandemie als Möglichkeit genutzt haben, ihre Propaganda und ihre Ideologie zu verbreiten. Sie würden quasi die Pandemie für sich vereinnahmen, denn eine solche Krise ruft menschliche Ängste hervor, die sich neben den gesundheitlichen Fragen u.a. auch auf wirtschaftliche und einwanderungspolitische Fragen konzentrierten. Unsicherheit und Zukunftsangst waren vielerorts ein Katalysator für Verschwörungserzählungen, sodass nationalistisch-völkische Gruppen allein auf diesen Zug aufspringen mussten, um ihre globale Reichweite zu erhöhen. Im Februar 2021 titelte die Berliner Zeitung: »Es gibt längst eine Internationale des rechten Terrors«, und erklärt ferner, dass die weltweit vernetzten »White Power Terrorists« und somit der Rechtsextremismus gemäß der Definition des Verfassungsschutzes die »derzeit größte Bedrohung der Demokratie und unseres Gemeinwesens« sei. Und bereits im März 2019 berichtete der Spiegel über »Die braune Verschwörung – Das globale Netzwerk rechter Terroristen«.

Ein Beispiel ist die sehr gewaltbereite Atomwaffen Division (AWD), die in Deutschland vor allem wegen ihren Morddrohungen gegen Claudia Roth und Cem Özdemir 2019 in das Licht der Öffentlichkeit gerückt ist. Die AWD vernetzte sich global über das mittlerweile abgeschaltete faschistische Online-Forum ironmarch.org, u.a. besonders in den Vereinigten Staaten, in Kanada, der Tschechischen Republik, zur sog. Asow-Miliz in der Ukraine und besonders auch in Deutschland, und propagierte seinerzeit dort und nun vermutlich auf anderen Kanälen ihr erklärtes Ziel, das gegenwärtige politische System in ihrem jeweiligen Land zu zerstören, um einen sog. »Rassekrieg« zu initiieren, wofür Ausbildungen in sog. Waffentrainingslagern und Kampfsportausbildungen (u.a. in MMA-Mixed Material Arts) angeboten werden. In diesem Zusammenhang warnte die europäische Polizeibehörde EUROPOL bereits 2019 in einer vertraulichen Analyse vor einer zunehmenden weltweiten Vernetzung extrem gewaltbereiter völkischer Nationalisten wie der AWD. Weitere Gruppen nennen sich u.a. The Base, Sonnenkrieg Division oder Feuerkrieg Division. Im April 2022 gab es deutschlandweite Razzien gegen die mittlerweile verbotenen AWD und Combat 18 oder die nationalistisch-völkische Kampfsportgruppierung Knockout 51, bei denen zahlreiche Waffen, Devisen und Gold sichergestellt werden konnten.

***

Den Umsturz des demokratischen Systems in Deutschland strebte auch eine nationalistisch-völkische Gruppe an, die sich in den letzten Jahren über Telegram vernetzte. Bürgerkriegsähnliche Zustände wollten sie auf Grundlage von bundesweiten Stromausfällen und einer geplanten Entführung des 2021 ernannten Bundesgesundheitsministers Karl Lauterbach (SPD) hervorrufen. Während das LKA diese Gruppe der Corona-Protestszene und der Reichsbürgerbewegung zuordnet, kommt ein investigatives Recherchekollektiv, das maßgeblich zur Vereitelung dieser Taten beigetragen hat und deswegen aus Sicherheitsgründen zunächst anonym bleiben muss, zu einem anderen Schluss: Es ordnet die Telegram-Gruppe dem Personenkreis zu, der laut Verfassungsschutz als rechtsextrem bezeichnet werden würde. Erneut bestätigt sich, dass die Kategorien des Verfassungsschutzes (und letzten Endes auch in unseren Köpfen) häufig unzureichend bzw. unterkomplex sind.

All diese aktuellen Beispiele zeigen, dass die Radikalisierungsstrategien und Angebote der nationalistisch-völkischen Personenkreise niedrigschwellig sind. Wenn diese es zudem schaffen, den Anschein zu erwecken, dass man Teil einer großen Bewegung ist (so suggeriert dies ja auch der Name der sog. Identitären Bewegung), sinkt die Hemmschwelle zur Gewaltbereitschaft. Symbolisch für ein solches Verhalten ist der sogenannte Sturm auf den Reichstag in Berlin am 30. August 2020, der im Rahmen einer Demonstration gegen die Corona-Maßnahmen verübt wurde. An dieser Demonstration nahmen auch u.a. Jürgen Elsässer, Chefredakteur des nationalistisch-völkischen Magazins »Compact«, und Martin Sellner, Gründer der IBÖ, teil. Mehr als 300 Demonstrierende preschten an jenem Augustabend zu den Treppen zum Deutschen Bundestag und versuchten, in das Parlamentsgebäude einzudringen, nachdem sie zuvor von der Heilpraktikerin Tamara Kirschbaum aufgrund von Falschmeldungen angestachelt worden sind. U.a. soll sie im Rahmen der Demonstration gesagt haben, dass Donald Trump in Berlin gelandet sei und dass die BRD-Fakeregierung abgewickelt werden müsse. Es entlud sich also an diesem Tag eine rhetorische Macht (Kirschbaum), die es schaffte, eine bereits angestachelte Gruppe für sich zu gewinnen und in Bewegung zu setzen (die Demonstrierenden). Bereits zuvor ist Kirschbaum in den sozialen Netzwerken mit einer nationalistisch-völkischen Ideologie aufgefallen, die gepaart war mit diversen Verschwörungserzählungen und einer Reichsbürgermentalität. In dem Sammelband »Reichsbürger. Die unterschätzte Gefahr«, erläutert Andreas

Speit diese sogenannten Souveränisten oder Selbstverwalter und beschreibt die Gefahr für die Behörden, da sie das Grundgesetz ablehnen, ein deutsches Reich in den Grenzen von 1937 fordern, völkisches und rassistisches Gedankengut verbreiten und dabei einen Hang zur aggressiven Militanz zeigen.

Ein wesentlicher Unterschied zu Personen wie Kirschbaum – ohne weder das eine noch das andere verharmlosen zu wollen – besteht bei den Identitären in der Strategie: Sie inszenieren sich als rebellische, jugendliche und hippe Elite gegen das Establishment. Dabei treten sie mit ihren Aktionen gewollt an die Öffentlichkeit und legen auf Anonymität keinen Wert. Ihre Sprache und ihre Ideologie allerdings unterscheiden sich allenfalls geringfügig von den o.g. Personen. So ist neben all den nebulösen Aussagen zur Identität und zur deutschen Kultur von Bürgerkrieg oder vom Bevölkerungsaustausch die Rede. Ideologisch oszillieren die Identitären in einem Dunst aus Verschwörungserzählungen und sozialdarwinistisch-libertärer Einstellung. Insgesamt aber sind sie der »Neuen Rechten« zuzuordnen. In diesem Zusammenhang ist die kleine Anfrage der Fraktion Die Linke im Deutschen Bundestag (u.a. Martina Renner) im Februar 2022 interessant, die die europäische Vernetzung von Anhängern nationalistisch-völkischer Ideologie im Rahmen von Protesten gegen die Corona-Maßnahmen herausstellt. So hätten zumindest einzelne Teilnehmende an diesen Demonstrationen im europäischen Ausland Bezüge zu den deutschen Identitären gehabt. Neben dieser zumindest paneuropäischen, wenn nicht sogar weltweiten Vernetzung, die online barrierefrei möglich ist, müssen die Radikalisierungsstrategien im Netz ebenfalls in den Blick genommen werden.

Über das Dark Social, die sozialen Netzwerke (sofern die Konten nicht gesperrt sind), Videoportale wie TikTok oder YouTube, die vor dem Hintergrund der »Gamification des Terrors« zu nennenden Gaming-Plattformen wie Discord oder Steam Chat und Imageboards wie 4chan oder 8chan verbreiten die Identitären und all ihre nationalistisch-völkischen Gesinnungsgenossen ihre Botschaften. Ein zwischenzeitliches Deplatforming (oder auch No-Platforming), also die Strategie des dauerhaften Ausschlusses einzelner Personen oder Gruppen von digitalen Plattformen (u.a. sozialen Netzwerken), verlangsamt zwar die Verbreitung der Ideologie, hält sie aber nicht gänzlich davon ab, denn sie weichen vielfach auf andere Kommunikationsmittel oder Plattformen aus. Mit der Strategie des Deplatforming können nationalistisch-völkischen Gruppen somit allenfalls Knüppel zwischen die Beine geworfen werden.

Um weiterreichende und sinnvollere Antworten auf Radikalisierungsstrategien zu finden, müssen diese erst einmal systematisiert werden: Radikalisierungsstrategien lassen sich in sogenannte Push- und Pull-Faktoren unterscheiden, je nachdem, ob man von den Adressanten (also denjenigen, die radikalisieren) oder von den Adressaten (denjenigen, die radikalisiert werden) spricht.

Push-Faktoren machen den oder die Adressaten anfälliger für extremistische Rede. Pull-Faktoren hingegen verweisen auf die Strategien und Angebote extremistischer Gruppen – in diesem Fall auf die nationalistisch-völkischen Gruppen. Diese Gruppen haben ein Interesse daran, den Adressaten ihrer Pull-Faktoren vermeintlich geeignete Bewältigungsmöglichkeiten der Push-Faktoren anzubieten. Sie können verschiedene Ursachen haben und sind eng mit persönlicher Biografie, Sozialisierung und dem individuellen Erleben verbunden, ohne ein konkretes Profil nennen zu können. Beispiele für mögliche Push-Faktoren können negative Erlebnisse in der Kindheit und Jugend aller Art sein, wie beispielsweise Orientierungs- und Perspektivlosigkeit (eventuell durch prekäre soziale Verhältnisse), schulische und berufliche Misserfolge, problematische Familienverhältnisse, psychologische und psychosoziale Faktoren (etwa in Familie, Freundschaften oder dem erweiterten sozialen Umfeld), Diskriminierungs- und Marginalisierungserfahrungen oder Erfahrungen der sozialen Ungleichheit, persönliche oder gesellschaftliche Krisen sowie eine Identitäts- oder Sinnsuche. Insgesamt allerdings kommen alle Untersuchungen in diesem Zusammenhang zum Schluss, dass eine Radikalisierung ein individueller, dynamischer und multifaktorieller Prozess ist (vgl. Brahim Ben Slama und Uwe Kemmesies 2020). Ferner spricht Adorno in seiner Rede am 6. April 1967 in Wien von einer »autoritätsgebundenen Persönlichkeit« (S. 52). Es wäre daher zu holzschnittartig, den sich radikalisierenden Jugendlichen allein ein Bedürfnis nach Orientierung in einer immer komplexer werdenden globalisierten Welt und den Wunsch nach der Zugehörigkeit zu einer Gruppe oder Gemeinschaft zuzusprechen. Und doch ist es nicht zu unterkomplex, zu behaupten, dass die Adressanten – also in diesem Fall die nationalistisch-völkischen Gruppen – absolut trennscharfe Identifikationsangebote (*identity markers*) machen, die sie stets deutlich von einer Gruppe der Anderen abgrenzen (*boundary markers*). Und diese Identifikationsangebote lassen sich vielfach online finden.

Vor diesem Hintergrund ist der Begriff der »Online-Radikalisierung« äußerst missverständlich, denn das Internet verursacht keine Radikalisierung, so wenig, wie der Konsum von Online-Propaganda eine Radikalisierung bewirkt oder das Spielen von Ego-Shooter-Computerspielen (wie u.a. Combat (Reloaded), Counter Strike oder Call of Duty) aus allen Spieler:innen potentielle Attentäter:innen macht. Der Prozess der Radikalisierung ist multifaktoriell und adressatenabhängig, sodass ebenso wenig die vielfältigen Begegnungsstrategien simpel sind oder überhaupt sein können.

Einer dieser Faktoren, die zu einer Radikalisierung im Internet beitragen können, ist die Arbeitsweise von Algorithmen auf Seiten wie Twitter oder Instagram, die dazu führen, dass Nutzer grundsätzlich eher Inhalte angezeigt bekommen, die denen ähnlich sind, mit denen sie zuvor schon zustimmend interagiert haben – und weniger solche, die andere Positionen vertreten. Dieser Mechanismus trägt dazu bei, dass die Meinungsbildung einseitig wird, entgegengesetzte Meinungen kaum in Betracht gezogen werden und Austausch nur mit Gleichgesinnten, nicht aber mit Andersdenkenden zustande kommt. Es entsteht also nicht ein pluraler, demokratischer Diskurs. Stattdessen kommt es sogar eher innerhalb solch einer Blase zu einer Radikalisierung, weil extreme Äußerungen und provokante Thesen oft mehr Reichweite und Aufmerksamkeit erlangen als gemäßigte und differenziertere Ansichten.

Das stellt auch Marcus S. Kleiner, Professor für Medien- und Kommunikationswissenschaft, in »Streamland« (2020) heraus. Seiner Meinung nach tragen Streaming-Dienste wesentlich zur Selbstentmündigung bei. Ein mündiger Bürger bzw. eine mündige Bürgerin gründet seine bzw. ihre Einstellung auf der Grundlage von Informationen und Handlungen, die wissenschaftlich fundiert sind, die er oder sie aber selbst frei ausgewählt hat. Streaming-Dienste jedoch nehmen den Nutzer:innen diese Entscheidung auf Basis hochkomplexer Algorithmen ab, die das Konsumverhalten eines jeden Kunden oder einer jeden Kundin vollständig überwachen und analysieren. Noch bevor die Nutzer:innen sich überhaupt eine Meinung haben bilden können, weiß im Zweifelsfalle der Streaming-Dienst bereits, was geguckt oder gehört werden möchte. Ohne dass es die Konsumierenden womöglich anstreben oder überhaupt merken, polarisieren sie sich.

Dem PRIF-Bericht 2018 (Peace Research Institute Frankfurt) zufolge befördert eine solche »politische Polarisierung [...] eine Radikalisierung der Gesellschaft und führ[t] zu nachlassender gesellschaftlicher Kohäsion, weil Polarisierung die feindliche Gegenüberstellung von extremistischen Individuen, Gruppen, Milieus oder Schichten mit Vertreterinnen und Vertretern nicht radikalisierter Positionen bedeutet.« Wie in der Corona-Pandemie bereits erlebt, können solche polarisierten

Positionen Radikalisierungsprozesse nicht nur deutlich anzeigen, sondern auf der anderen Seite eben auch begünstigen. Wenn Unzufriedenheit mit den politischen Entscheidungen einer Regierung oder politisches Desinteresse mit einer impfskeptischen Haltung in Berührung kommt und den Gegenpol zu einer Zivilgesellschaft bildet, die sich gemäß den Handlungsempfehlungen der Regierung unter Berücksichtigung der wissenschaftlichen Erkenntnisse verhält, dann kann daraus die Wahrnehmung eines subjektiv empfundenen Misstrauens entstehen, die polarisiert.

In diesem Zusammenhang sind die Untersuchungen des Instituts für Psychologie der University of North Carolina rund um Rachel Hartman interessant. Ein polarisierendes und »feindseliges Lagerdenken« gehe einher mit einer geringer werdenden Unterstützung für demokratische Aushandlungsprozesse und einer wachsenden Gewaltbereitschaft.

Laut Hartman empfiehlt es sich daher, dem »Wir-gegen-die-anderen-Denken« auszuweichen, wird sich doch allerorts für eine Zugehörigkeit zu bestimmten Gruppen stark gemacht. Dies gelingt, indem stets bestehende Gemeinsamkeiten betont werden, und sei es lediglich der favorisierte Fußballverein. Darüber hinaus sollte man nach Hartman die Gegner nicht entmenschlichen, sondern im Gegenteil die eigenen Wahrnehmungen in Bezug zum Antagonisten oder zur Antagonistin hinterfragen und diese:n stets mit menschlichen Kategorien beschreiben. Wenn darüber hinaus ein moralinsaurer Ton und der Ausdruck der Empörung reduziert werde, könne ein versöhnendes Miteinander besser gelingen, denn kein Mensch sei unfehlbar. Versöhnung ist die maßgebliche Zutat gesellschaftlicher Kohäsion.

Abgesehen von möglichen Handlungsmaximen für alle Bürger:innen haben Per Leo, Maximilian Steinbeis und Daniel-Pascal Zorn eine amüsante Lektüre herausgegeben, in der sie diskursiv und unterhaltsam »Mit Rechten reden«. Mit den drei Schriftstellern allerdings könnte man den Eindruck gewinnen, dass der Umgang mit Gruppen wie den Identitären vor allem eine Sache der spielerischen Rhetorik sei. Mit der kurzen Abhandlung Dietrich Bonhoeffers, »Von der Dummheit«, aus dem Jahr 1942 lässt sich wiederum fragen, inwieweit rhetorische Fertigkeiten überhaupt greifen.

Dummheit – das sei Bonhoeffer zufolge zunächst einmal kein intellektueller, sondern ein menschlicher Defekt. »Es gibt intellektuell außerordentlich bewegliche Menschen, die dumm sind.« Dummheit sei ferner nicht angeboren. Vielmehr würden die Menschen dumm gemacht werden, bzw. sich im Rahmen einer psychologischen »Begleiterscheinung bestimmter äußerer Verhältnisse« dumm machen lassen. Vergeblich seien alle Versuche, einen Dummen mit Argumenten zu überzeugen. Mit Gewalt und Protesten lasse sich ebenfalls nichts anrichten. »Gründe verfangen nicht; Tatsachen, die dem eigenen Vorurteil widersprechen, brauchen einfach nicht geglaubt zu werden – in solchen Fällen wird der Dumme sogar kritisch.« Der Dumme sei restlos mit sich selbst zufrieden, deswegen beharre er auch nahezu unumstößlich auf seiner Position. Wenn also das Argumentieren sinnlos sei, dann könne laut Bonhoeffer allein ein »Akt der Befreiung« die Dummheit überwinden. Dieser vollziehe sich, wenn der Mensch die Abhängigkeit abschüttelt zugunsten eines verantwortlichen Lebens (Bonhoeffer würde an dieser Stelle ein »vor Gott« hinzufügen).

Auch Leo, Steinbeis und Zorn betonen, dass »die Rechten«, wie das Autorentrio schreibt, stets im Rahmen ihrer Täter-Opfer-Umkehr »von ihrem selbstgewählten Kreuz auf uns hinab[spucken und -fauchen] – und hoffen, dass wir zurückfauchen. Und wenn wir es tun, dann klagen und jammern und schimpfen sie so lange über diese entsetzliche Schandtat gegen ein wehrloses Opfer, bis einige Zuschauer tatsächlich Mitleid mit ihnen kriegen. So mobilisieren sie ihren Anhang. Nicht durch Programme, sondern durch Provokationen. Und Gejammer.« Diese Verhaltensweisen sind – um auf Bonhoeffer zurückzukommen – Auswüchse dieser Dummheit und die möglichen Umgangsformen der Psychologin Rachel Hartman beschreiben einen Aspekt eines mündigen Lebens, das bereit ist, Verantwortung für sich und andere zu übernehmen. Auch in Bezug auf die o.g. algorithmisierten Streaming-Dienste besteht die verantwortungsvolle Aufgabe darin, sich weder von deren Macht noch von der eigenen Ohnmacht im Bonhoeffer'-schen Sinne dumm machen zu lassen.

Die Reaktion auf bereits erfolgte martialische, nationalistisch-völkische Radikalisierung auf Grundlage extremistischer und verschwörungsideologischer Narrative allerdings hat weniger mit der o.g. Suche nach psychologisch-soziologischen Definitionen, nach Gemeinsamkeiten oder angemessenen sprachlichen Möglichkeiten zu tun, sondern in diesem Zusammenhang müssen Deradikalisierungsstrategien unterschiedlicher Kampagnen (beispielsweise der Amadeu Antonio Stiftung) und Aktionen der Sicherheitsbehörden greifen.

Letzten Endes sind diese Maßnahmen nur dann erfolgreich, wenn gleichzeitig die entsprechenden Offline-Erscheinungsformen verstanden und diesen auch entgegengewirkt wird. Der Verfassungsschutz beispielsweise tendiert teilweise immer noch dazu, zwischen Online- und Offline-Bereichen von nationalistisch-völkischer Ideologie zu unterscheiden. Das zeigt auch die müßige Debatte zu »lediglich« online vernetzten Einzeltätern. Der PRIF-Report 2018 macht deutlich, dass diese Unterscheidung nach zwei Jahrzehnten akademischer Forschung nicht mehr haltbar ist und – sollten Begegnungsstrategien wirklich greifen – auch nicht mehr vorgenommen werden sollten. Des Weiteren spricht die Frankfurter Friedens- und Konfliktforschung fünf Empfehlungen in Bezug auf den Umgang mit »Online-Extremismus« aus, um den Dynamiken des Internets und der Sozialen Netzwerke gerecht zu werden.

Exkurs: Fünf Empfehlungen im Umgang mit Online-Extremismus des Frankfurter Friedens- und Konfliktforschungsinstituts

1) Neben einer proaktiven Auseinandersetzung online und offline mit extremistischen Argumenten sollten diese Inhalte von Online-Plattformen innerhalb eines legitimen Rahmens entfernt werden. Ferner sollte in Zukunft über die Ausgewogenheit von »positiven« und »negativen« Maßnahmen sowie die Kategorisierung der ideologischen Botschaften geforscht werden, damit politische Entscheidungsträger:innen und die Sicherheitsbehörden mit dem nötigen Know-How ausgestattet werden, um wirkungsvolle und nachhaltige Strategien zu entwickeln.
2) Die Interaktion zwischen öffentlichen und privaten Praktiker:innen in ihrem gemeinsamen Vorgehen gegen Extremismus sollte konstruktiver sein. »Konkret bedeutet das, statt gegenseitiger Vorwürfe und Schuldzuweisungen mehr Energie darauf zu verwenden, Strukturen und Formen der Zusammenarbeit zu entwickeln, in denen Vertreter von Regierungen und Online-Plattformen voneinander lernen und ihre jeweiligen Stärken besser einbringen können.«
3) Mehr Forschung bedarf es außerdem in der Bewertung von Public-Private-Partnerships, i.e. welche Auswirkungen haben private Kooperationen auf öffentliche Angelegenheiten. Ein praktisches Beispiel wäre die Sperrung des Instagram-Accounts Martin Sellners. »Wie haben zum Beispiel Social-Media-Firmen und Filesharing-Unternehmen zur Sicherheit und zu sozialem Zusammenhalt beigetragen – und war ihr Beitrag immer positiv? Welche tatsächlichen Auswirkungen hatten ihre Versuche, die Zivilgesellschaft zu stimulieren? Haben Kampagnen mit Gegennarrativen einen sichtbaren Effekt? Wenn ja, wie kann eine solche Wirkung gemessen werden? Private Akteure sollten ihre Maßnahmen nicht lediglich als ein PR-Werkzeug begreifen, sondern strenge Kriterien dafür aufstellen, ob sie tatsächlich wirkungsvoll sind – und eruieren wie sie, wo notwendig, verbessert werden können.«
4) Die politischen Entscheidungsträger:innen sollten deutlicher Stellung nehmen zu den rechtlichen und ethischen Implikationen in Bezug auf die Sperrung von Nutzerkonten und einer damit einher-

gehenden Medienzensur für bestimmte Inhalte. Bisher, so scheint es, ist die Politik eher hasenfüßig im Umgang mit klaren Zielformulierungen oder überhaupt einer klaren Kommunikation in diesem Zusammenhang.

Darüber hinaus sollten langfristige Konsequenzen dieser Sperrungen berücksichtigt werden. Beispielhaft dafür ist der unsinnige Vorschlag der Bundesinnenministerin Nancy Faeser im Januar 2022, ein mögliches Verbot von Telegram zu überdenken. Nicht nur, dass die Logik des Internets damit erneut unbeachtet bleibt, sondern es sollte deutlich sein, dass in dem Fall nationalistisch-völkischer Chatgruppen auf Telegram nicht Telegram das Problem darstellt, sondern die Menschen, die diese Ideologie vertreten. (Abgesehen davon, dass ein Verbot von Telegram auch die Falschen treffen könnte, da es für russische und weißrussische Oppositionelle ein wichtiger Messenger-Dienst ist.) Ein weiteres Beispiel sind die Sperrungen oder Löschung vieler Accounts der IB seitens privater Unternehmen in den letzten drei Jahren. Die Identitären würden immer wieder gegen die Richtlinien der privaten Unternehmen verstoßen und Gewalt und Hetze propagieren. Aus Sicht der Identitären wird selbstverständlich ein vermeintlicher Feldzug gegen die Meinungsfreiheit gewittert. In diesem Zusammenhang eine klare und fundierte Linie zu ziehen, müsse das Ziel politischer Entscheidungsträger:innen sein.

5) Politische Entscheidungsträger:innen sollten deutlich mehr Ressourcen für die wissenschaftliche Erforschung nationalistisch-völkischer Einzelpersonen und Organisationen online und offline zur Verfügung stellen, ganz im Sinne Wolfgang von Goethes: »Es ist nichts schrecklicher als eine tätige Unwissenheit.« Dem ist entgegenzuwirken.

***

Insgesamt sollten auch – wie bisher in den letzten NetzDG-Novellen geschehen – weitere Lücken des Netzwerkdurchsetzungsgesetzes (NetzDG) geschlossen werden, die nach wie vor die Verbreitung von Hassrede und Mordanstiftungen auf Messengerdiensten und Gamingportalen zulassen (beispielsweise das Zusammenspiel von Plattform-AGB und NetzDG). Die Opt-In- und Opt-Out-Funktionen sollten ebenso geschärft werden.

In den Empfehlungen des Frankfurter Friedensinstituts wird deutlich, dass es fragwürdig ist, die Entscheidung und die Arbeit bezüglich des Löschens von gefährdenden und strafrechtlich verfolgbaren Inhalten allein privatwirtschaftlichen Unternehmen zu überlassen. Dabei kann es u.a. zu einer irrtümlichen Löschung von Inhalten kommen (sog. »Overblocking«), sodass das Recht auf freie Meinungsäußerung wirklich beschränkt werde.

Grundsätzlich gilt es, die Demokratie im und für das 21. Jahrhundert zu stärken. Dabei sollten auch Anreize geschaffen werden, damit soziale Netzwerke die Anwendung von Algorithmen dezentralisieren. Der Softwareentwickler Roddy Lindsay und der Politikwissenschaftler E.J. Fagan haben in diesem Zusammenhang Vorschläge entwickelt, u.a. die Möglichkeit Unternehmen für die Verbreitung von Inhalten juristisch haftbar zu machen, sobald sie in deren Verbreitung algorithmisch eingreifen. Unternehmen, die sich für die Verwendung von Algorithmen entscheiden würden, wären demzufolge für die Verbreitung von Inhalten als Herausgeber verantwortlich. Darüber hinaus muss die Identifizierung von Straftäter:innen im Netz möglich gemacht werden, ohne dass die Anonymität im Netz gänzlich abgeschafft wird (evtl. durch die sogenannte »Login-Falle«).

Auch Steffen Seibert, der ehemalige Sprecher der Bundesregierung, gab in einem Interview mit Tobias Haberl im Januar 2022 im SZ-Magazin zu bedenken, dass die gewaltige Vormachtstellung der Digitalgiganten nicht die Marktvielfalt, die mediale Diversität und die demokratische Meinungsbildung zerstören dürfe. In diesem Zusammenhang sei der Ausdruck »Move fast and break things« der Digitalgiganten äußerst bedenklich und es gebe deutliche Konfliktpunkte mit demokratischen Systemen. Insgesamt werden Ausbau und Ausweitung von Ressourcen zur Strafverfolgung von zentraler Bedeutung sein (also auch der Ausbau von Arbeitsplätzen). In diesem Hase-und-Igel-Spiel sollte die Strafverfolgung wie der Igel agieren und Expertise und Ressourcen sollten unbedingt breit aufgestellt sein.

Das gilt auch für unsere anfänglich vorgestellte Situation auf der Frankfurter Buchmesse 2021. Wir haben uns gefragt, ob sich die Schriftstellerin und Aktivistin Jasmina Kuhnke mit ihrer Absage, ihren Debütroman vorzustellen, angemessen verhalten hat. Die Bühne, auf der sie hätte auftreten sollen, befand sich in unmittelbarer Nähe zum nationalistisch-völkischen Jungeuropa Verlag Philip Steins und Kuhnke selbst wurde in den sozialen Netzwerken in der davorliegenden Zeit massiv unter Druck gesetzt und sogar mit dem Tod bedroht. Aus ihrer Perspektive war es absolut angemessen, die Frankfurter Buchmesse zu boykottieren.

Exkurs: Cancel Culture – eine Begriffsgeschichte

Der Hinweis auf eine mögliche *Cancel Culture*, die ein solches Verhalten befördere, sollte allein vor dem Hintergrund der Historie des Begriffes selbst diskutiert werden.

In der Popkultur konnte man das erste Mal von dem *Canceling* einer Person hören, als Wesley Snipes' Film-Charakter, Nino Brown, im 1991 erschienenen Film, *New Jack City*, sagte: »Cancel that [woman].« Der Rapper Dwayne Michael Carter jr. alias Lil Wayne nahm darauf in seinem Song »I'm Single« Bezug. Aber erst nach 2014 gelang dem Begriff der Durchbruch in den sozialen Netzwerken, als Cisco Rosado in der Serie Love & Hip-Hop in der New York Episode seiner vermeintlichen Liebe sagte: »You're canceled.« Sowohl mit einer gewissen Humorigkeit als auch teilweise ernst gemeint begannen danach Twitter-User diesen Begriff zu benutzen, um ihre Meinungsverschiedenheit auszudrücken. Die Ursprünge der Cancel Culture waren also mehr mit spielerischen Auseinandersetzungen assoziiert und sind mit dem persönlichen Boykott verbunden. Dieser Begriff geht auf den britischen Gutsverwalter Charles Cunningham Boycott zurück, der sich 1880 auch auf Grundlage seines menschenverachtenden Verhaltens selbst ins Aus manövrierte, als seine irischen Pächter und Landarbeiter mit Unterstützung der Irischen Landliga ihre Verträge kündigten. Außerdem billigte ihnen die Landliga zu, keinerlei Geschäfte mit Boycott zu machen und ihn zu meiden. Es heißt sogar, dass selbst die Eisenbahn sich weigerte, sein Vieh zu transportieren. Ihm blieb nur noch, aus Irland auszuwandern. Der Begriff »boykottieren« taucht zum ersten Mal in dem Entschluss der Irischen Landliga auf und fand danach Einzug in den gewöhnlichen Sprachgebrauch. Der Boykott war gerade für alle People of Colour (PoC) ein wichtiges politisches und soziales Instrument während der Bürgerrechtsbewegung (Civil Rights Movement) der 1950er und 1960er Jahre in den Vereinigten Staaten, wie u.a. Rosa Parks im legendären Montgomery Bus Boykott bewiesen hat. Prof'in Anne Charity Hudley bestätigt, dass *Canceling* eine Möglichkeit sei, die eigene Wirksamkeit in einem gesellschaftlichen Diskurs darzustellen, auch wenn man selbst vielleicht nicht die Macht und die Möglichkeit habe, strukturelle Ungleichheit zu bekämpfen. Die Weigerung, an einem Diskurs teilzunehmen, der die fehlende Gleichheit zementiert, sei genuine *Cancel Culture.* Wenn demzufolge der Philosoph Wolfram Eilenberger behauptet, dass die *Cancel Culture* totalitäre Tendenzen befördere und einen vorauseilenden Gehorsam und angstgesteuerte Selbstzensur begünstige, dann ist Eilenberger blind für die historische Genese dieses Begriffs und wohlmöglich blind für öffentliche Diskurse in Bezug auf soziale Gerechtigkeit. Es geht mitnichten um eine totalitäre Verengung der Meinungsfreiheit, wie gerne behauptet wird.

***

U.a. in Kuhnkes Fall geht es nicht darum, jemanden aus evtl. moralischen Gründen auszuschließen, sondern es geht um die massive Bedrohung für Einzelpersonen wie Kuhnke, aber auch Szenarien wie sie sich im Mai in dem vereitelten Terroranschlag an einer Essener Schule oder in Buffalo/USA darstellten.

In dieser Stadt hat am 14. Mai 2022 ein 18-jähriger Terrorist zehn Menschen ermordet und zuvor ein 180-seitiges Pamphlet ins Netz gestellt, in dem er die Verschwörungserzählung vom großen Austausch propagiert. Die Schrift ist getränkt von völkischem Nationalismus, Rassismus und Antisemitismus und hetzt gegen Feminismus und Liberalismus. Mit der Lektüre der letzten 100 Seiten des vorliegenden Buches sollten nun alle Alarmglocken schrillen. Eine genuin verstandene *Cancel Culture*, wie sie Kuhnke in Frankfurt nutzte, hat also nichts mit einem Meinungstotalitarismus gemein. Das würde auch das Grundgesetz verhindern, denn alle Handlungen in Deutschland müssen mit dem Grundgesetz vereinbar sein und richtigerweise verbietet dieses, gezielt Meinungen zu regulieren (Art. 5 (1) GG). Im zweiten Absatz des fünften Artikels allerdings wird deutlich, dass das Gesetz mitnichten irgendeine Meinung reguliert, sondern die schädlichen Folgen von Meinungsäußerungen. Das Bundesverfassungsgericht hat 2009 diesbezüglich deutlich gemacht, dass auch §130 Abs. 4 des StGB mit dem allgemeinen Gesetz der Meinungsfreiheit vereinbar sei. Somit ist die »Billigung, Verherrlichung und Rechtfertigung der nationalsozialistischen Gewalt- und Willkürherrschaft« strafbar, wenn insbesondere die allgemeine Sphäre des Für-richtig-Haltens verlassen wird und schädliche Folgen deutlich werden, diese Meinung also in Gefährdungslagen umschlagen kann.

Hätte sich u.a. der Direktor der Frankfurter Buchmesse, Jürgen Boos, intensiver mit dem Verlagsprogramm des Jungeuropa Verlags beschäftigt und u.a. Titel, wie die 2021 erschienene »Theorie der Diktatur« von Michael Onfray entdeckt, dann hätte er in Bezug auf eine Einladung dieses Verlages womöglich anders entschieden. In der Kurzvorstellung dieses Buches heißt es nämlich: »Unser aller Freiheit ist bedroht. In Zeiten des digitalen Überwachungskapitalismus, der sich mit der linken politischen Korrektheit vermählt hat [...]. [bekämpft] Michel Onfray [...] diese Entwicklung mit offenem Visier und fragt: Wie wird in Westeuropas Gesellschaften eine neue Art der Diktatur etabliert?« Wenn auch weiter geschrieben steht, dass »[d]iese Analyse der erste notwendige Schritt auf dem Weg zu einem Wandel [sei, denn n]och [sei] die Praxis der Diktatur nicht vollends etabliert. Noch bleib[e] Zeit zum – Widerstand!«, dann delegitimiert dieses Werk den demokratischen Staat, bedient und perpetuiert weitere Narrative beispielsweise der Identitären oder des Attentäters aus Buffalo.

Vor dem Hintergrund der Beschreibung Dietrich Bonhoeffers scheint also der demokratische Diskurs mit derart ideologisch durchdringend vereinnahmten Menschen sinnlos zu sein, auch wenn die Hoffnung niemals aufgegeben werden sollte. Alle politischen Entscheidungsträger:innen und Sicherheitsbehörden sind dabei angehalten, die Gefährdungslagen, die durch solche Meinungen entstehen können, zu beurteilen und präventiv abzugreifen.

Bisher ist es der Initiative von Einzelpersonen, aber auch von Stiftungen und Verbänden zu verdanken, dass es bereits zahlreiche sehr gute präventive Bildungsangebote gibt, die u.a. Rassismus, Antisemitismus und Antifeminismus begegnen (z.B. www.juedischespuren.lwl.org; https://www.sabra-jgd.de oder u.a. die Workshopreihen des Kulturbüros Sachsen e.V. und v.a.m.).

Ähnlich wie bei Engagement Global, ein Unternehmen, das im Auftrag der Bundesregierung (BMZ) als zentrale Anlaufstelle für entwicklungspolitisches Engagement gilt, wäre es eventuell sinnvoll, vor dem Hintergrund des Antidiskriminierungsverbandes Deutschland (advd) – als Dachverband unabhängiger Antidiskriminierungsbüros und -beratungsstellen – ein ähnliches Unternehmen zu initiieren, um die o.g. großartige, aber manchmal nur punktuell arbeitende Vielfalt von Bildungsinitiativen zu präsentieren und zu systematisieren. Bestehende zivilgesellschaftliche Initiativen müssen dabei finanziell gefördert werden, damit deren wichtige Arbeit auch langfristig sichergestellt ist.

Ein weiterer Punkt betrifft die konkreten Ausgaben für die Sicherheitsbehörden. Der größte Gemeindeetatposten der jüdischen Gemeinde in Frankfurt beispielsweise ist der Sicherheitsetat. Jährlich gibt die Gemeinde ca. 1,2 Millionen Euro für den Schutz ihrer Einrichtungen aus. Vor dem Hintergrund, dass gemäß einem Urteil des Bundesverwaltungsgerichts Fußballvereine sich bei sogenannten Risikospielen an den Kosten für Sicherheitsmaßnahmen lediglich beteiligen müssen (der Staat also weiterhin die Hauptlast trägt), stellt sich die Frage, warum dann der Schutz jüdischer Gemeinden vom Staat nicht stärker unterstützt wird. In jedem Fall sollte also eine Debatte über die Priorisierung von Kostenübernahmen für Sicherheitsvorkehrungen stattfinden, zumindest aber sollte mehr Transparenz in Bezug auf die Kosten erkennbar sein.

Des Weiteren sollte – um Hass und Hetze im Netz effektiv begegnen zu können – ein bzw. eine Hate-Speech- und Antisemitismusbeauftragte:r der Generalstaatsanwaltschaften der Bundesländer ernannt werden, wie bereits in Bayern oder Berlin geschehen. In dieser Funktion koordiniert und unterstützt der Oberstaatsanwalt Hartleb in Bayern beispielsweise die Arbeit der örtlichen Staatsanwaltschaften im Hinblick auf die strafrechtliche Bearbeitung von Verfahren, die sich um Hass und Hetze im Internet drehen. Eine weitere Maßnahme können Sensibilisierungen und Fortbildungen in den Sicherheitsbehörden und den polizeilichen Einrichtungen sein, um beispielsweise über Formen des Antisemitismus aufzuklären.

Präventiv sollte allerdings auch dringend im Bildungsbereich gearbeitet werden, damit Kinder und Jugendliche mit dem nötigen Wissen ausgestattet werden, um im Rahmen der aktuellen gesellschaftlichen Debatten begründet Stellung beziehen zu können. In diesem Bereich sollte massiv investiert werden, denn Bildung ist die wichtigste Präventionsmaßnahme überhaupt und spätestens der Umgang mit Familien und Kindern in der Covid-Pandemie hat gezeigt, dass viele von ihnen in Deutschland strukturell benachteiligt sind.

Inhaltlich plädiert die Journalistin Canan Topçu beispielsweise dafür, das Thema der »Migration als Weltgeschichte« in die Curricula vieler Schulfächer zu integrieren, um die Hintergründe einer Migrationsgesellschaft zu erläutern, mögliche Vorurteile abzubauen und Schülerinnen und Schüler in einer pluralen Gesellschaft handlungs- und dialogfähig zu machen. Ferner sollte ihr zufolge eine angemessene Sozial- und Familienpolitik alle Erziehungsberechtigten befähigen, ihre Kinder und Jugendlichen zu mündigen Bürger:innen zu erziehen, damit diese, wie Bonhoeffer sagen würde, nicht aufgrund von »Begleiterscheinung bestimmter äußerer Verhältnisse« dumm würden. Wie bereits oben beschrieben, ist dumm laut Bonhoeffer keine Kategorie des Intellekts!

Mit einem weiteren Bereich der Begegnungsstrategie sollten sich vor allem Historiker:innen und Geschichtsdidaktiker:innen beschäftigen, denn es geht um einen angemessenen Umgang mit Erinnerungskultur. Beispielhaft soll an dieser Stelle das 2021 veröffentlichte Instagram-Projekt von SWR und BR @ichbinsophiescholl beleuchtet werden, in dem die Schauspielerin Luna Wedler als Sophie Scholl mit ihren Followern die letzten zehn Monate ihres Lebens teilt. Diese Form ist nicht neu, denn bereits 2019 hat eine israelische Instagram-Story die Geschichte eines 13-jährigen Mädchens namens Eva Heyman erzählt (@eva.stories). Eva ist ein jüdisches Mädchen aus Ungarn, das von den Nationalsozialisten im Vernichtungslager Ausschwitz ermordet wurde. Ihre gefundenen und verwahrten Tagbücher bildeten die Grundlage für die Übertragung und Verfilmung für Instagram, um junge Menschen für das Thema zu sensibilisieren. Diese Übertragung für das soziale Netz könnte also andeuten, wohin die Erinnerungskultur der NS-Zeit in Zukunft steuert.

Anders als @eva.stories aber greift der Instagram-Kanal @ichbinsophiescholl fast willkürlich auf unauthentische Fotos,

Filmaufnahmen und Kommentare zurück. Der Historiker Bernd Boll, u.a. Mitautor der ersten Wehrmachtsausstellung, nennt es auf Nachfrage fast skandalös, dass nach den »Debatten um die Zuverlässigkeit fotografischer Quellen im Zusammenhang mit den beiden Ausstellungen über die Verbrechen der Wehrmacht [...] [für den Instagram-Kanal] zu irgendwelchen Fotos und Filmaufnahmen gegriffen wird, nur um täglich Posts zu ermöglichen, auch wenn kein authentisches Material aus dem Kosmos der Weißen Rose vorliegt.« Geschichtsbilder werden konstruiert. Dabei hätten die visuellen Lücken durchaus nutzbar gemacht werden können, um genau diese Problematik zu thematisieren und die Arbeitsweise der historischen Forschung deutlich zu machen. Ferner wäre es laut Boll »von Nutzen, wenn klar würde, dass subjektive Berichte keine objektive historische Wahrheit darstellen (auch wenn die Berichterstatterin zu den ›Guten‹ gehört), sondern diese allenfalls als Annäherung konstruiert werden [können].« Auch wenn es legitim sei, eine anachronistische Geschichtsbetrachtung vorzunehmen, müsse der reale Nutzen oder die Bildungschance fern der Anzahl der Follower geprüft werden. Boll schreibt dazu: »Inwiefern es aber für heutige junge Menschen erhellend ist, die Weiße Rose heutige soziale Medien nutzen zu lassen, erschließt sich mir nicht: dann müsste die Gestapo Sophie doch eher wegen des Nutzens verbotener digitaler Plattformen verhaften, mit denen sie Millionen Menschen erreichen kann, anstatt für die paar hundert Flugblätter. Historische Aufarbeitung heißt doch nicht, dass frühere Verhältnisse auf der Matrix von heute dargestellt werden, nur eben mit ›altmodischen‹ Kleidern und Frisuren. Andere Technologien bedeuten zwangsläufig auch andere Chancen und Gefahren, und damit andere Erzählungen – das ist ebenfalls ein Thema des historischen Lernens.«

Darüber hinaus blendet die penetrant subjektorientierte Handykameraarbeit der gespielten Sophie Scholl die historische Gemeinschaft aus, die für sie im Mittelpunkt ihres Wirkens stand. »Wenn sie schon hätte Instagram nutzen können, hätte sie kaum Bilder von sich gepostet und ihre Gefühle auf die oberflächliche Art formuliert, wie das in dem Projekt geschieht. Sie hätte dann vielmehr die Posts zur Agitation genutzt und sich und ihren Freunden das mühselige und gefährliche klammheimliche Herstellen und Verteilen der Flyer erspart. Ein Redakteur fragte völlig zu Recht mit viel Süffisanz, ob Sophie Scholl am Ende wohl auch noch unter dem Fallbeil ein Selfie machen werde.« Abgesehen von diesen ästhetischen und sachlogischen Lücken der anachronistischen Umsetzung der Geschichte Sophie Scholls gibt es weitere grundsätzliche Fragen der Erinnerungskultur, die diskutiert werden sollten:

In den gesichteten Zusammenfassungen werden »die politischen Gründe des Widerstands nicht explizit thematisiert« und die Posts sind nicht unbedingt tiefgründiger als ein oberflächliches Schwarz-Weiß-Denken, in dem das ›wir‹ als gut und das außenstehende ›sie‹ als böse dargestellt werden. Mit den Verbrechen der Wehrmacht an der Ostfront (u.a. Massenmorde) wird sich nicht befasst. »Es wird nicht das ganze Spektrum von Mitmachen, Dulden, Ablehnen, Begeistertsein, Desillusioniertwerden, Unterzwanghandeln usw. abgehandelt, unter dem sich das Leben in der NS-Zeit abgespielt hat, sondern es wird eine Sympathieträgerin angeboten, die es ermöglicht, im (ungefährlichen) Rückblick eine Identifikation einzugehen, mit der man auf der richtigen Seite steht. Da wir alle eine Nazi-Vergangenheit haben, was noch im Jahr 2000 allseits bekannt war, ist das eine regelrechte Geschichts(ver)fälschung«, so Boll. Der Historiker kann daraufhin schlussfolgern, dass dieses Instagram-Projekt wohl insgesamt ein eher missglückter Versuch sei, »dem Verlust der jungen Generation als Publikum eine Sendeform entgegenzusetzen, die deren Angehörige da abholen soll, wo man sie zu Recht vermutet: bei den sozialen Medien.

Und davon hat man sich so hinreißen lasse[n], dass Fragen der historischen Genauigkeit oder auch nur einer narrativen Logik zurücktreten mussten.« Persönlich fragt sich Boll, »wer lieber fast ein ganzes Jahr lang jeden Tag ein winziges Häppchen eines Themas konsumiert, als es in einem konventionellen Medium in zwei Stunden (TV-Dokumentation) oder drei Tagen (Print-Biografie) seriös und viel detaillierter zu rezipieren.« Die Gefahr einer Vereinnahmung von Sophie Scholl und der »Weißen Rose« beispielsweise durch die AfD im Jahr 2017, als sie mit dem Slogan, »Sophie Scholl würde AfD wählen«, an die Öffentlichkeit traten, weist zudem auf ein Phänomen hin, dass wiederum der Täter-Opfer-Umkehr entspricht. Durch die idealisierte Darstellung des Widerstands als Sühneopfer ohne inhaltlich fundierte Erkenntnisse zu übermitteln, wurde der Widerstand der Weißen Rose entpolitisiert und damit als Blaupause für Lager wie die AfD oder Querdenker:innen wie z.B. Jana aus Kassel nutzbar gemacht.

Es wird somit in Zukunft für alle Beteiligten eine Herausforderung sein, sich dem berechtigten Anspruch zu stellen, zum einen historische Genauigkeit und eine angemessene Erinnerungskultur zu bieten und zum anderen eine attraktive bzw. zeitgemäße Form zu wählen.

Sollte es bereits zu Gewalttaten gekommen sein – so wie in Hanau, Halle oder Utøya –, dann müssen die Sicherheitsbehörden und die örtlichen Polizeidienststellen eine sinnvolle Fehleranalyse vornehmen, damit es zu einer strukturellen Verbesserung in Bezug auf Arbeitsfähigkeit und Einsatzschnelligkeit kommt. Und auch die Art und Weise der Presseberichterstattung ist bedeutsam für die Rezeption.

Aus Perspektive der Sicherheitsbehörden beispielsweise ging beim Terroranschlag in Norwegen nahezu alles schief, was hätte schief gehen können (wie u.a. Der Spiegel am 13. August 2012 berichtete). Die Presse flog unmittelbar nach Beginn des Attentats in einem Hubschrauber über die Insel Utøya, aber die örtliche Polizei besaß weder einen Hubschrauber noch ein einsatzfähiges Boot und für ein Schlauchboot waren die Polizist:innen mit ihrer Ausrüstung zu schwer. Und auch die Arbeit der Presseberichterstattung sollte in einem solchen Fall dringend mit dem Pressekodex abgeglichen werden. Der Hubschrauber wäre bei der Polizei in diesem Fall besser aufgehoben gewesen.

Der Umgang mit dem Terrorakt in Hanau am 19. Februar 2020 verlangt ebenfalls nach einer effektiven Fehlerkultur. So war der Polizeinotruf unterbesetzt, den Vili Viorel Păun vergeblich versuchte, während des Terroraktes als Zeuge zu erreichen. Bei dem Polizeinotruf erfolglos geblieben, verfolgte Păun den Attentäter und stellte sich ihm mit seinem Auto in den Weg, sodass er letzten Endes auch getötet wurde. Dass die Staatsanwaltschaft in diesem Fall kein Ermittlungsverfahren gegen die Polizei einleitet, da ihr zufolge kein Zusammenhang zwischen dem Tod Vili Viorel Păuns und der Polizei bestehe, bleibt schleierhaft. Darüber hinaus – und auch das hat das Attentat von Hanau gezeigt – müssen die Polizeibeamt:innen sensibilisiert und fortgebildet werden im Umgang mit den Hinterbliebenen von Opfern politisch motivierter Kriminalität. Im Zusammenhang mit der Presseberichterstattung sollte vor allem auf eine präzise Wortwahl geachtet werde, wenn die Deutsche Presse-Agentur beispielsweise kurz nach der Tat dem Sprachduktus des hessischen Innenministers folgend von einem »fremdenfeindlichen Motiv« spricht. Die Journalistin Sheila Mysorekar erläutert, dass man auf diese Weise die Perspektive des Täters übernehme, schließlich hat es sich um junge Menschen aus Hanau gehandelt, die ermordet worden sind, und nicht um Fremde. Und wenn die Focus-Redaktion in ihrer Überschrift zum Artikel über das Attentat von »Shisha-Morden« spricht, dann ist die Überschrift bereits ähnlich abwertend und rassistisch wie die Darstellung der Morde des NSU-Komplexes als »Döner-Morde«.

Insgesamt stellt der Umgang mit nationalistisch-völkischen Bewegungen wie den Identitären und ihren Parolen eine politische, journalistische und gesamtgesellschaftliche Herausforderung dar, bei der alle bisherigen Mittel definitiv nicht ausreichend sind und unbedingt ausgebaut werden sollten.

- Radikalisierung verstehen: push- und pull-Faktoren (Adressant vs. Adressat)
  → eine Radikalisierung ist dabei ein individueller, dynamischer und multifaktorieller Prozess
- Ansatzpunkte in: Schule/Bildung, Privat, Justiz/Polizei, Medien

Kapitel 9: Was jetzt? Ein Ausblick

Der französische Profifußballer Eric Cantona soll einmal sinngemäß gesagt haben: »Mit Rassisten diskutieren, das ist, wie mit einer Taube Schach spielen. Egal, wie gut du bist, egal, wie sehr du dich anstrengst – am Ende wird die Taube aufs Spielfeld kacken, alles umschmeißen und umherstolzieren, als hätte sie gewonnen.« Wie bereits gelesen, gilt das auch für das rhetorische Spiel der sogenannten Identitären Bewegung oder anderer völkischer Nationalisten. Sich aber gar nicht erst auf dieses Spiel einzulassen – vor dem Hintergrund der aktuellen Bedrohungspotentiale ist man damit nicht gut beraten, denn es ist das metapolitische Ziel der Neuen Rechten, die soziale Polarisierung bzw. den Unfrieden in der Gesellschaft zu befördern, um einen (gewaltsamen) Umsturz des politischen Systems zu provozieren. In den systemfeindlichen nationalistisch-völkischen Kreisen wird dieser Tag des Zusammenbruchs der verfassungsmäßigen demokratischen Ordnung als »Tag X« bezeichnet, dem sie sich mit einer hohen Zahl an Gewalttaten nähern wollen.

Es geht u.a. den Identitären offensichtlich nicht um Versöhnung und Integration, sondern um Spaltung. So arbeitet der Antaios-Verleger Götz Kubitschek gerne daran, den »Riss noch tiefer« werden zu lassen (zit. nach der ZEIT, 9.3.2018); und die Buchhändlerin Susanne Dagen, die auch gerne Identitäre wie Martin Sellner in ihrem Buchhaus Loschwitz empfängt, wirft mit Vergnügen mehr »Sprengstoff« unter die Leute (vgl. den Essay »Dresden: Der Lärm der Sprachlosen« von Michael Bartsch auf https://libmod.de/). Ebenso macht Mario Alexander Müller in dem Buch »Kontrakultur« deutlich, mit welchem Selbstbewusstsein die Identitären arbeiten: »Wir sind keine Initiative ›besorgter Bürger‹ und geprellter Sparer, keine diffuse Massenveranstaltung gegen ›die da oben‹, keine Partei, die intrigiert und ihre

Ideale ausverkauft. Eines seid Euch gewiß: Wir sind nicht die letzten von gestern, sondern die ersten von morgen!«

Mit Blick auf die angeblich »Ersten von morgen« im Jahr 2022 könnte man von einer nationalistisch-völkischen Kernschmelze sprechen, denn es verschwimmen immer mehr die Grenzen zwischen einst propagierter Gewaltlosigkeit – selbstredend ohne die Macht der Worte zu unterschätzen – und tatsächlicher Gewaltbereitschaft. Ein im Frühjahr 2022 produziertes Video zeigt die Identitären mit der neonazistischen Gruppe »Junge Tat« aus der Schweiz und der US-amerikanischen »Patriot Front«, einer Gruppe, die die »weiße Überlegenheit« lanciert (vgl. einen Tweet der Rechercheplattform zur Identitären Bewegung @IbDoku vom 2.5.2022). Mit wem die Identitären oder ihre Mitglieder in den kommenden Jahren die Gesinnung in einem Video oder in weiteren Aktionen, u.a. gegen eine vermeintliche »Regenbogenpropaganda« in Österreich im Juni 2022, teilen, bleibt abzuwarten. Viele der neonazistischen oder radikal völkisch-nationalistischen Gruppen lösen sich nach ihrer Gründung schnell wieder auf, um sich danach wieder z.T. mit denselben Mitgliedern unter neuem Namen neu zu bilden. Eine Taktik, damit mögliche Beobachter die Übersicht verlieren.

Aber auch ohne weitere Gesinnungsgenossen treten die Identitären vermehrt mit ihrer Gewaltbereitschaft in Erscheinung: Im April 2022 haben Identitäre eine Unterkunft für Geflüchtete in Wien angegriffen. Ferner hat ein Mitglied der Identitären in Österreich geplant, mithilfe von Rohrbomben und weiteren Waffen eine terroristische Straftat zu begehen. Sich auch auf das Alter des Mannes berufend (der potenzielle Attentäter war 78 Jahre alt), gestehen die Identitären in Österreich lediglich ein, dass sie den Mann nur flüchtig kennen würden. So schreiben sie in einer Stellungnahme, dass es keiner von ihnen ahnen konnte, »dass der Pensionist, der sich nach Außen sehr freundlich gab, derartige Straftaten begangen hat.«

In letzter Zeit treten die Identitären immer häufiger mit Decknamen an die Öffentlichkeit. »Heimatkurier« beispielsweise wäre der Tarnname für die letzten Treffen in Wien im Mai 2022 gewesen – wären sie nicht durch antifaschistische Proteste verhindert worden. Weitere Gebäude der Identitären werden nun geheim gehalten, damit es nicht zu derart massiven zivilgesellschaftlichen und antifaschistischen Protesten kommt bzw. kommen kann wie seinerzeit in Halle. Ein sogenanntes »Aktivistenwochenende« hat »geheim« im April 2022 in Hohenlohe/Baden-Württemberg stattgefunden Ein identitäres Wohnprojekt befindet sich in Weifa/Bautzen. Weitere Räume sind u.a. in Ulm. In Dortmund befindet sich das Wahlkreisbüro des AfD-Bundestagsmitgliedes Matthias Helferich, der seinerzeit bei den Identitären aktiv war. Wie das Twitter Recherchenetzwerk zu den Identitären (@IbDoku) herausgefunden hat, pflegt Helferich nach wie vor Kontakte zu einem Führungskader der österreichischen Identitären, Gernot Schmidt, und dem Identitären Jonas Grundhoff sowie Alexander Lehmann, der bei Parteiveranstaltungen der AfD aktiv ist. Darüber hinaus gibt es nach wie vor weitere Überschneidungen von der AfD, beispielsweise in NRW, bzw. der Jungen Alternativen und Mitgliedern der Identitären (vgl. weitere Recherchen von @IbDoku).

Dass die sogenannte Identitäre Bewegung auf ihrer Website 2022 eine »echte Meinungsfreiheit« propagiert, zeigt, dass sie mit Begeisterung auf aktuelle Debatten Bezug nimmt, um ihre Ideologie unter die Leute zu bringen. Der Kampf um echte Meinungsfreiheit sei zu einem entscheidenden Anliegen ihrer politischen Arbeit geworden, denn sie hätten durch angeblich rechtswidrige Löschungen der Instagram- und Facebook-Accounts immer wieder neue Versuche erlebt, »Patrioten auf sanft-totalitäre Weise zum Schweigen zu bringen«. Das »linksliberale Establishment« habe die öffentliche Deutungshoheit für sich reklamiert – eine Täter-Opfer-Umkehr vom Feinsten. Ihre verschwörungserzählerische Ideologie des »großen Austausches« begründen sie nach wie vor mit einer angeblichen Krise des deutschen Volkes, einer vermeintlich niedrigen Geburtenrate der Deutschen bei gleichzeitigem »Wachstum islamischer Parallelgesellschaften« und einer scheinbaren »Masseneinwanderung«.

Während also insgesamt die Aktionen der Identitären immer weniger symbolhaft und öffentlichkeits- bzw. massentauglich inszeniert werden, zeigen sich die Identitären selbst immer gewaltbereiter. Eine neue Generation der Identitären scheint sich somit immer mehr aus der Öffentlichkeit zu ziehen, arbeitet aber als geheime, teilweise radikal nationalistisch-völkisch Zelle weiter. Insgesamt ist die Gruppe martialischer geworden. Dies zeigt auch das Auftreten der neuen nationalistisch-völkischen Influencer:innen; neben @freyarosi und @anniehunecke beispielsweise auch die identitäre Aktivistin Nina Charlotte Vanmeer als »Charlotte Corday« (@lookingformarat). Auf fast allen relevanten Internetplattformen ist sie präsent, wie YouTube, Telegram, Instagram, TikTok, und verbreitet dort ihre Meinung zur vermeintlich »importierten sexuellen Gewalt«, d.h. der Gefahr, die angeblich für Frauen von Geflüchteten ausgehe, und ihre Ablehnung der Corona-Maßnahmen.

Alte Hasen sind teilweise von der Bildfläche verschwunden oder haben sich zurückgezogen, wie Chris Ares oder Andre Laaf vom Musik Label NDS (»Neuer Deutscher Standard«). Für Laaf sind die Identitären zu extrem geworden und das Deplatforming zeigte insofern Wirkung, als dass es mögliche Einnahmequellen versiegen ließ – u.a. finanzielle Gründe waren für Ares maßgeblich, das identitäre Label zu verlassen. Allein Kai »Prototyp« Naggert aus der alten Riege gestaltet das Label NDS derzeit noch mit.

Weitere Gründungsmitglieder sind mittlerweile in der Corona-Protestbewegung oder in der AfD aktiv und versuchen auf diese Weise Einfluss auf Politik und Gesellschaft zu nehmen. Auch Martin Sellner hat sich immer wieder den Akteur:innen der Querdenker-Bewegung angeschlossen und bereits vor der Corona-Pandemie hat Sellner gemeinsam mit Jakob Grunacker eine sogenannte »Bürgerbewegung« namens »Die Österreicher« gegründet, bei der alle Altersklassen und nicht nur Jugendliche angesprochen werden sollten. Deren Internetauftritt und deren Logo wurde Mitte 2021 verboten und so konnte diese Gruppe zwar nicht lange agieren, aber in Zukunft sollte damit gerechnet werden, dass parallel zu radikal nationalistisch-völkischen Gruppen auch die sogenannte Neue Rechte ihren Namen und ihr Erscheinungsbild immer wieder wechseln wird, auch wenn die Ideologie selbstredend immer die gleiche bleibt.

Im Jahr 2022 hat Götz Kubitschek auf Twitter verkündet, dass die Identitären »die beste [und] friedlichste [...] Jugendbewegung« seien, obwohl er drei Jahre zuvor, also 2019, bereits festgestellt hat, dass »nichts Großes mehr daraus« werden könne: »Zum einen ist dieser wirklich gute Ansatz einer patriotischen, nicht-extremen und sehr kreativen Jugendbewegung nun bis zur Unberührbarkeit kontaminiert. Das bedeutet: Es wird nichts Großes mehr daraus. Zum anderen hat sich der Gegner durch diesen Umgang mit der IB ›bis zur Kenntlichkeit entstellt‹ – ein lehrreicher Vorgang.« Im Sinne der Täter-Opfer-Umkehr benennt Kubitschek also den freiheitlich-demokratischen Rechtsstaat als Gegner, der diese angeblich friedfertige Jugendbewegung im Rahmen seiner Möglichkeiten bekämpft. Dass diese jedoch weder friedfertig noch eine Jugendbewegung ist, sollte mittlerweile deutlich geworden sein. Während man die Identitären einerseits nicht überschätzen sollte (eine Bewegung sind sie keineswegs), so sollte man die Gefahr, die von ihrer Ideologie ausgeht, auch keinesfalls unterschätzen. Beunruhigend ist in diesem Zusammenhang, dass beispielsweise inzwischen ein Drittel der US-amerikanischen Bevölkerung der Verschwörungserzählung vom »großen Austausch« glaubt, so der Rechtsextremismus-Forscher Miro Dittrich von CeMas. Diese Narrative sind eine Bedrohung, nicht nur für demokratische Institutionen und eine plurale Gesellschaft, sondern insbesondere auch für Menschen, die sich für eine plurale und vielfältige

Gesellschaft einsetzen. Dass diese Narrative zudem u.a. in der Gaming-Szene verfangen, zeigt das Attentat eines vermeintlichen Einzeltäters in Buffalo im Mai 2022. In Zeiten der digitalen Transformation sollte anerkannt werden, dass es sich dabei nicht mehr um Einzeltäter handelt, sondern um eine »Community«, die in einer digitalen Welt lebt, die ihre eigenen Regeln schreibt und radikal nationalistisch-völkische Online-Subkulturen bildet.

Auch in Zukunft werden die Identitären bzw. neue nationalistisch-völkische Gruppen ihre Parolen verbreiten und für ihr Ziel – sie nennen es eine »patriotische Zivilgesellschaft«, dahinter verbirgt sich aber eine autoritäres Staatsmodell – auf weitere Destabilisierungs- und Unsicherheitsfaktoren setzen, wie beispielsweise die Corona-Pandemie, den Ukraine-Krieg und die Klimakrise. Mit dieser Aufzählung kann man die Erkenntnis gewinnen, dass Krisen und ihre Herausforderungen in Zukunft eher zu- als abnehmen werden. Der aktuellste IPCC-Report zeigt beispielsweise, dass wir es mit einer Klimakrise ungeheuren Ausmaßes zu tun haben, sollte die Weltpolitik keine notwendigen Antworten finden. Ob auch die Identitären in Zukunft vermehrt das Thema Umwelt aus einer nationalistisch-völkischen Perspektive bespielen, so wie es die AG Erde und Zukunft der Partei »Der III. Weg« macht oder nationalistisch-völkische Ansiedler, oder der AfD-Linie der Leugnung des anthropogenen Klimawandels folgen, konnte bislang nicht abschließend geklärt werden. Lediglich ein Video hat Martin Sellner bereits 2014 unter dem Titel »Umweltschutz ist identitär« im Netz veröffentlicht. Die neueste Publikation von Matthias Quent, Christoph Richter und Axel Salheiser, die unter dem Titel »Klimarassismus« zu finden ist, macht jedoch deutlich, dass die (bevorstehende) Energie- und Klimakrise zu einer weiteren Spaltung der Gesellschaft führen kann, wenn nationalistische Narrative zur Verteidigung von Privilegien verfangen und drängende Fragen der Klimagerechtigkeit auf nationalistisch-völkische Art und Weise unter den Teppich gekehrt werden.

Des Weiteren zeigt der völkerrechtswidrige Angriffskrieg Russlands auf die Ukraine einen weiteren möglichen Destabilisierungsfaktor auf, den die völkischen Nationalisten nicht nur für ihre Einflussnahme zu nutzen wissen, sondern der ebenfalls verdeutlicht, dass auch die Position der Neuen Rechten gespalten ist.

In Bezug auf den Ukraine-Krieg gibt es dabei zwei nennenswerte Aspekte:

Erstens ist die Bedeutung nationalistisch-völkischer Ideologie für die russische Aggression hervorzuheben. Alexander Dugin als Denker der Neuen Rechten ruft Russland bereits seit Jahren zum Krieg gegen die Ukraine auf. Zu Beginn des Angriffs auf die Ukraine am 24. Februar bejubelt der »Eurasier« Dugin die Invasion und verkündet die »große slawische Reconquista«, die stets gegen »den Westen« und den »Globalismus« agitiert. Auf der russischen Version von WhatsApp, VK, verbreitet Dugin laut Belltower News seine verschwörungserzählerische Suche nach dem Schuldigen des Krieges am 24. Februar 2022, den er aufs äußerste antisemitisch bei den »satanischen globalen Eliten« sieht, die »die Macht über die Völker des Westens an sich gerissen« hätten, mit dem »Antichristen« zu assoziieren sind und dafür gesorgt hätten, dass der Westen degeneriere. Dem müsse sich Russland entgegenstellen, sodass ihm zufolge der Krieg als präventive Maßnahme notwendig sei. Es ist nicht weiter verwunderlich, dass sich Alexander Dugin u.a. auf Carl Schmitt und andere Schriftsteller beruft, die auch von den deutschen Vertreter:innen der Neuen Rechten rezipiert werden. Seit den 1990er Jahren pflegt Dugin zudem einen intensiven Kontakt zu Alain de Benoist, Vordenker der Neuen Rechten (vgl. S. 37). Dugin ruft in seiner radikalen anti-westlichen Manier immer wieder zur Vernichtung der westlichen Welt auf und stößt dabei im Kreml auf offene Ohren. Zwar ist es wohl etwas überzogen, wenn Journalist:innen Dugin als »Einflüsterer« Putins oder gar als seinen

Chefideologen bezeichnen (so u.a. die Taz), aber die in Russland verbreiteten Narrative lassen einen durchaus aufhorchen. Russische Medien verbreiten seit Jahren die Lüge von einer nationalsozialistischen Regierung in der Ukraine oder gar von einer westlich gesteuerten Nazi-Revolution. Diese klassische Täter-Opfer-Umkehr macht die Ukrainer zu Nazis, die einen vermeintlichen Expansionsdrang haben. Darüber hinaus gebe es einen Genozid der russischen Bevölkerung in den Separatistengebieten. Tiefenpsychologisch könnte man von einer Projektion Putins sprechen, denn eigentlich beschreibt er mit den Urteilen über die Ukraine seine eigene Expansionspolitik. Grundsätzlich also müssten die Ukrainer:innen in der Logik Putins bekämpft werden. Russinnen und Russen, die sich allein mithilfe der russischen Staatsmedien informieren, unterstützen also die »militärische Spezialoperation« Putins gegen Kiew. Bei dieser Spezialoperation mischen auch sogenannte »private Militärunternehmen« mit wie die Gruppe Wagner, die von dem Hitler-Bewunderer Dmitri Utkin gegründet wurde. Utkin selbst präsentiert sich gerne mit Wehrmachtshelm oder seinen SS- oder Reichsadler Tattoos. Seit 2014 ist die Gruppe Wagner auf der Krim und im Donbass aktiv – teilweise mit der paramilitärischen extrem nationalistisch-völkischen Gruppe »Russische Reichsbewegung«, aber sie kämpft auch in Syrien, auf dem afrikanischen Kontinent oder in Südamerika. Zu erkennen ist die Gruppe Wagner an den Runen der SS auf Uniformen und Kampffahrzeugen und ihre mindestens vier Kompanien starke Armee besteht aus Panzern, Artillerie und Raketen. Die Gruppe Wagner gilt als verlängerter Arm des Kremls, auch wenn Putin selbst nichts von dieser paramilitärischen Gruppe wissen möchte – Utkin war Ende 2016 im Kreml und wurde beim »Tag der Helden des Vaterlandes« mit dem Tapferkeitsorden geehrt sowie mit Putin gemeinsam fotografiert.

Paramilitärisch brutal agiert auch die »Task Force Rusitsch« in der Ukraine, deren Söldner mit einem Hitlergruß oder einem germanischen Dreieck-Symbol (Valknut) posieren – in der Szene der extremen völkischen Nationalisten äußerst beliebt. Darüber hinaus preist der IBÖ-Mitgründer Alexander Markovics die »Identitarians of Russia« an, eine vergleichsweise neue Gruppe, die aber klar Stellung für Russland beziehen soll (vgl. @IbDoku, Tweet vom 2.3.2022).

In all diesen Facetten wird das enorme Gewaltpotential nationalistisch-völkischer Ideologie auch im Ukraine-Krieg deutlich und die Wirkmächtigkeit von Verschwörungserzählungen, gezielten Falschmeldungen und antisemitischen Einstellungen, die im Netz verbreitet werden.

Zweitens ist die Position nationalistisch-völkischer Gruppen in Deutschland zu betrachten, die sich in Bezug auf die russische Aggression durchaus heterogen verhalten. Dies hat auch Martin Sellner erkannt und zählt in einem Video, das von @IbDoku am 2. März 2022 gepostet wurde, die Lager auf, die Pro-Putin agitieren – das Compact-Magazin, der vermeintlich unabhängige und alternative Online TV-Sender Auf1, die FPÖ-nahe oberösterreichische Zeitung Wochenblick, das seit 2020 bestehende konflikt-Magazin, die selbst ihren »jungen rechten Journalismus« bewerben, Teile der AfD und die von Sellner benannte »Gegenöffentlichkeit«. Auf der Seite Zelenskys stünden Sellner zufolge der Journalist Boris Reitschuster, der Blog achgut.com, auf dem auch die vor einer »Gesinnungsdiktatur« warnende Vera Lengsfeld und Thilo Sarrazin veröffentlichen, Tichys Einblick (vgl. S. 152), Teile der AfD (u.a. Tino Chrupalla und Alice Weidel), die extrem nationalistisch-völkische Gruppierung »Der 3. Weg«, der sogenannte Nationale Widerstand (NW) – ein Netzwerk bzw. eine Sammlungsbewegung bestehend aus unterschiedlichen radikal nationalistisch-völkischen Gruppen und eben der sogenannte »Mainstream«.

Die Auswirkungen dieser zwei Positionen haben beispielsweise zur Folge, dass bei einer vom nationalistisch-völkischen Verein »1 %« um Philip Stein (vgl. S. 8) organisierten Debatte zum russischen Angriffskrieg am 24. Februar 2022 heftig diskutiert wurde. Auch wenn die Positionierung der AfD umstritten ist, verurteilten Hannes Gnauck, Alice Weidel und Tino Chrupalla den Angriff Russlands auf die Ukraine. Das löste deutliche Empörung im Live-Chat aus und es waren u.a. folgende Kommentare zu lesen: »Da hätten die gleich Baerbock einladen können, derselbe Schwachsinn!«, oder »Wenn ich Mainstream möchte, kann ich auch GEZ-Sender angucken«.

Während sich also eine Seite der völkischen Nationalisten auf die pro-russische Seite stellt, bedauern dagegen beispielsweise die Identitären den Tod des ukrainischen nationalistisch-völkischen Jungeuropa-Autors Mykola Krawtschenko, der 60 km von Kiew entfernt durch Waffen russischer Soldaten getötet wurde. Kurz zuvor starb sein Vater im Kampf mit dem russischen Militär. »Die Ukraine hat in diesem März zwei mutige und selbstlose Männer verloren – ganz gleich, wie man sich in diesem Krieg selbst positionieren mag«, ließ der Podcast des Jungeuropa Verlags verkünden. Der 39-jährige Krawtschenko, auch »Kruk« (dt. Rabe) genannt, war neben seiner Tätigkeit im Jungeuropa Verlag auch Verleger des nationalistisch-völkischen »Orientyr«-Verlags und stellvertretender Leiter der Asow-Partei »Nationaler Korps«. Krawtschenko selbst war antiwestlich, Rassist und Nationalist und träumte von einer »Großukraine«. Das Asow-Regiment gilt demzufolge als Neonazi-Miliz, die sich kurz nach Beginn des Ostukraine-Konflikts 2014 u.a. durch Andrij Bilezkyi gegründet hat und eng vernetzt ist mit der Neuen Rechten in Deutschland. Die Kämpfer dieser Miliz kleiden sich gerne mit Neonazi-Symbolen wie der Wolfsangel, und die unbewaffneten parteilichen Organisationen des Asow-Regiments wie die »Nationale Miliz« oder eben der »Nationale Corps« fielen in Kiew durch martialische Fackelmärsche auf. Verbindungen nach Deutschland bestehen vor allem zu den als rechtsradikal eingestuften Parteien »III. Weg« oder »Neue Stärke«, aber auch zu anderen Nationalisten wie den Identitären. Diese Nähe führt dazu, dass sich beispielsweise deutsche Neonazis freiwillig dem bewaffneten Kampf in der Ukraine anschlossen.

Der Chefredakteur des nationalistisch-völkischen »Compact«-Magazins« (vgl. S. 48), Jürgen Elsässer, wirft vor dem Hintergrund dieser ambivalenten Positionierung der Neuen Rechten nicht nur großen Teilen der AfD, sondern auch den Identitären vor, nicht auf der Seite Putins zu stehen. Allein aus dem Lager der Coronaleugner:innen und dem der Verschwörungsideologen könne noch eine Loyalität gegenüber Putins Handeln erwartet werden. Diese Loyalität beweisen derzeit auch beispielsweise Sahra Wagenknecht (Die Linke) – wie jüngst in der Talkshow Markus Lanz vom 19. Mai 2022 – und der gescheiterte Bundespräsidentschaftskandidat der AfD, Max Otte (das Parteiausschlussverfahren für die CDU läuft derzeit).

Martin Sellner skizziert demgegenüber in dem o.g. Video das wahre Feindbild der Neuen Rechten. Weder Putin noch Zelensky seien als Feind zu betrachten, sondern beispielsweise Nancy Faeser (SPD), seit Dezember 2021 Innenministerin der Bundesrepublik. Sie als Person verkörpert für Sellner die Unfähigkeit der freiheitlich-demokratischen Ordnung. Der Neuen Rechten zufolge müsse demnach die liberale Demokratie überwunden werden.

Bei all diesen ambivalenten und widersprüchlichen Äußerungen ist es ermutigend zu sehen, wie sich die deutsche Gesellschaft überwiegend ganz klar positioniert und versucht, einen Weg zwischen Vermeidung weiterer Eskalation und Unterstützung der Ukraine zu finden. Nicht nur mehrheitlich die deutsche Bevölkerung, sondern nahezu alle Regierungen der Welt verurteilen das Handeln Putins. In der UN-Vollversammlung Anfang März stimmten 141 Mitgliedstaaten in New York für eine entsprechende Resolution. Neben 34 Ländern, die sich enthielten (u.a. China), verweigerten nur fünf Staaten (Russland, Belarus, Nordkorea, Syrien, Eritrea) die Ja-Stimme. Insgesamt ist also festzuhalten, dass die Mehrheit der (Welt-)

Bevölkerung für ein friedliches Miteinander ist und kriegerische Handlungen ablehnt. Zur gleichen Zeit ist es allerdings entmutigend, wie schnell in Deutschland neben auftretender Russophobie zwischen »guten und schlechten« Geflüchteten unterschieden wird und sowohl Herkunft als auch Geschlechtsstereotypen in Bezug auf migrierende Personen von Bedeutung sind. Albert Scherr, Leiter des Instituts für Soziologie an der Pädagogischen Hochschule Freiburg, erklärt diese Differenzierung folgendermaßen: Während Frauen und Kinder aus der Ukraine »als unschuldige Opfer eines brutalen Diktators wahrgenommen« werden, ist im Laufe der letzten Jahre die Distanz zu u.a. männlichen PoC-Geflüchteten aus dem Nahen Osten, Afrika oder Asien gewachsen. Zum einen wurde mit Misstrauen beäugt, wer aus einem vermeintlich sicheren Herkunftsland kommt oder wer »wirklich Hilfe benötige«. Zum anderen wurde in politischen Debatten und in der Berichterstattung immer wieder gewarnt, dass man bald an die Grenzen der Belastbarkeit kommen werde. Ferner führte die Kölner Silvesternacht 2015 dazu, dass das Bild von Geflüchteten in ein deutlich negatives Licht gerückt wurde, auch wenn es laut der Kölner Oberbürgermeisterin Henriette Reker keine Hinweise gegeben habe, dass es sich bei den Tätern um Geflüchtete aus Kölner Flüchtlingsunterkünften handelte. In dieser Nacht erfuhren hauptsächlich Frauen sexuelle Gewalt, Diebstähle und Körperverletzungen von Männern nordafrikanischen Aussehens. Gerade die Kölner Identitären und andere völkische Nationalisten nutzten dieses Ereignis für ihre Zwecke und sprachen über »die Schande von Köln«. Dass es aber auch bei dem Münchener Oktoberfest 2016 zu über 30 sexuellen Übergriffen auf Frauen kam – dies interessierte die Identitären weniger, schließlich steht für sie die Rassifizierung im Vordergrund und mitnichten der Schutz von Frauen vor sexueller Gewalt. Ein genauer Blick hinter die Kulissen lohnt also in jedem Fall.

Nachwort

Dieses Buch könnte noch Monate, gar Jahre fortgeschrieben werden – fast täglich gibt es Nachrichten, die im Zusammenhang mit den auf den vorliegenden Seiten verhandelten Themen stehen. Vom Bundesparteitag der AfD in Riesa im Juni 2022 und seinen Umständen (u.a. die Auslage des nationalistisch-völkischen Magazins »Zuerst!« oder den Äußerungen der neu in den AfD-Bundesvorstand gewählten Christina Baum, die eine Änderung des deutschen Staatsbürgerschaftsrechts forderte, mit dem Ziel, »schwarze« Menschen von der deutschen Staatsbürgerschaft auszuschließen) bis hin zum langen Arm des Anti-Feminismus und der Homophobie sowohl in der Gaming-Szene als auch in radikalen Netzwerken jedweder Richtung. Homofeindliche Gewaltexzesse beispielsweise sind laut der Amadeu Antonio Stiftung auf einem immer noch bedauerlich hohen Niveau; ob durch nationalistisch-völkische Täter oder – wie kürzlich geschehen – in Oslo in der Nacht zum 25. Juni 2022 durch einen islamistischen Terroristen. Den bereits anfänglich angedeuteten Verbindungslinien zwischen der Neuen Rechten und dem Islamismus müsste intensiver nachgegangen werden (u.a. wird dies bereits von Marc Thörner in seinem Buch »Rechtspopulismus und Dschihad« und dem Bildungsreferenten beim Jüdischen Forum für Demokratie und gegen Antisemitismus e.V., Matheus Hagedorny, initiiert).

Ferner könne das Anti-Abtreibungs-Urteil des Obersten Gerichtshofes in den USA Ende Juni 2022 genannt werden. Obwohl eine deutliche Mehrheit der US-amerikanischen Bevölkerung gegen das Anti-Abtreibungs-Urteil sei, wird das Urteil von Trump-nahen Politiker:innen und u.a. der Alt-Right-Bewegung in den USA begrüßt. Donald Trump feierte vor allem sich selbst für die Berufung von drei konservativen Richtern an den obersten Gerichtshof, die eine solche Entscheidung erst möglich gemacht habe, wie Der Spiegel am 24. Juni 2022 herausstellte. Trotz der »radikalen Linken« – so Trump – bestehe demzufolge noch Hoffnung, das Land zu retten.

Außerdem wäre die besorgniserregende Erstarkung der neurechten Szene in Italien eine Beobachtung wert bis hin zur Analyse der Wahl der nationalistisch-völkischen Giorgia Meloni. Aber auch in Deutschland gibt die bisher niedrigste Wahlbeteiligung bei der NRW-Landtagswahl 2022 zu denken. Wenn lediglich knapp 55,5 % der Wahlberechtigten ihr Wahlrecht nutzen, sollte dringend nach dem Grund dafür gefragt werden. Re-Demokratisierungs- und Bildungsprozesse sind u.E. notwendig, um einer weiteren Verwässerung von demokratischen Entscheidungsprozessen entgegenzuwirken. Dazu macht die Causa Jens Maier (AfD) deutlich, wie wehrhaft eine freiheitlich-demokratische Grundordnung sein muss. Der ehemalige MdB Maier sprach sich gegen eine vermeintliche »Herstellung von Mischvölkern« aus und wollte vor dem Hintergrund des Schoah-Gedenkens den deutschen »Schuldkult« beendet wissen. Auch wenn ein Disziplinarverfahren läuft, arbeitet er derzeit dank seines Rückkehranspruchs wieder als Richter in Sachsen, da er den erneuten Einzug in den Bundestag 2021 verfehlt hat. In diesem Zusammenhang kritisiert der Rechtswissenschaftler Andreas Fischer-Lescano am 10. Januar 2022 auf der Seite verfassungsblog.de die »skandalöse Nonchalance« des sächsischen Justizministeriums. In einem Beitrag im Verfassungsblog schreibt Fischer-Lescano, dass sich am »sächsischen Beispiel [...] wie in einem Brennglas [zeige], wie wenig wehrhaft die deutsche Justiz gegen die grassierende Gefahr des Rechtsextremismus aufgestellt ist und wie ungehindert der rechtsextreme Marsch durch die Institutionen vonstatten geht.«

Eine liberale Demokratie muss also wehrhaft sein bzw. Grenzen aufzeigen, denn nicht alles kann mit dem Freiheitsbegriff gerechtfertigt werden. Auch am Beispiel der Corona-Maßnahmen zeigt sich, wie überstrapaziert der Terminus der Freiheit ist, wenn er lediglich dazu verwendet wird, seine individuelle Freiheit zu verteidigen, nicht aber die Freiheit der anderen zu berücksichtigen.

Grenzen müssen zudem gezogen werden, wenn es um die Kommunikation in digitalen Foren geht. (Gaming-)Chatforen sind keine rechtsfreien Räume, sondern der Rechtsschutz muss auch im Rahmen der Digitalität gewährleistet sein. Dies gilt gleichermaßen für Opfer digitaler Gewalt, denn diese erfahren bislang keinen angemessenen Opferschutz. Es kann nicht den privaten Anbieter:innen der Plattformen überlassen werden, wie das gesellschaftliche Gespräch stattfindet, sondern wir sind auch als Bürgerinnen und Bürger dazu verpflichtet, einer eventuell stattfindenden Verrohung der (digitalen) Kommunikation entgegenzuwirken und Grenzen aufzuzeigen. Insgesamt werden (digitale) Bildung und Präventionsmaßnahmen immer mehr an Bedeutung gewinnen und der Diskussion um gesellschaftliche Werte und ein angemessenes Ethos sollte Raum gegeben werden. Besonders auch in der Presseberichterstattung ist abstrusen Meinungen weniger Rampenlicht zu gewähren (das sogenannte False-Balance-Problem) oder sie sind zumindest deutlicher zu kontextualisieren. Das haben wir mit dem vorliegenden Band versucht.

Wie gezeigt wurde, vermag eine gründliche Analyse beispielsweise der Identitären als nationalistisch-völkischer Gruppierung ihre Scharade zu enttarnen. Es geht diesen Menschen nicht um popkulturelle und politisch harmlose Botschaften, geschweige denn um eine Ausdifferenzierung des Identitäts-Begriffs, sondern diese nationalistisch-völkische Gruppe versucht mit ihrer Ablehnung von Pluralismus und Liberalismus sowie ihrer dichotomischen Geisteshaltung den Spalt in der Gesellschaft zu vertiefen. »Wer Identität in Anspruch nimmt, aktiviert Differenz«, so der Theologe Christopher Zarnow. Statt der Differenz sollte die Gemeinsamkeit im Vordergrund stehen. Dafür wird Versöhnung dort notwendig sein, wo derzeit feindliches Beäugen herrscht, und Vertrauen wird dort wachsen müssen, wo das Misstrauen das Sagen hat. Dies scheint u.E. ein mühseliger, aber absolut lohnenswerter Weg zu sein. Wagen wir es.

Literatur

Zitierte Quellen aus dem Umfeld der Neuen Rechten werden an dieser Stelle nicht angeführt, um ihnen nicht noch mehr Reichweite zu verschaffen. Videos und Online-Publikationen sind aber mithilfe einer Suchmaschine zu finden.

Adorno, Theodor W.: Aspekte des neuen Rechtsradikalismus. Ein Vortrag. 6. Auflage. Suhrkamp, Berlin 2019.

Ahlheim, Klaus: Rechtsextremismus – Ethnozentrismus – Politische Bildung. Kritische Beiträge zur Bildungswissenschaft, Band 8. Offizin-Verlag, Hannover 2013.

Ahrens, Petra-Angela (Hrsg.): Islam und Muslim*innen in Deutschland: Die Sicht der Bevölkerung. Ergebnisse einer bundesweiten Umfrage. Sozialwissenschaftliches Institut (SI) der Evangelischen Kirche in Deutschland (EKD), Hannover 2018.

Aigner, Isolde et al.: Autoritäre Zuspitzung. Rechtsruck in Europa (Edition DISS 40). Unrast Verlag, Münster 2017.

Alexander, Jeffrey C.: Raging Against The Enlightenment: The Ideology Of Steven Bannon. Vortrag vor der Yale Political Union am 13. April 2017. https://ccs.yale.edu/sites/default/files/files/Alexander%20Articles/2017_Bannon_Culture.pdf, eingesehen am 15.3.2022.

Alice-Schwarzer-Stiftung; Giordano-Bruno-Stiftung und das Wissenschaftszentrum Berlin für Sozialforschung (WZB) (Hrsg.): Einstellungen zu Islam und Islamismus. Allensbach 2021. https://fowid.de/meldung/islam-und-islamismus, eingesehen am 15.3.2022.

Aschauer, Wolfgang: Entfremdung, Unterordnung und Abgrenzung (JBZ-Arbeitspapiere 52). Robert-Jungk-Bibliothek für Zukunftsfragen, Salzburg 2020.

Baeck, Jean-Philipp und Speit, Andreas (Hrsg.): Rechte Ego Shooter. Von der virtuellen Hetze zum Livestream-Attentat. Christoph Links Verlag, Berlin 2020.

Becker, Andrea et al.: Zwischen Neoliberalismus und völkischem ›Antikapitalismus‹. Sozial- und wirtschaftspolitische Konzepte und Debatten innerhalb der AfD und der Neuen Rechten (Edition DISS 43). Unrast Verlag, Münster 2019.

Beiner, Ronald: The Words and Deeds of Steven K. Bannon. https://www.academia.edu/30487272/The_Words_and_Deeds_of_Stephen_K_Bannon, eingesehen am 15.3.2022.

Ben Slama, Brahim und Kemmesies, Uwe (Hrsg.): Handbuch Extremismusprävention. Gesamtgesellschaftlich. Phänomenübergreifend (Polizei und Forschung 54). Wiesbaden, BKA 2020.

Benz, Wolfgang: Was ist Antisemitismus? C.H.Beck-Verlag, München 2005.

Bertelsmann Stiftung (Hrsg.): Religionsmonitor. Sonderauswertung Islam 2015. Bertelsmann Verlag, Gütersloh 2015.

Bertelsmann Stiftung (Hrsg.): Weltanschauliche Vielfalt und Demokratie. Religionsmonitor 2019. Bertelsmann Verlag, Gütersloh 2019.

Birsl, Ursula (Hrsg.): Rechtsextremismus und Gender. Verlag Barbara Budrich, Opladen 2011.

Bitzan, Renate: Selbstbilder rechter Frauen. Zwischen Antisexismus und völkischem Denken. Verlag Edition Diskord, Tübingen 2000.

Botsch, Gideon: Die extreme Rechte in der Bundesrepublik 1949 bis heute. Wissenschaftliche Buchgesellschaft, Darmstadt 2012.

Braun, Stephan; Geisler, Alexander; Gerster, Martin (Hrsg.): Strategien der extremen Rechten. Hintergründe-Analysen-Antworten. Verlag Springer VS, Wiesbaden 2009.

Brechenmacher, Thomas: Die Kirchen und die Verbrechen im nationalsozialistischen Staat (Dachauer Symposien zur Zeitgeschichte, Bd. 11). Wallstein Verlag, Göttingen 2011.

Breuer, Stefan: Anatomie der Konservativen Revolution. Wissenschaftliche Buchgesellschaft, Darmstadt 1993.

Breuer, Stefan: Die radikale Rechte in Deutschland 1871–1945. Eine politische Ideengeschichte. Reclam, Stuttgart 2021.

Bruns, Julian; Glösel, Kathrin; Strobl, Natascha: Die Identitären. Handbuch zur Jugendbewegung der Neuen Rechten in Europa. 3. Auflage. Unrast Verlag, Münster 2017.

Bruns, Julian; Glösel, Kathrin; Strobl, Natascha: Rechte Kulturrevolution. Wer und was ist die Neue Rechte von heute? VSA-Verlag, Hamburg 2015.

Bullan, Klaus et al.: Nationalismus und Neue Rechte. VSA-Verlag, Hamburg 1993.

Bundesministerium des Inneren (Hrsg.): Antisemitismus in Deutschland. Erscheinungsformen, Bedingungen, Präventionsansätze. BMI, Berlin 2011.

Bundesministerium des Inneren, für Bau und Heimat (Hrsg.): Verfassungsschutzbericht 2018. Bundesamt für Verfassungsschutz, Berlin 2018.

Bundesministerium des Inneren, für Bau und Heimat (Hrsg.): Verfassungsschutzbericht 2019. Bundesamt für Verfassungsschutz, Berlin 2019.

Bundesministerium des Inneren, für Bau und Heimat (Hrsg.): Verfassungsschutzbericht 2020. Bundesamt für Verfassungsschutz, Berlin 2020.

Bundesministerium des Inneren, für Bau und Heimat (Hrsg.): Verfassungsschutzbericht 2021. Bundesamt für Verfassungsschutz, Berlin 2021.

Butter, Michael: »Nichts ist, wie es scheint«. Über Verschwörungstheorien. BpB, Bonn 2018.

Caballero, Luis: Entwicklung der extrem rechten und rechtspopulistischen Szene unter besonderer Berücksichtigung von Rheinland-Pfalz, Forschungsgruppe Rechtspopulismus, Forschungsbericht Vol. 2/2021, Mainz 2021.

Claus, Robert; Lehnert, Esther; Müller, Yves (Hrsg.): »Was ein rechter Mann ist …«. Männlichkeiten im Rechtsextremismus. Dietz-Verlag, Berlin 2010.

Dietl, Stefan: Die AfD und die soziale Frage. Zwischen Marktradikalismus und ›völkischem Antikapitalismus‹. 3. erweiterte Auflage. Unrast Verlag, Münster 2018.

Döring, Maurice (Hrsg.): Vorsicht, Ansteckungsgefahr: Stigmatisierung, Vorurteil und Diskriminierung. Der Einfluss der Corona-Krise auf extremistische Radikalisierungsprozesse in Deutschland. CoRE-NRW Workshopdokumentation, Bonn 2020.

Eco, Umberto: Der Ewige Faschismus. Mit einem Vorwort von Roberto Saviano. 4. Auflage. Carl Hanser Verlag, München 2020.

Feustel, Robert et al. (Hrsg.): Wörterbuch des besorgten Bürgers. Ventil Verlag, Mainz 2016.

Flade, Florian et al.: Dunkle Seiten. Süddeutsche Zeitung, Buch Zwei, am 2./3. Mai 2020. S. 11–13.

Flieder, Fiona Katharina: »radikal feminin« – ein antifeministischer Blog. Belltower News 14. September 2017. https://www.belltower.news/radikal-feminin-ein-anti-feministischer-blog-45368/.

Fuchs, Christian und Middelhoff, Paul: Das Netzwerk der Neuen Rechten. Wer sie lenkt, wer sie finanziert und wie sie die Gesellschaft verändern. Rowohlt-Verlag, Reinbek bei Hamburg 2019.

Gegen Vergessen – Für Demokratie e.V. (Hrsg.): Widersprechen! Aber wie? Argumentationstraining gegen rechte Parolen. BpB, Berlin 2015.

Geisler, Astrid und Schultheis, Christoph: Heile Welten. Rechter Alltag in Deutschland. Carl Hanser Verlag, München 2011.

Ginzel, Günther B. (Hrsg.): Antisemitismus. Erscheinungsformen der Judenfeindschaft gestern und heute. Verlag Wissenschaft und Politik, Bielefeld 1991.

Glase, Stefan und Pfeiffer, Thomas (Hrsg.): Erlebniswelt Rechtsextremismus. Modern – subversiv – hasserfüllt. Hintergründe und Methoden für die Praxis der Prävention. Sonderausgabe der Zentralen für politische Bildung, Bonn 2018.

Glösel, Kathrin und Lichtenberger, Hanna: Unbeugsam & Unbequem. Debatten über Handlungsräume und Strategien gegen die extreme Rechte. Unrast Verlag, Münster 2018.

Goetz, Judith; Sedlacek, Joseph Maria und Winkler, Alexander (Hrsg.): Untergangster des Abendlandes. Ideologie und Rezeption der rechtsextremen ›Identitären‹. Marta Press, Hamburg 2017.

Gremmels, Christian et al.: Dietrich Bonhoeffer. Widerstand und Ergebung. Briefe und Aufzeichnungen aus der Haft. (DBW 8). Chr. Kaiser Verlag: Gütersloh 1998.

Gümüşay, Kübra: Sprache und Sein. Btb, München 2021.

Hafeneger, Benno: Demokratie in Zeiten von Corona. In: Demokratie gegen Menschenfeindlichkeit Jahrgang 5, Ausgabe 2, Januar 2021, S. 94–102.

Hartman, Rachel; Hester, Neil; Gray, Kurt: People See Political Opponents as More Stupid Than Evil (*Research Article*). Published Online 28.4.2022: https://doi.org/10.1177/01461672221089451.

Hawley, George: Making Sense of the Alt-Right. Columbia University Press, New York 2017.

Heitmeyer, Wilhelm et al.: Rechte Bedrohungsallianzen. Signaturen der Bedrohung II. Suhrkamp, Berlin 2020.

Hentges, Gudrun; Nottbohm, Kristina; Platzer, Hans-Wolfgang: Europäische Identität in der Krise? Europäische Identitätsforschung und Rechtspopulismusforschung im Dialog. Springer VS, Wiesbaden 2017.

Hermansson, Patrik; Lawrence, David; Mulhall, Joe; Murdoch, Simon: The International Alt-Right: Fascism fort he 21st Century? Routledge, London 2020.

Herschinger, Eva et al.: Radikalisierung der Gesellschaft? Forschungsperspektiven und Handlungsoptionen. Leibniz Institut Hessische Friedens- und Konfliktforschung/Peace Research Institute Frankfurt (PRIF). PRIF-Report 8/2018.

Hirschmann, Kai: Der Aufstieg des Nationalpopulismus. Wie westliche Gesellschaften polarisiert werden. BpB, Bonn 2017.

Horowitz, Jason: Steve Bannon Cited Italian Thinker Who Inspired Fascist, New York Times, 10. Februar 2017.

Jäger, Margarete und Kauffmann, Heiko (Hrsg.): Skandal und doch normal. Impulse für eine antirassistische Praxis (Edition DISS 31). Unrast Verlag, Münster 2012.

Kahveci, Çagri: Migrantische Selbstorganisierung im Kampf gegen Rassismus. Die politische Praxis ausgewählter antirassistischer Gruppen türkeistämmiger Migrant*innen. Unrast Verlag, Münster 2017.

Kauffmann, Heiko et al. (Hrsg.): Völkische Bande. Dekadenz und Wiedergeburt – Analysen rechter Ideologie (Edition Diss 8). Unrast Verlag, Münster 2005.

Klärner, Andreas und Kohlstruck, Michael: Thema der Öffentlichkeit und Gegenstand der Forschung, in: Dies. (Hrsg.): Moderner Rechtsextremismus in Deutschland. Hamburger Edition, Hamburg 2006, S. 7–41.

Kleffner, Heike und Meisner, Matthias (Hrsg.): Fehlender Mindestabstand. Die Coronakrise und die Netzwerke der Demokratiefeinde. Herder, Freiburg/Breisgau 2021.

Kleiner, Marcus S.: Streamland. Wie Netflix, Amazon Prime & Co. unsere Demokratie bedrohen. Droemer Knaur: München 2020.

Koch, Heiko: Casa Pound Italia. Mussolinis Erben. Unrast Verlag, Münster 2013.

Kudlacek, Dominik und Jukschat, Nadine: Strategien und Verfahren zur Messung von Radikalisierung. Neue Kriminalpolitik 29/4 (2017), S. 379–387.

Lebourg, Nicolas: Attentat islamophobe de Christchurch: retour historique sur le »grand remplacement«. Mediapart 2019. Online einsehbar unter: https://www.mediapart.fr/journal/international/150319/attentat-islamophobe-de-christchurch-retour-historique-sur-le-grand-remplacement?onglet=full.

Lehner, Sabine: Rhetorik der Angst am Beispiel der ›Identitären‹. Zur Konstruktion von Bedrohungen, Krisen und Gefahren. In: Goetz, Judith; Sedlacek, Joseph Maria und Winkler, Alexander (Hrsg.): Untergangster des Abendlandes. Ideologie und Rezeption der rechtsextremen ›Identitären‹. Marta Press, Hamburg 2017, S. 133–165.

Lehnert, Esther und Radvan, Heike: Rechtsextreme Frauen. Analysen und Handlungsempfehlungen für Soziale Arbeit und Pädagogik. Verlag Barbara Budrich, Opladen 2016.

Leo, Per; Steinbeis, Maximilian; Zorn, Daniel-Pascal: Mit Rechten reden. Ein Leitfaden. Klett-Cotta, Stuttgart 2017.

Liebhart, Karin: »Radikal Feminin«. Eine multimodale Analyse des YouTube Videos »Frauen gegen Genderwahn«. In: Sozialwissenschaftliche Analysen von Bild- und Medienwelten, hrsg. von Breckner, Roswitha; Liebhart, Karin; Pohn-Lauggas, Maria. De Gruyter Oldenbourg, Berlin, Boston 2021, S. 195–224.

Madubuko, Nkechi: Empowerment als Erziehungsaufgabe. Praktisches Wissen für den Umgang mit Rassismuserfahrung. 2. Auflage. Unrast Verlag, Münster 2018.

Millerman, Michael: Alexander Dugin's Heideggerianism. In: International Journal of Political Theory 3 (1/2018).

Neumann, Peter et al.: Die Rolle des Internets und sozialer Medien für Radikalisierung und Deradikalisierung. Leibniz Institut

Hessische Friedens- und Konfliktforschung/Peace Research Institute Frankfurt (PRIF). PRIF-Report 10/2018.
Nocun, Katharina und Lamberty, Pia: Fake Facts. Wie Verschwörungstheorien unser Denken bestimmen. Bastei Lübbe, Köln 2020.
Ogette, Tupoka: exit RACISM. Rassismuskritisch denken lernen. 5. korrigierte Auflage. Unrast Verlag, Münster 2019.
Oltmer, Jochen: Globale Migration. Geschichte und Gegenwart. Verlag C.H. Beck, München 2017.
Orwell, George: Über Nationalismus. Mit einem Nachwort von Armin Nassehi. 3. Auflage 2020. Dtv, München 2020.
Pfeiffer, Thomas: Dem Mainstream auf der Spur. Ideologische Muster, strategische Ziele und Aktionsformen der *Identitären Bewegung*. In: Friese, Heidrun et al. (Hrsg.): Rassismus im Alltag. Theoretische und empirische Perspektiven nach Chemnitz. Transcript, Bielefeld 2019, S. 119–138.
Pöhlmann, Matthias: Rechte Esoterik: Wenn sich alternatives Denken und Extremismus gefährlich vermischen. Herder-Verlag, Freiburg/Breisgau 2021.
Pollack, Detlef und Yendell, Alexander: Religiöse Toleranz in Münster. Ergebnisse einer repräsentativen Umfrage. WMU, Münster 2010.
Quent, Matthias: Deutschland rechts außen. Wie die Rechten nach der Macht greifen und wie wir sie stoppen können. Piper, München 2019.
Quent, Matthias et al.: Klimarassismus. Der Kampf der Rechten gegen die ökologische Wende. Piper, München 2022.
Rajal, Elke: Offen, codiert, strukturell. Antisemitismus bei den ›Identitären‹. In: Goetz, Judith; Sedlacek, Joseph, Maria und Winkler, Alexander (Hrsg.): Untergangster des Abendlandes. Ideologie und Rezeption der rechtsextremen ›Identitären‹. Marta Press, Hamburg 2017.
Rathje, Jan: Reichsbürger, Selbstverwalter und Souveränisten. Vom Wahn des bedrohten Deutschen. Unrast Verlag, Münster 2017.
Salzborn, Samuel: Rechtsextremismus. Erscheinungsformen und Erklärungsansätze. Bundeszentrale für politische Bildung, Bonn 2018.

Schellhöh, Jennifer et al. (Hrsg.): Großerzählungen des Extremen. Neue Rechte, Populismus, Islamismus, War on Terror. Transcript, Bielefeld 2018.

Schmid, Alex P. (Hrsg.): Handbook of Terrorism Prevention and Preparedness. ICCT, Den Haag 2020.

Schmid, Bernhard: Die Neue Rechte in Frankreich. Unrast, Münster 2009.

Schobert, Alfred: Extreme Rechte - Geschichtspolitik - Poststrukturalismus (Edition DISS 21). Unrast Verlag, Münster 2009.

Seelig, Michael: Die ›Konservative Revolution‹ als historische Geisteshaltung und wissenschaftlicher Analysebegriff: Vom Nutzen eines umstrittenen Quellenbegriffs für die Forschung zur radikalen Rechten in der Weimarer Republik. In: Archiv für Kulturgeschichte 98, Heft 2 (2016), S. 381–418.

Shekhovtsov, Anton: »Aleksandr Dugin's Neo-Eurasianism: The New Right à la Russe«, Religion Compass 3, no. 4 (2009), S. 697–716.

Shlapentokh, Dmitry: »Dugin Eurasianism: A Window on the Minds of the Russian Elite or an Intellectual Ploy?« In: Studies in East European Thought 59, no. 3 (2007), S. 215–36.

Shekhovtsov, Anton; Umland, Andreas: »Is Aleksandr Dugin a Traditionalist? ›Neo-Eurasianism‹ and Perennial Philosophy.« In: The Russian Review 68, no. 4 (2009), S. 662–78.

Sieber, Roland: Terror als Spiel. Virtuell vernetzter Rechtsterrorismus rund um den Globus. In: Jean-Philipp Baeck, Andreas Speit (Hrsg.): Rechte Ego-Shooter. Von der virtuellen Hetze zum Livestream-Attentat. Ch.-Links-Verlag, Berlin 2020. S. 46–66.

Sigl, Johanna: Identitäre Zweigeschlechtlichkeit. Über männliche Inszenierungen und Geschlechterkonstruktionen bei den Identitären. In: Speit, Andreas: Das Netzwerk der Identitären. Ideologie und Aktionen der Neuen Rechten. Ch. Links Verlag, Berlin 2018.

Speit, Andreas (Hrsg.): Ästhetische Mobilmachung. Dark-Wave, Neofolk und Industrial im Spannungsfeld rechter Ideologien. 2. Auflage. Unrast Verlag, Münster 2006.

Speit, Andreas: Bürgerliche Scharfmacher. Deutschlands neue rechte Mitte von AfD bis Pegida. Orell Füssli Verlag, Zürich 2016.

Speit, Andreas: Der Jude und die Weiblichkeit – Zwei alte Feindbilder. Hintergründe zur Gedankenwelt von Stephan Balliet. In: Jean-Philipp Baeck, Andreas Speit (Hrsg.): Rechte Ego-Shooter. Von der virtuellen Hetze zum Livestream-Attentat. 2020. Ch.-Links-Verlag, Berlin. S. 86–106.

Speit, Andreas: Das Netzwerk der Identitären. Ideologie und Aktionen der Neuen Rechten. Ch. Links Verlag, Berlin 2018.

Speit, Andreas (Hrsg.): Reichsbürger. Die unterschätzte Gefahr. Ch.-Links-Verlag, Berlin 2017.

Speit, Andreas: Im Krieg gegen Frauen. In: AntiFa-Magazin »der rechte rand« 183 (März/April 2020). Online einsehbar unter: https://www.der-rechte-rand.de/archive/6751/im-krieg-gegen-frauen/.

Speit, Andreas: Verqueres Denken. Gefährliche Weltbilder in alternativen Milieus. Ch.-Links-Verlag, Berlin 2021.

Speit, Andreas und Röpke, Andrea: Völkische Landnahme. Alte Sippen, junge Siedler, rechte Ökos. 3. Auflage. Ch.-Links-Verlag, Berlin 2021.

Speit, Andreas und Röpke, Andrea: Blut und Ehre. Geschichte und Gegenwart rechter Gewalt in Deutschland. Ch.-Links-Verlag, Berlin 2013.

Stahl, Enno: Die Sprache der Neuen Rechten. Populistische Rhetorik und Strategien. Alfred Kröner Verlag, Stuttgart 2019.

Stegemann, Patrick und Musyal, Sören: Die Rechte Mobilmachung. Wie Radikale Netzaktivisten die Demokratie angreifen. Ullstein, Berlin 2020.

Strick, Simon: Rechte Gefühle. Affekte und Strategien des digitalen Faschismus. Transcript, Bielefeld 2021.

Strobl, Natascha: Radikalisierter Konservatismus. Eine Analyse. Suhrkamp, Berlin 2021.

Taler, Ingo: Out of Step. Hardcore-Punk zwischen Rollback und neonazistischer Adaption. Unrast Verlag, Münster 2012.

Thörner, Marc: Rechtspopulismus und Dschihad. Berichte einer unheimlichen Allianz. Edition Nautilus, Hamburg 2021.

Tiedemann, Markus: 60 rechtsradikale Lügen und wie man sie widerlegt. Goldmann Verlag, München 2000.

Vennmann, Stefan: Elemente des identitären Antisemitismus. Philosophische Reflexionen über die falsche Wahrheit der Identitären Bewegung. Diskurs, Ausgabe 4, Oktober 2018, S. 1-25.

Virchow, Fabian; Langebach, Martin; Häusler, Alexander (Hrsg.): Handbuch Rechtsextremismus. Springer VS, Wiesbaden 2016.

Wagner, Thomas: Die Angstmacher: 1968 und die Neuen Rechten. Aufbau, Berlin 2017.

Weber, Ines: Die politische Theorie von Alain de Benoist. Tectum-Verlag, Marburg 2011.

Wehler, Hans-Ulrich: Nationalismus. Geschichte, Formen, Folgen. Verlag C.H. Beck, München 2001.

Weiß, Volker: Die autoritäre Revolte. Die Neue Rechte und der Untergang des Abendlandes. Bundeszentrale für politische Bildung, Bonn 2017.

Weiß, Volker: Moderne Antimoderne. Arthur Moeller van den Bruck und der Wandel des Konservatismus. Schoeningh, Paderborn 2012.

Wiederer, Ralf: Die virtuelle Vernetzung des internationalen Rechtsextremismus. Centaurus-Verlag, Herbolzheim 2007.

Wiebicke, Jürgen: Zehn Regeln für Demokratie-Retter. 6. Auflage. Kiepenheuer & Witsch, Köln 2018.

Wienigk, Ruben und Klinkhammer, Dennis: Online-Aktivitäten der »Identitären Bewegung« auf Twitter. Warum Kontensperrungen die Anzahl an Hassnachrichten nicht reduzieren. Forum Kriminalprävention 2/2021, S. 10–13.

Winkel, Ännecke: Antiziganismus. Rassismus gegen Roma und Sinti im vereinigten Deutschland. Unrast Verlag, Münster 2002.

Zarnow, Christopher: Identität und Religion. Philosophische, soziologische, religionspsychologische und theologische Dimensionen des Identitätsbegriffs (Religion in Religion and Philosophy 48). Mohr Siebeck, Tübingen 2010.

Zick, Andreas; Küpper, Beate; Berghan, Wilhelm: Verlorene Mitte – Feindselige Zustände. Rechtsextreme Einstellungen in Deutschland 2018/2019. Hrsg. für die Friedrich-Ebert-Stiftung v. Franziska Schröter. Dietz-Verlag, Bonn 2019.

Zick, Andreas und Küpper, Beate: Wut, Verachtung, Abwertung. Rechtspopulismus in Deutschland. Dietz-Verlag, Bonn 2015.

Zuber, Johannes: Gegenwärtiger Rassismus in Deutschland. Zwischen Biologie und kultureller Identität. Universitätsverlag Göttingen, Göttingen 2015.

Links (eine Auswahl):

https://www.amadeu-antonio-stiftung.de/en/
https://www.belltower.news/
https://dasversteckspiel.de/
http://frauen-und-rechtsextremismus.de/
https://www.hopenothate.org.uk/
https://www.proasyl.de
https://www.stopptdierechten.at/
https://volksverpetzer.de
https://cemas.io/